U0361517

媒介分析技巧

Media Analysis Techniques

习得对媒介的独立分析能力！

新闻与传播系列教材·翻译版

媒介分析技巧 （第五版）
Fifth Edition

[美] 阿瑟·伯格（Asa Berger） 著
何 玉 李德刚 寇鲁敏 译

Media Analysis Techniques 5e

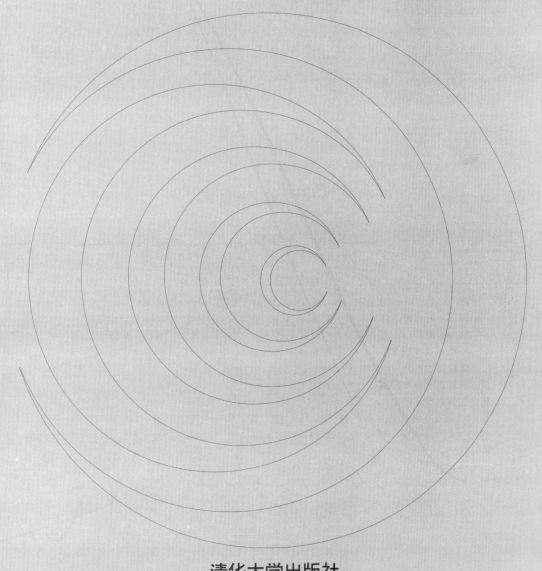

清华大学出版社
北京

北京市版权局著作权合同登记号　图字 01-2014-3657 号

MEDIA ANALYSIS TECHNIQUES 5e, Berger, Arthur Asa

©2014 by SAGE Publication, Inc.

原英文版由 SAGE Publications, Inc. (美国)出版, 本翻译版为 SAGE Publications, Inc. 授权出版。

图书在版编目(CIP)数据

媒介分析技巧：第五版/(美)阿瑟·伯格著；何玉, 李德刚, 寇鲁敏译. —北京：清华大学出版社, 2021.9

新闻与传播系列教材：翻译版

ISBN 978-7-302-53834-9

Ⅰ. ①媒…　Ⅱ. ①阿…　②何…　③李…　④寇…　Ⅲ. ①传播媒介－分析方法－教材　Ⅳ. ①G206.2

中国版本图书馆 CIP 数据核字(2020)第 043662 号

责任编辑：纪海虹
封面设计：孙剑波
责任校对：宋玉莲
责任印制：杨　艳

出版发行：清华大学出版社
　　　　网　　　址：http://www.tup.com.cn, http://www.wqbook.com
　　　　地　　　址：北京清华大学学研大厦 A 座　　　　　邮　　编：100084
　　　　社 总 机：010-62770175　　　　　　　　　　　　邮　　购：010-62786544
　　　　投稿与读者服务：010-62776969, c-service@tup.tsinghua.edu.cn
　　　　质量反馈：010-62772015, zhiliang@tup.tsinghua.edu.cn
印 装 者：三河市天利华印刷装订有限公司
经　　销：全国新华书店
开　　本：185mm×235mm　　印　张：16.75　　插　页：2　　字　数：348 千字
版　　次：2009 年 9 月第 1 版　　2021 年 9 月第 2 版　　印　次：2021 年 9 月第 1 次印刷
定　　价：68.00 元

产品编号：059243-01

总　序

从20世纪90年代中期开始,新闻与传播学教育从中国人民大学、复旦大学等为数甚少的几家高校的"专有"学科,迅速成为一个几乎所有综合大学乃至相当部分如财经大学、工商大学、农业大学以及师范、艺术类院校都设有的"常规"学科。中国最著名的两所高等学府清华大学、北京大学也相继成立新闻与传播学院。据不完全统计,中国内地有数百个新闻学与传播学专业教学点。全国有新闻学与传播学专业硕士授予点近百个,博士授予点17个,形成了从大专、本科,到硕士和博士层次齐全的办学格局。新闻专业本、专科的在校生人数至少接近10万人。

这样一种"显学"局面的形成,一方面是进入信息时代以后,新闻与传播的社会地位、角色、影响不仅越来越重要,而且也越来越被人们所意识到;另一方面是媒介行业近年来的迅速发展为青年人提供了职业前景和想象。尽管与美国大约有14万在校学生学习新闻学与大众传播学课程的情形相比,中国的新闻与传播学教育的规模并不十分庞大,但是就中国国情而言,这种新闻与传播教育的繁荣局面还是可能因为一种"泡沫"驱动而显得似乎有些过度。但是,超越传统的新闻学,将更加广义的媒介政治、媒介舆论、媒介文化、媒介艺术、媒介经济、媒介法规、媒介伦理纳入新闻与传播学科,将传播学理论以及各种量化的社会科学研究方法纳入新闻与传播学领域,将人际传播、公共关系等纳入传播学视野,都证明了新闻与传播学的转向和扩展,也正是这种转向和扩展使新闻与传播学教育有了更加广阔的发展空间和学科魅力。

对于目前中国的新闻与传播学教育来说,缺少的不是热情、不是学生,甚至也不是职业市场,而是真正具有专业水准的教师,能够既与国际接轨又具国情适应性的教学体系和内容,既反映了学科传统又具有当代素养的教材。人力、物力、财力、知识力资源的匮乏，可以说，深刻地制约着中国的新闻与传播学向深度和广度发展，向专业性与综合性相结合的方向发展。新闻与传播学是否"有学"，是否具有学科的合理性，是由这个学科本身的"专业门槛"决定的。当任何学科的人都能够在不经过 3～5 年以上的专业系统学习，就可以成为本专业的专家、教师，甚至教授、博士生导师的时候，当一名学生经过 4～7 年本科/硕士新闻与传播学科的专业学习以后，他从事传媒工作却并不能在专业素质上显示出与学习文学、外语、法律，甚至自然科学的学生具有明显差异的时候，我们很难相信，新闻与传播学的教育具有真正的合法性。

作为一种专业建设，需要岁月的积累。所以，无论是来自原来新闻学领域的人，还是来自其他各种不同学科的人，我们都在为中国的新闻与传播学科积累着学科的基础。而在这些积累中，教材建设则是其中核心的基础之一。10 年前，"南复旦、北人大"，作为原来中国新闻与传播学的超级力量，曾经推出过各自的体系性的教材，后来北京广播学院也加入了传媒教育的领头行列，进入 21 世纪以后，清华大学、武汉大学、华中科技大学，以及北京大学的新闻传播学科也相继引起关注，并陆续推出各种系列的或者散本的翻译或原编教材，一些非教育系统的出版社，如华夏出版社、新华出版社等整合力量出版了一些有影响的新闻与传播教材。应该说，这些教材的出版，为全国的新闻与传播学教育提供了更多的选择、更多的比较、更多的借鉴。尽管目前可能还没有形成被大家公认的相对"权威"的教材系列，尽管许多教材还是大同小异，尽管相当部分教材似乎在观念、知识、方法以及教学方式的更新方面还不理想，但是这种自由竞争的局面为以后的教材整合和分工提供了基础。

由于清华大学新闻与传播学院的建立，一定程度上为过去基本不涉足新闻与传播学教材的清华大学出版社提供了一种契机，近年来陆续出版了多套相关的著作系列和教材系列。除"清华传播译丛"以外，教材方面目前已经陆续面世的包括"新闻与传播系列教材·英文原版系列"以及原编系列的部分教材。而现在呈现给大家的则是"新闻与传播系列教材·翻译版"。

本系列的原版本坚持从欧美国家大学使用的主流教材中选择，大多已经多次更新版本，有的被公认为本学科最"经典"的教材之一。其中一部分，已经由清华大学出版社推出了英文原版，可以帮助读者进行中英文对照学习。这些教材包括三方面内容：

一、传播学基础理论和历史教材。这类教材我们选择的都是经过比较长时间考验的权威教材，有的如《麦奎尔大众传播理论》(Denis McQuail, *McQuail's Mass Communication Theory*)和《人类传播理论》(Stephen W. Littlejohn, *Theories of human communication*)。《大众传媒研究导论》(Roger D. Wimmer & Joseph R. Dominick, *Mass Communication Research：An Introduction*)也是国内出版的有关媒介研究量化方法的少见的教材。我们还特别选择了一本由 James Curran 和 Jean Seaton 撰写的《英国新闻史》(*Power without Responsibility——The press, broadcasting, and new media in Britain*)，弥补

了国内欧洲新闻史方面的教材空白。

二、新闻与传播实务类教材。主要选择了一些具有鲜明特点和可操作性的教材,弥补国内教材的不足。例如《理解传媒经济学》(Gillian Doyle, *Understanding Media Economics*)和《媒介学生用书》(Gill Branston & Roy Stafford, *The Media Student's Book*)等。

三、新闻与传播前沿领域或者交叉领域的教材。例如《文化研究基础理论》(Jeff Lewis, *Cultural Studies: The Basics*)等。

这些教材中,有的比较普及、通俗,适合大学本科使用,特别是适合开设目前受到广泛欢迎的媒介通识课程使用,如《大众传播理论》(Stanley J. Baran & Dennis K. Davis, *Mass Communication theory*)和《媒介素养》(W. James Potter, *Media Literacy*);有的则可能专业程度比较高,更加适合高年级专业学生和研究生使用。但是从总体上来讲,为了适应目前中国新闻与传播学教育的现状和需要,目前选择的书籍更偏向于大众传播、大众传媒,而对传播学的其他分支的关注相对较少。因为考虑国情的特殊性,新闻学教材也选择的比较少。当然,由于新闻与传媒本身所具备的相当特殊的本土性以及文化身份性、意识形态意义等,这些教材并非都适合作为我们骨干课程的主教材,但是至少它们都可以作为主要的辅助性教材使用。

人是通过镜像完成自我认识的,而中国的新闻与传播教育也需要这样的镜子来获得对自我的关照。希望这些译本能够成为一个台阶,帮助更多的青年学生和读者登高临远,建构我们自己的制高点。

尹 鸿

修改于 2013 年 11 月 12 日

本书已问世近 40 年了。第一版《媒介分析技巧》于 1982 年面世，年代久远，甚至早在此版本（第五版）的许多读者诞生之前。作为一名作家，我在职业生涯中学到，一本书永远不可能真正完成。我总会在书中增加新内容，添加新讨论，探索新话题。因此，我花了 30 多年的时间修订这本书。

本书流传甚久的原因是它可以教你许多分析技巧，而你可以用这些技巧对流行文化、媒介以及你感兴趣的任何东西做出自己的解释。一旦你学习了我在本书前四章中讨论的方法论，并了解这些方法论在本书第二部分中的应用，你就可以用它们来分析和阐释各种电影、电视节目、印刷媒介广告、视频、商业广告以及引起你注意的其他方面的媒介和文化。在学术术语中，我们将这些作品称为"文本"。

我来谈一下写本书的原因。1976 年，一位学生在阅读了我的《流行文化》一书后给我写了一封信。下文是引自她信中的部分内容：

我漫步在中央图书馆的书架间，为我的作文课找一本书，就在那时，看到了您的《流行文化》。当天晚上我读了这本书……流行文化淹没了我们，也成就了我们。除了多个信用卡、双车位车库、一口皓齿，我们还追求什么？您带出了我脑海中挥之不去的事情，那些一直困扰我的事……面对流行文化，无论我多努力要保持清醒，不断批评它，然而，我还是被吸引进去，并且始终没有办法不被卷入其中。我想知道如何从流行文化的角度来研究社会，请务必回信并写下您的想法。

1982 年，也就是 6 年后，我用《媒介分析技巧》一书作为我的回信。

媒介分析教学视角

此书旨在改变与流行文化和媒介批评相关课程的教授方式。通过学习此书，希望学生们能够掌握自己分析媒介的能力，而不是将精力放在阅读其他人（教授和批评家）对媒介的批评上。我的关注点是媒介自身的文本（text）（在专业术语中，节目、商业广告和其他独立的媒介内容都被称为"文本"）。当我们说"我要看电视"的时候，我们真正的意思是要看电视上特定的节目。有时，一些观众会不停地用遥控器换台，实际上他们看到的是不同节目的片段集合。从某种意义上来说，他们看到的不是特定的节目，而是电视机。但这并非大多数人看电视的方式，近年来，已不再流行观看电视节目。

此外，教授媒介分析技巧还有一个好处。由于新的节目和其他形式的流行文化的盛行，学生们在学习本书中的分析方法时，还可以利用这些概念来分析这些新的节目和娱乐活动。

因此，在本书的第一部分即阐释技巧篇，我向读者介绍了符号学理论、精神分析理论、马克思主义理论和社会学理论的一些基本概念。在本书的第二部分中，我向学生们展示了如何利用这些理论来分析不同的媒介文本。

为了帮助读者学习如何使用书中讨论的方法论，我在本书尾篇准备了许多练习和游戏。学习方法论是一回事，学习如何利用这些方法论及其概念来分析文本和其他大众媒介文化是另一回事。此外，还有术语表，用于提供本书中使用的重要概念的定义。

此书传达给学生的信息

媒介批评与分析并非基于个人对电影、电视节目、电子游戏等的看法。当然，你可以有自己的品位，但是如果你想说服他人，你的观点值得考虑，你必须有办法来支撑你的观点。而本书可以帮你做到这一点，这本书为你提供了分析和阐释大众媒介文化的最重要的四种方法。读完这本书后，你会学到许多概念，而这些概念可以帮你解读文本，也可以让你更好地了解媒介对社会的影响。

有时候很多学生问我，为什么他们在选修"实践课"——播音课或节目制作课的同时，还要学习媒介分析课？我解释说，批评和创新是一枚硬币的两面。创意工作者（导演、艺术家、音乐家、演员等）必须能够对自己的行为作出分析判断，他们需要明确自己工作成功的原因，同时也要清楚如何才能避免重犯错误。

假设你是一名创意型艺术家，但你却不了解你要做的事情，那么，你所做的每一件事都是一种偶然。这也是艺术家要研究艺术史及拍电影的学生要学习电影史和电影理论的原因。我以前的许多学生告诉我，他们刚参加工作时惊讶地发现所学的最有用的课程是媒介批评、媒体美学、媒介和传播学研究方法。任何人都能学会操作摄像机,关键是用摄像机来做什么。

在《媒介分析技巧》(第五版)中,我谈到了许多有趣且富有争议性的文本,例如风靡一时的经典剧《囚徒》(1967—1968),可能你们中间许多人都没听说过。我从中选取了一些剧集,其中有许多好的分析实例。如果你没有看过这一系列,你可以在 www.amctv.com/originals/the-prisoner 网站上免费观看一些剧情。2009 年,新版《囚徒》上映,但成绩不佳。在教媒介批评时,我首先将方法论教给学生,例如符号学理论,然后让学生观看一集《囚徒》。之后,我会让学生对刚看过的文本进行符号学分析。就书中提到的四种分析方法,我分别选择了《囚徒》的不同剧集,同时也使用了其他电影、电视节目或其他类型的文本。

电视节目和其他流行文化文本稍纵即逝,因此如果我选择了在 2010 年流行的电视节目,到 2014 年时未必还有此节目。媒介文本的产生及消亡速度如此之快,影响了应用篇的案例选择。因此,我选择了一些经典的主题,例如经典电影《东方快车谋杀案》。你可以读一下阿加莎·克里斯蒂的悬疑小说,将其与电影进行比较,然后再将电影和小说与美国广播公司(PBS)的"戏剧名作"节目相比较,电视制作对小说的改编幅度更大。书中也有关于全新闻节目、橄榄球比赛、杂志广告、电子游戏以及社交媒介的章节,以上都是媒介消费的重要组成部分。

本版增加了哪些新内容?

在这一版中,我更新了媒介和相关问题的统计数据并增加了对许多主题的讨论。包括以下新增主题:

- 罗兰·巴特(Roland Barthes)对符号学的研究
- 品牌符号学
- 意识形态与大众传媒
- 法兰克福学派
- 文化符码及其对个人与社会的影响
- 神话及其在分析文本和其他文化层面的应用
- 俄狄浦斯情结在媒介中如何应用:詹姆斯·邦德、《星球大战》
- 后现代主义
- 神话精神分析解说
- 赫伯特·甘斯(Herbert Gans)对品位文化的看法

此外,我还加了许多新的插图来加强本书的视觉吸引力。希望此版本对你而言更有趣实用,并帮助你成为媒介的精明使用者和批评者。此外,本书还能帮助你更好地了解媒介在生活中、社会中扮演的角色。《媒介分析技巧》已被翻译成意大利文、中文、韩文和西班牙文，本书前三版已被翻译为中文。

结　尾

在媒介批评课程开始时，我告诉学生："你会发现这门课程会改变你的生活。"学生们不约而同地笑了。结束这门课程后，当碰巧遇到他们时，许多学生都说，他们在《媒介分析技巧》一书中学到的方法论影响了他们看待媒介的方式及中的生活其他方面。比如，几年前在超市购物时，一位年约 40 岁的女士微笑着向我走来。"伯格博士，"她说，"您不记得我了吗？20 年前我参加过您的符号学研讨会。"走近一看，我回忆起了她确实曾上过我的课，却记不起具体是哪门课程。然后她说了许多有意思的话："您当时教给我们的符号学课程……我到现在仍然记忆犹新。"这一点很重要。只要你学习了这些方法论，它们便会始终伴随着你，并影响你的生活方式。

致　谢

我向自 1982 年此书首次出版以来所有帮助过我的人表达诚挚感谢，包括帮助我创作这本书的所有编辑、编辑助理、文字编辑、美术编辑、封面设计师和制作编辑，以及为此书各版本撰写书评的教授们。在《媒介分析技巧》的几个版本中，我很荣幸与我的前任编辑玛格丽特·斯维尔（Margaret Seawell）和我的制作编辑阿斯特丽德·弗丁（Astrid Virding）合作；此版本的制作编辑是斯蒂芬妮·帕莱尔米尼（Stephanie Palermini）。在《媒介和传播学研究方法》（第三版）中，我们也合作过。

对于这一版本，我要感谢我的编辑马特·伯尼（Matt Byrnie）以及他的助理加布里埃尔·皮金妮（Gabrielle Piccininni），还有以下提供许多有益建议的评论家们：

丹尼尔·莱帕德（Daniel Lepard）（加州圣玛丽学院）

迈克尔·萨瓦（Michael Savoie）（瓦尔德斯塔州立大学）

多里安·戴维斯（Dorian Davis）（玛丽芒曼哈顿学院）

凯伦·布尔克（Karen Burke）（南康涅狄格州立大学）

安·安达洛罗（Ann Andaloro）（摩海德州立大学）

同时，我还要感谢多年来使用此书的教授们及读过此书并给我发邮件反馈的学生们。本书第 1 章是对《理解电视：论作为社会与文化力量的电视》(*Understanding Television：Essays on Television as a Social and Culture Force*) 一文的改动，经理查德·P·阿德勒（Richard P. Adler）编辑而成。

媒介分析技巧（第五版）

第二部分 应 用 篇

PART One 第一部分

阐释技巧篇

C. S. Peirce

欧式符号学（semiology）即有关符号的科学，是由瑞士语言学家费尔迪南·德·索绪尔（Ferdinand de Saussure）提出。另外一种关于符号的科学——美式符号学（semiotics）则由美国哲学家查尔斯·桑德斯·皮尔斯（Charles Sanders Peirce）首次进行详尽的阐释。符号学（semiotics）现在通用于这两个体系。它关注的是意义在"文本"（电影、电视节目以及其他艺术作品）中的产生方式。本章在讨论符号学几个最重要的概念与相关问题之后，将其应用于一个电视节目片段中进行分析，最后探讨符码（code）、公式（formula）以及电视"语言"。

第 1 章

符号学分析

　　要向那些对符号学一无所知或略知一二的人解释符号学的含义,并指出符号学怎样应用在电视和大众文化之中,总是让我心中充满不安。我并不能确定符号学是否就是一门科学,一场运动,一门哲学,或者是一种膜拜的宗教。我只清楚这门学科文献丰富,而且仍然在急速膨胀,同时许多符号学家的著作高度专业化,晦涩难懂。你可能有兴趣了解,亚马逊网站列出了 12 000 多本关于符号学的书籍,谷歌列出了 827 000 条关于美式符号学的搜索结果,以及 3 400 000 条关于欧式符号学的搜索结果(截至 2012 年 11 月 8 日)。于是,我们发现,人们对符号学很感兴趣。

　　因此,我的任务就具有相当的挑战性——我不仅要解释清楚符号学的基本概念或要素,而且我还要将这些概念应用在电视与电视制作,以及一般的大众文化分析中。这项任务虽然庞大,但我认为可以完成。要完成这项任务,我必须付出的代价就是简化和缩小重点。我将阐释符号学的基本原理，讨论几种基本应用方式。我希望对符号学有兴趣的人，在读完本章内容和注释的目录之后，能在自己的业余时间进行更深层的探究。

学 科 简 史

虽然长久以来，一直有人关注符号和符号沟通的方式［中世纪哲学家约翰·洛克(John Locke)和其他人就已经注意到这一问题］，但现代符号学分析的创立者有两人——瑞士语言家费尔迪南·德·索绪尔①和美国哲学家查尔斯·桑德斯·皮尔斯②（皮尔斯将他的体系称为符号学，这一术语成为符号科学中的主导性术语。索绪尔的符号学在某些方面与皮尔斯的有些差异，但它们都关注符号，因此我在本章中等同对待，不作区别）。

索绪尔撰写的《普通语言学教程》(A Course in General Linguistics)在他逝世后于1915 年首次出版，他在书中指出了符号学分析的可能性。该书探讨的许多概念可以应用于符号，本章也会对此作出相应解释。索绪尔将符号分成两个部分：能指(signifier)或"语音形象"(sound-image)与所指(signified)或"概念"(concept)。他认为能指与所指之间的关系是任意的，这在符号学的发展史上意义重大。在另一方面，皮尔斯注重的是符号的三个层面——图像(iconic)、指示(indexical)和象征(symbolic)（参见表 1.1）。

---

① 费尔迪南·德·索绪尔(Ferdinand de Saussure, 1857—1913)，瑞士语言学家，现代语言学奠基人，被人们称为"现代语言学之父"。1857 年出生于瑞士日内瓦。其成名作是 1878 年发表的《论印欧系语言元音的原始系统》。1913 年他的学生根据笔记整理成《普通语言学教程》一书。这是一部具有划时代意义的著作，为语言的研究和语言学的发展奠定了科学的基础，对语言学的发展产生了深刻的影响。索绪尔语言理论以语言和言语的区分为基础，认为语言学只能"就语言而研究语言"，排除任何非语言因素的干扰；而就语言来说，必须区分共时与历时，语言学只研究共时的语言系统，排除任何历时因素的干扰；而就共时的语言系统研究来说，只研究形式，不研究实质，"语言是形式，不是实质"的论断就是这一思想的集中体现。所谓语言形式就是组合关系和聚合关系。因此，组合关系和聚合关系就是索绪尔语言理论的核心。索绪尔语言理论的影响不只限于语言学，现代人类学、精神分析学、文学、哲学、戏剧等多个领域都受到它的深刻影响。根据网络资料整理。——译者注

② 查尔斯·桑德斯·皮尔斯(Charles Sanders Peirce, 1839—1914)，美国哲学家，逻辑学家，符号学家。皮尔斯对符号研究的主要贡献在于，他发现符号之所以成为符号，主要是由于符号的解释者依据一定的共同体或社会的规范所作的解释或认知。符号自身无所谓指称和表达，而是人们这样理解和规定的结果。也就是人赋予符号以生命，并以符号为工具发展了人自身。皮尔斯在学术史上的贡献主要有两点：(1)其实用主义的哲学思想；(2)建立了符号体系，并对它们做了细致的分类研究，形成了系统的符号学说。

与索绪尔对于符号问题的研究基本上局限于语言符号不同，皮尔斯的符号学说带有浓厚的实用主义哲学色彩，而且把符号问题的探讨推广到了各种符号现象，从而建立了全面意义上的符号学体系。而且二者在有关符号本质问题的许多看法上，也存在根本性的差异。但是，两人都发现了符号的一条最基本的功能，即符号的作用就在于能代表或替代不同自身的他物。根据网络资料整理。——译者注

表 1.1　符号的三个层面

	图像	指示	象征
表达方法	类似	因果关系	约定俗成
举例	图片,雕塑	烟/火	旗帜
过程	可以看到	可以推演	必须经过学习

从这两个起点出发,一场运动应运而生,符号学分析在全球遍地开花。20 世纪初,布拉格和俄国都有重要著作完成。如今,符号学在法国和意大利地位牢固[罗兰·巴特(Roland Barthes)和翁贝托·埃科(Umberto Eco)],许多人都在进行重大的理论探索和实践应用工作。而英国、美国和许多其他国家也取得了一些前沿性进展。

符号学也应用到与传播和信息传递相关的领域中,如电影、戏剧、医学、建筑和动物学,等等。事实上,某些符号学家对于符号学迷恋至深,他们认为**任何事物**(everything)都可以进行符号学的分析,他们将符号学看作阐释性科学的王后,是开启万物意义的钥匙。

皮尔斯认为,解释者必须提供符号的部分意义。他提出,符号"对于某个人来说,从某个方面或某种能力上来看,它代表着某件事物"(引自 Zemean,1977,p. 24)。这不同于索绪尔对符号功能的看法。皮尔斯承认符号学的重要性,原因正如他说的那样,"即使这个世界并不完全由符号组成,符号还是遍布了整个世界"。我们所能看到的任何事物都可以视为一条信息,或者用皮尔斯的话来讲,都可以视作一个符号。如果世界上的任何事物都是一个符号,那么符号学即使不居首要地位,其位置也是非常重要的(符号学家全心全意地拥护这个观点)。

事实是否如此,目前尚待商榷。但毫无疑问,各种各样的人都在使用符号学而且方式十分有趣。然而,美国直到最近才重视它,并且对于符号学的接受和传授也不是十分普遍。有以下几个原因可以解释这种现象:首先,美国人倾向于实务;其次,国际间存在着文化差距。欧洲思想界的重要运动要经过一段时间才能被美国接受,更不要说广受欢迎了。虽然法国人早就"发现"了福克纳(Faulkner)和电影(作为一种重要的艺术形式),虽然皮尔斯已经在美国符号学领域取得了重要的成就,但是美国人仍然要等到符号学在欧洲演化并成熟之后才去关注。

意 义 问 题

我们接着就要学习一套新语言,这套语言不同于以往的方式,它是以概念的形式来分析电影、电视节目、服饰、食品，乃至万事万物。本节讨论的基本问题是意义是怎样产生的，意义是如何传播的。我们将特别关注电视节目（我们在此称为**文本**）以及与之相关的内容。

但是，意义是如何产生的呢？符号学的重大突破就在于，它采取语言学的模式，将语言学的概念应用到其他现象——文本，而不局限于语言本身。实际上，符号学家将文本视为一种类似于语言的事物，其关系是首要的，事物本身并不重要。正如乔纳森·卡勒（Jonathan Culler）[①]所言（1976）：

> 语言学可以研究其他文化现象，这个观念基于两大基本见解：首先，社会和文化现象不只是物质对象或事件，而是具有意义的对象或事件，因此成为符号；其次，社会和文化现象不具有本质，而是受关系网的界定。(p.4)

符号和关系——这就是符号学分析的两大关键概念。《星际迷航记》(*Star Trek*)这种文本可以被视作一个符号系统，节目的意义来自于符号，来自于汇聚符号的系统。这个系统一般并不明显，必须从文本中探究。

符号学的社会层面：个人与社会

符号学可以帮助回答这个问题：个人与社会之间的关系是什么？有人认为只有个人是存在的，而社会是抽象的。乔纳森·卡勒（1986）在他的《费尔迪南·德·索绪尔》(修订版)一书中引用英国哲学家杰里米·边沁的话，"社会是一个虚构的团体，是组成它的成员的总和"(p.85)。关于符号学的社会层面，卡勒提出了一个有趣的观点：

> 假定社会是个体组合的结果，每个个体都按照自身利益行事是功利主义的基础。索绪尔、涂尔干以及弗洛伊德已认识到这个观点是错误的。对人类来说，社会是一个基本的现实，而不仅仅是个体活动的总和……如果一个人想要研究人类行为，就必须承认这个社会现实……简而言之，只有当人们接受不同个体及其行为是依附于社会而存在这个基本事实时，语言学和精神分析心理学的存在才可能具有合理性。(p.87)

因为意义是由社会产生的，所以社会必须教导个体符号意味着什么。具有讽刺意味

---

① 乔纳森·卡勒(Jonathan Culler,1945—　)，美国著名的结构主义文论家。乔纳森·卡勒出身哈佛，在英国牛津大学获得比较文学博士学位,31岁即成为著名学府耶鲁大学的教授,目前执教美国康乃尔大学,是当今西方文学批评界一位重量级人物。在欧陆结构主义和后结构主义被引入美国学界,并迅速获得普及的过程中,他的两部力作——《结构主义诗学》(*Structuralist Poetics*)和《论解构：结构主义后的理论和批评》(*On Deconstrcution：Theory and Criticism after Structuralism*),不仅对欧陆结构主义的理论和方法做了准确的梳理和解释,而且使之顺利实现了与英美文学批评传统的沟通和衔接。《结构主义诗学》和《论解构》两书均已在中国出版。根据网络资料整理。——译者注

的是,只有个体存在和社会是抽象概念的想法是人们在社会发展中学到的东西。索绪尔、弗洛伊德和杜克海姆认为"个体有意识或无意识同化的集体社会制度使行为成为可能"(Guller,1986,p.87)。我们不知道文化在多大程度上塑造了我们的感情、行为,甚至我们的身份。因此,意义永远是社会性的。

索绪尔对符号学的研究

在符号学分析中,内容与形式之间的分割是任意的和临时的,我们关注的是构成文本的符号系统。因此,电视节目里的一餐不再是单纯的牛排、沙拉、烤马铃薯和苹果派,而是传达社会地位、品位、教养和国籍等相关含义的符号体系。

也许引用符号学之父费尔迪南·德·索绪尔(1915/1966)的话会有所帮助:

语言是表达思想的符号体系,因此它类似于文字体系、聋哑字母表、象征仪式、套语(polite formulas)、军事信号,等等。但它是这些体系中最重要的。

可以想见,一门研究社会内部符号活动的科学应该属于社会心理学的范畴,因此从属于一般心理学。我将其称为符号学[源于希腊语"符号"(sêmeîon)]。符号学揭示的是什么构成符号,什么规律约束符号。如果这门学科并不存在,那么没人能够断定其内容,但是它有权利存在,并且提前划定其领域范围。(p.16)

这就是符号学的特定解释,这个解释为我们开启了媒介研究的大门,因为我们不仅可以研究象征性仪式和军事信号,也可以研究广告、肥皂剧、情景喜剧以及任何"符号体系"的事物。

索绪尔还提出另外一个重要见解,即由于关系的存在,概念才具有了意义。因此,"富"只有在与"穷"相对时才有意义,或者"喜"只有在与"悲"相对时才有意义。"概念在本质上是有区别的,它们不是受其正面内容界定,而是为体系内其他词语之间的关系而界定"(Saussure,1915/1966,p.117)。决定意义的不是"内容"(content),而是系统中的"关系"(relations)。"这些概念最精确的特征"就是"别的概念所不具有的内容"(p.117)。索绪尔强调,"符号不是通过它们的内在价值,而是通过它们的相对位置而起作用的"(p.118)。我们很容易在语言中发现这种现象,在文本中也同样如此。万事万物本身并不具有意义。

在考虑对立面的时候，我们必须意识到，相反的概念在某种方式上必须是相关的。概念之间总会有一些主题（并不经常提及）将它们联系在一起。例如：富/财产/穷，或喜/精神状态/悲。多年前，我写过一篇文章，在文中我讨论了蓝色牛仔服，我将其称为"棉花化"（denimization）现象，并与高档服装做对比。表 1.2 列出了一些区别，主题词用黑体标出：

表 1.2　棉布的主题对立面

棉布	关系	高档服装
低廉	成本	昂贵
粗糙	质地	柔滑
大量生产的	制作	手工制作
百货公司	购买场所	专卖店

如果你觉得有一对词语是相对的，可是又找不到二者之间的关联词，那么很可能那对词语之间并不存在这种相对的关系。

那么，我们可以得出什么结论呢？我认为，符号学分析是研究文本中的意义，而意义源于关系，特别是符号间的关系。不过，符号究竟是什么呢？

符　　号

索绪尔（1915/1966）说，符号是概念和语音形象的综合，二者不可分割。可是，他自己又对这些术语不太满意，故而略做修改如下：

我建议让符号（sign）一词表示整体，概念和语音形象分别由"所指"（signified）和"能指"（signifier）代替。所指和能指互相对立，且有别于整体。（p. 67）

能指和所指之间的关系（这很重要）是任意的、无动因的和不自然的。字与概念之间，或能指与所指之间并没有必然的逻辑联系。因此，在文本中找寻意义就变得非常有趣，而且问题丛生。

索绪尔以树木为例，制作了一个一般符号的图解（如图 1.1）和"符号"树的图解（如图 1.2）。他认为，符号与象征之间的差异在于，象征中的所指绝非完全任意的：

图 1.1　索绪尔的符号图解

象征的特征在于，它绝非完全任意武断的；它不是虚无，因为在能指与所指之间存在着一种自然的有机联系。一杆天平是正义的象征，它就无法被另外一个象征，如古战车，所取代。（p. 68）

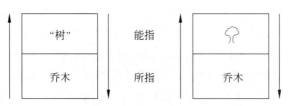

图 1.2　索绪尔的"树木"符号与象征图解

　　现在我们不但可以从不同的角度来审视文本,而且可以思考能指是怎样产生意义的。能指是如何产生意义的呢?我们如何了解这些意义呢?如果能指与所指间的关系是任意武断的,那么能指所具有的意义必须经由学习才能了解,那就意味着我们要学会一些结构性联想或符码来协助我们阐释符号(下面我会对此进行更为深入的阐述)。

　　让我们来讨论电视节目《星际迷航记》(*Star Trek*)中的能指与所指。看过节目的人都知道,这是一部太空冒险科幻剧。我们之所以知道,是因为每一集的片头都会告诉我们,船长的画外音描述了星际战舰"企业号"的使命——探索新世界和找寻新文明,"大胆探寻人类尚未踏足的领域"。我们可以说,科幻冒险是一般的"所指",而且有几个"能指"来表达这种所指,包括太空舱、未来式制服、激光枪、高端电脑技术、外太空的怪异力量〔如斯波克先生(Mr. Spork)尖尖的耳朵,表示他并不完全是人类〕,以及魔术/科学,等等。

　　这完全是因为该节目充满了能指,以至于大批的"星际迷"能够开会、穿着奇装异服和销售"移相器"等。可以说,当你获得适当的能指时,你就明白所指是什么了。我顺便需要指出,这也是许多电视广告发挥作用的方法。人们购买了"正确的"产品,一般都是假设(或希望)这些产品代表某种社会阶层、地位与生活方式等。

　　这些都基于我们后天所习得的联想,然后这些联想一直伴随在我们左右。每一个人都在利用能指与所指之间的联想关系进行沟通交流。在现实生活中,这些关系是任意的,而且变化迅速,因此,人们必须随时保持警觉,紧跟时代。能指可能已经过时,其意义一直都在变化。因此,实际上我们就像符号学家一样,非常关注符号(能指与所指),虽然我们可能从前根本没有听过这些术语。

　　我们很多人都有过一流符号学家的侦探经历(就像所有的著名侦探一样),不过我们可能并没有意识到这一点,这是因为我们并不知道符号学的存在。让我们来谈谈福尔摩斯(Sherlock Holmes)吧。不可避免,在福尔摩斯侦探小说中,有些场景会让

每一位读者感到迷惑,然后福尔摩斯"解答"了这些疑惑。他读取了他人通常忽略或认为微不足道的符号。在"蓝宝石案"中,华生(Watson)看到福尔摩斯在观察一项礼帽,礼帽是由一位警察带给他的。华生描述这项礼帽:帽子陈旧,帽檐褪色,帽身还有裂缝,布满灰尘,脏迹斑斑。福尔摩斯问华生能从这顶帽子中推断出其主人的什么信息。华生仔细观察了一遍,说他什么也看不出来。福尔摩斯接着便非常详细地描述了这顶帽子主人的信息:他非常聪明,家道衰落了,妻子不再爱他了,他习惯于久坐,房间里可能没有煤气灯。华生喊道:"福尔摩斯,你一定是在开玩笑!"于是福尔摩斯向华生指出他是如何得到这些结论的。他仔细观察那顶礼帽,注意到礼帽的某些细节(能指),从而做出推断(描述隐含的所指)。

图1.3表明符号是由能指和所指构成。

表1.3提供了"蓝宝石案"中的一系列"能指"以及它们的"所指"。从中我们可以看出,福尔摩斯是一位杰出的符号学家。

图 1.3　符号：能指和所指的结合

表 1.3　福尔摩斯的能指审查

能　　指	所　　指
帽壳大（大的脑袋）。	这人很聪明。
帽子质地优良,但用了3年。	他没有新帽子,表明他家道衰落。
帽子几周没有刷过。	他妻子不再爱他了。
帽子上的灰尘是褐色的屋尘。	他极少外出。
帽子上有蜡状污点。	屋子里没有煤气灯。

福尔摩斯解释了华生的错误:"你未能对你观察到的事物做出推理,你推断的时候过于小心了。"华生说自己从帽子上什么也看不出来,因为他没有意识到这些细节构成的能指所代表的意义。这种失败在读者阅读侦探小说时相当普遍,人们常常忽略关键信息,不知道它们意味着什么。当然,也有些符号学家在推理判断的时候不够小心谨慎,但那是另外一回事。符号和文本(文本可以看作符号的集合)中的意义并非总是非常明显的,它们需要人们进行逻辑推理。我觉得很多人就像华生一样,在归纳推理的时候不够果敢干练。

符号的形式

我们必须认识到,符号有很多不同的形式。文字当然是我们最熟悉的形式——它们代表着不同的事物、想法、概念,等等。但是符号还有很多其他我们需要考虑的形式。

符号与广告

谈到广告的时候,我们通常会认为符号会告诉我们其中的商业因素和这些商业因素的基本特征。各类媒介都可以用来创造广告符号:木雕、霓虹、注塑、油漆以及其他材料都可以构成文字和图像。我们在超市橱窗里看到的广告符号意味着"特价产品"。饭店、商店(进行商业活动的任何地方)都能够看到广告符号的存在。这类符号的基本特征(它们的设计和制作材料)通常能够暗示广告企业是处于高端市场还是低端市场。

很多企业会运用标志和图标作为建立"企业标识"的一种手段,因为人们很容易记住某种标志或图标。一个公司的标志和图标设计[通过运用色彩、形式,通常还有特定的文字和(或)数字]能够帮助人们认识该企业。

营销人员对符号学非常感兴趣,他们用符号学来了解消费者的思维方式,以及考虑购买产品或服务时的想法。品牌现在已成为公司销售产品的主要途径。罗布·沃克(Rob Walker)(2008)在他的《买单:我们到底消费的是什么》(*Buying In:What We Buy and Who We Are*)一书中论述了品牌的作用。他支持新一代人已"看穿"广告的观点。他写道:

> 每个人都能一眼看穿传统广告。当你看一个 30 秒的广告时,如果你还没意识到他人正在向你推销东西,那你一定是一个白痴。
>
> 但是能辨别不等于能免疫。对于当代青年人来说,引人关注的不在于他们某种程度上是品牌的拥护者,而是想当然地认为一个品牌就像其他东西一样是一个原始的身份。事实上,消费者最善于使用品牌来塑造自己——定义自己,宣布自己是谁以及自己代表什么。实际上,这种观点认为对于年轻人和其他购买这些产品的人来说,品牌的符号学意义是很重要的。在许多情况下,商标所揭示的符号学价值是至关重要的。(p.111)

品牌

品牌在人们塑造自己的身份方面起着重要的作用。普拉达(Prada)广告展示的是模特戴着一副大墨镜,这赋予她一种神秘感。模特鲜红的嘴唇引起了我们的注意并赋予产品一种诱惑。人们戴着像普拉达那样的墨镜不仅可以保护自己免受太阳光照射还可以呈现某种形象。

马赛尔·达内西(Marcel Danesi)(2002)在他的《理解媒介符号》(*Understanding Media Semiotics*)一书中详细探讨了品牌设计。他写道:

显然，品牌名称不仅仅为了识别产品，它们被构造为产品的隐含含义系统。在使用信息层面，当然产品的命名有指示（外延）功能，即它允许消费者识别出他们想要（或不想要）购买的东西。但在内涵层面，产品的名称生成的形象远远超出了简单的标识功能。以阿玛尼鞋子为例，在指示（外延）层面，我们识别出这个名字是指鞋子，但这并不是它的全部作用。用制造商的名字命名鞋子而不是某些虚构名称或其他表达（措辞），赋予产品工艺和优良品质的光环。鞋子被认为是艺术家（制造商）的"作品"。实际上，它们被当作"鞋中艺术品"而不仅仅是人人都穿的装配线产品。（pp.185—186）

我认为许多人用品牌来创立并巩固自己的身份，并用它来获得地位安全感。品牌只是用于区分其他品牌以及穿其他品牌或一般产品的人。在我的文章《品牌本身》（*The Brand Self*）（2011a）中，我认为在一定程度上，我们是我们自己的品牌。

从符号学角度看，品牌是我们用来帮助他人定义我们自己的能指，并且在一定程度上不宜过于简约，可以说我们自己就是聚集打造出的公共身份的品牌……从皮尔斯的角度来看，品牌是象征社会地位的图标。

我们对品牌评价的变化以及我们的审美向时尚潮流开放的事实表明，基于品牌的身份可以不断地修改和改变，这就把有关后现代主义的问题引入讨论。

我们的身份或自我在某种程度上是临时建构的，这一概念是后现代理论的核心概念，我们将在本书的后面加以讨论。

物质文化

物品和手工艺品（构成物质文化的东西）也是一种符号，能够传递大量的信息。当我们"解读"（read）人物的时候，无论是在现实生活中还是在广告、商业片和电影等媒介文本中，我们都会注意人物的发型、衣服、鞋子以及身上佩戴的饰品。所有这些东西都是展示和描述这些人物的符号。另外，人物所处的环境也向我们透露很多信息。如果他们是在房间里，我们可以仔细观察房间里的家具和其他物品，比如墙的颜色和悬挂的画作。

很多人类学家通过研究人们的垃圾来收集关于这些人生活方式的信息。这些"垃圾学家"经常得出与他们的研究对象之前告诉他们的，关于品位和生活方式的，自相矛盾的结论。

物品和身份

我曾在符号学研讨会上进行了一个有趣的活动。我要求学生回家时找一个他们认为能反映他们性格和个性的物品。他们要把物品放在没有标记的棕色纸袋里，在纸条上写明这个物品反映了他们哪些特点，并将纸条放进纸袋中。我从棕色纸袋中取出的第一个物品是一枚大贝壳。我让学生告诉我，他们认为贝壳代表什么。他们回答了诸如"不

孕""死亡"和"空虚"之类的话。然后我拿出了学生
上交的那张纸条,读了一下她认为贝壳代表的含义:
"美丽""简单""优雅"和"自然"。这个故事的寓意
是,人们并不是总能正确地解读你发送给他们的信
息,或者更明确点说,人们很少能正确解读你发送给
他们的信息(通过面部表情、肢体语言、衣服、发
型等)。

动作和表演

由于符号学家和心理学家的工作,我们如今开
始关注肢体语言、动作、面部表情和人们发音的方式。这些都是我们用来"解读"人物的
符号——也就是尝试着深入了解他们的真实程度、脾气、个性和价值观。

我们必须记住,演员是通过说话、面部表情和身体语言向观众"展示"(reveal)某种特
定感情和信念的人。扑克牌玩家也是通过符号进行沟通的。他们会寻找对手表现出来
的"泄密之处"(身体动作和面部表情),这会透露出他们的实力或者下一步的打算。扑克
牌玩家面对的一个问题是,有时候他们的对手会虚张声势,或者"欺骗"他们。符号的一
个缺陷在于,它既能用来表明真相,也就能用来撒谎。

音乐和声音效果

音乐和声音效果是用来引起观众的某种特定反应的——很大程度上,这依赖于给定
的声音与特定情绪之间的已有的文化关联。我们知道,一个乐句或一个声音是能指,它
所带来的情绪则是所指。像所有的符号一样,能指和所指之间的关系是没有必然逻辑关
系的,它只是一种约定俗成的东西。

音乐和声音效果对增强电影和电视节目的现实感具有重要的角色。音乐和声音所
发挥的作用是暗示观众应该对看到的节目有何感觉。

符号与真相

意大利著名的符号学家翁贝托·埃科(Umberto Eco,1976)[①]说过,如果符号可以说

---

① 翁贝托·埃科(Umberto Eco,1932—2016),意大利著名哲学家、符号学家、历史学家、文学评论家、作家,是
全球最知名的符号语言学家之一。曾出版《理论与符号学》、畅销小说《玫瑰之名》,以及《带着鲑鱼去旅行》等。埃科
还是位为多家报纸撰写专栏的公共知识分子,透过日常小事对社会现象进行批评。他在欧洲已成为知识和教养的象
征,许多家庭都会收藏他的作品。在我国,埃科也在产生越来越大的影响。他曾任教于波罗尼亚大学,住在米兰。他
曾于 1995 年访问中国,并在北京大学发表演说。根据网络资料整理。——译者注

VMBERTO ECO

出真相,那么它也可以用来制造假象:

　　符号学研究任何可以作为符号的事物。符号可以有意换成别的事物。这个别的事物并不需要存在,或者不需要出现在特定时刻符号所代表的位置上。因此,符号学基本上是一门研究任何有可能变成假象的事物的学科。如果某件事物不能变成假象,那么相对的,它也不能说明真相。那么,它就什么也"说明"不了。因此,我认为"假象原理"应当是一门相当全面的一般符号学的课程。(p.7)

　　我们来考虑几种方式(参见表 1.4),让符号来"欺骗"他人,或者说更为善意一点,来"误导"他人。

表 1.4　作为日常欺骗符号的符号学

范围	误导性符号
假发	秃顶或其他颜色头发的人
高跟鞋	矮个子可以增高
染发	深色变成金发,金发变成红色,诸如此类
衬垫胸罩	平胸女性可以变成丰胸女性
职业冒充	假装是医生、律师,等等
假冒他人	假装是别人,盗用"身份"
装病	假装生病
戏剧	假扮有感情、信仰等
食物	模仿螃蟹、龙虾等
言辞	避免伤害他人而说的小小的谎言

　　我们生活在一个充满谎言和误导的符号世界中,很多时候我们要花费大量精力来判断自己有没有受到欺骗。大多数时候这些误导的符号是无害的(那些头发是天然深色的染金发者),但在有些情况下(一个汽车司机假装自己是医生),假象就很危险了。埃科认为,符号如果能够用来交流,那它们也会用来说谎。这个论断非常重要。

面部表情作为符号

　　心理学家保罗·艾克曼(Paul Ekman)在研究面部表情方面做出了重要贡献。我第一次接触他的作品是在一次国际符号学会议上。艾克曼认为当人们说谎时可以通过仔细观察他们的面部表情和特定面部肌肉群的运动方式的细微变化来辨别。艾克曼的研究最终划定了八种通用面部表情：愤怒、决心、厌恶、恐惧、漠然、�‌嘴、悲伤、惊讶。在向国家科学基金会（National Science Foundation）提交的一份报告中，艾克曼与泰伦斯·谢诺沃斯基（Terrence J. Sejnowski）一同写道（Ekman & Sejnowski,1992）：

面部表情提供关于情感状态的信息，包括恐惧、愤怒、快乐、惊讶、悲伤、厌恶等情绪，以及更持久的情绪如欣狂、烦躁不安、易激怒；提供关于认知活动的信息，如困惑、专注、厌倦；提供关于性格和个性的信息，包括敌意、社交性、害羞等特征；提供关于诚实性的信息，包括当口头上提供有关计划或活动的虚假信息时会透露出的隐藏情绪和线索；提供关于精神病理学的信息，不仅包括与抑郁症、躁狂症、精神分裂症和其他不太严重的疾病相关的诊断信息，还包括与监测治疗反应相关的信息。

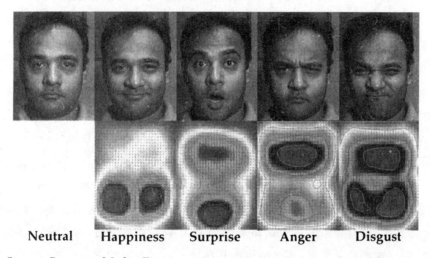

Neutral   Happiness   Surprise   Anger   Disgust

Source：Courtesy of Irfan Essa.

值得注意的是，作者认为可以开发自动化系统来监控面部表情，这可能会彻底变革法律、通信、医学和教育等领域。他们认为面部表情是我们情感状态的"窗户"，在我们的社交生活中起着重要的作用。上图中展示了五种通用面部表情和从"漠然"到其他四种表情所需的活力。面部可能是窗户，但我们通常发现很难通过这些窗户识破并确定某个给定的面部表情实际上是什么意思。

许多人发现各个面部表情之间很难进行区分。

超　真　实

让·鲍德里亚（Jean Baudrillard），一位后现代主义的社会学家（关于后现代主义，我在本书中将详细分析），认为现实已经被"超真实"（hyperreality）所代替，这意味着符号比它们所代表的东西重要。就像彼得·布鲁克(Peter Brooker)在《文化理论词汇》(*Culture Theory：A Glossary*)(1999)一书中所说的：

超真实：这是一个与大规模生产和再生产相关的概念，它意味着在这种大环境中产生的一个物品、事件和经历代替或者说超过了原型，也就是说复制品"比真实更真实"。在法国哲学家和后现代主义评论家让·鲍德里亚(1929—)、埃科(1932—)的作品中，超真实尤其与文化趋势有关，并且在当代美国社会也成为一种普遍的感觉。

在鲍德里亚的讨论中，超真实与发展很充分的形式"拟像"(SIMULATION)是同义词，拟像是指从对真实的看法中解放出来的独立的模仿物。(pp. 121—122)

根据这一理论，拟像(例如迪斯尼)最终对于人们来说比设计时所模仿的真实物反而更重要、更真实。实际上，鲍德里亚甚至认为迪斯尼如今是非常真实的，美国反而是迪斯尼的模仿品！正如鲍德里亚在他的《拟像的精确度》中写道(《拟像与仿真》)：

迪斯尼的每个地方都绘制出上至美国的客观轮廓(真实外形)下至个人和人群的形态。迪斯尼的重要性受到微型画和连环漫画推崇。迪斯尼的存在是为了隐藏它才是"真实的"国家，所以"真实"美国就是迪斯尼。迪斯尼以虚构的形式呈现是为了让我们相信其余的都是真实的，尽管洛杉矶和围绕着它的美国不再是真实的，而是属于超现实秩序和仿真秩序。(欧洲高等学院，未注明出版日期)

鲍德里亚阐述了迪斯尼的标志性创作如何塑造了我们的意识以及我们对现实的看法。而现在，迪斯尼拥有漫威漫画和《星球大战》电影专辑。

语言与言说①

我在前面已经讲过，文本(如电影、电视节目和广播电视广告等)就"像语言"(like languages)一样，而语言学的规律可以应用于文本。语言的功能是通过建立我们所学习的体系与规则来传播信息、感情和观念。正如写作与言说有自己的语法一样，不同媒介的各类文本同样有自己的语法。

---

① 有的英译本译为"言语"(parole)。——译者注

索绪尔区分了**语言**(language)和**言说**(speaking),而这一点在此是有用的。语言是一种社会设置,它由系统化的规则与传统构成,使我们可以言说(或者更广泛地说,可以交流)。每个人以他或她自己的方式"言说",但这种言说是以人人熟悉的语言和规则为基础的。如《星际迷航记》——我必须指出,我这里讨论的大部分内容都包括叙事(narrative)——可以看作是言语(speech),观众之所以能够理解,是因为观众通晓该语言。也就是说,观众理解符号以及符号所指代的意义。我们懂得该节目类型(genre)的常规,或者说,我们知道什么可以接受,什么不可以接受。我们了解这些符码!

有时候也会出现混乱的现象,节目制作者使用的符码并非观众所了解的符码,这样就造成沟通不畅。一般来讲,事情复杂化的原因就在于,人们并不明白规则与符码,虽然人们对其有所反应,但却不能清晰地表达。在电影或电视节目中,某个场景本意是表达哀伤,结果却引起了观众的笑声,就是这种混淆的例子。

因此,很明显,人们一直都在"言语"。即便他们口头没有出声,但他们的发型、眼镜、衣服、面部表情、姿态和手势等都在向他人沟通或"言说"(也就是说,一直都在进行着表达)。他人只要感觉敏锐,或对符号和能指有所留意,就会察觉到这些信息。马娅·派因斯(Maya Pines)(1982)对此做出了符号学的阐释:

符号学家认为,我们所做的每一件事情都以各种符码的方式发送有关我们的信息。同时,我们也在接收无数隐含在音乐、手势、食品、仪式、书籍、电影或广告等里面的信息。不过我们很少意识到我们在接收这类信息,而解释这些信息运作的规律也让我们感到困难。(p. G1)

派因斯又说,符号学家所做的,就是传授我们如何破译这些规则,"让它们进入意识的层面"。我将我们所发送和接收的信息比作"言语"。索绪尔(1915/1966)告诉我们,言语通常暗示了一种现有的系统,而这种系统本身也在不断演变。

上述内容归纳如下:

(1) 符号学探讨的是,在文本中,尤其是在旁白(或故事)中,**意义**是如何产生并传递的。

(2) 符号学的核心是文本中的符号。符号可以理解为**能指**与**所指**的综合。

(3) 由于万事万物本身并没有意义,因此符号之间的**关系**至关重要。它类似于文字与语法,即文字组合的方式决定了它的意思。语言是一种社会制度,指示我们如何使用文字,**言说**则是基于语言的个体行为。

(4) **文本**可以看作与言语一样,或者是语法或语言,后者使得文本具有了意义。符码与约定俗成让人们理解叙事里的符号,同时也塑造着人们的行为。

内涵与外延

内涵这个词源自拉丁语，意为"一起标记"，指的是逐渐与词汇（以及其他的交流形式）对应到一起的文化意义。一个词的内涵包括与之相关的象征的、历史的以及情感的等方面的问题。著名的法国符号学家罗兰·巴特在《神话》（*Mythologies*）（1972）中写到了法国日常生活很多方面的文化内涵，比方说牛排和炸薯条、洗涤剂、雪铁龙汽车以及摔跤。他在序言中写道：

本书有一套双重理论框架：一方面以所谓大众文化的语言工具作为意识形态的批判；另一方面则是从语意学上来分析这套语言的结构。我最近才研读了瑞士语言学家索绪尔的著作，结果得到了一个结论，那就是，如果我们将"集体征象"（collective representations）视为符号体系（sign-systems），那么我就能超越过去，仅基于单纯地、虔诚地揭露它们的做法，就能详细地将符合小中产阶级（petit-bourgeois）的文化转型为共通文化神秘（mystification）的目的加以说明。

Roland Barthes

《神话》的第一章涉及摔跤。巴特（1972）解释说，令他感兴趣的是，摔跤蕴藏着浓厚的阳刚之气、希腊戏剧以及斗牛街的特质，"光线毫无折扣地照射着，感情也毫无保留地发泄着"（p.15）。他补充道，摔跤不是运动，它是一种表演，是一出"痛苦集"。

他在讨论摔跤中描述一个法国摔跤选手 Thauvin，这个摔跤手的身体向法国公众表明了很多东西：

因此在摔跤中，每个符号都要绝对的清晰，因为人们必须要能当场理解所有的东西。对手一到拳击场，公众就能立即捕捉到他的显著特征。正如在戏院，每种体型所传递的信息要超过其被分配给竞争者角色本身的信息。五十岁肥胖又皮肤松垂的 Thauvin 用他的身体表现着卑贱的角色,因为他的角色是去表现经典概念中的邋遢鬼,"混蛋"(摔跤比赛中的主要概念),表现为器官上的惹人讨厌。(pp.16—17)

巴特提到,法国把 Thauvin 称作质量差的肉,意即"臭肉"。那么 Thauvin 的身体意味着可以让法国专业摔跤选手形成任何强烈的情绪。我们也可以对美国专业摔跤中的英雄和坏蛋说同样的话。巴特说,他的目的是制造"一切尽在不言中"(1972,p. 11)的世界,并展示这个世界的内涵,从大的方面来讲,就是指它的思想基础。

相对的,**外延**(denotation)指词语和其他现象的字面含义或外在含义。例如,**芭比娃娃**(Barbie Doll)①的外延指一个小玩具,1959 年首次在市场上销售,最初它有 11.5 英寸高,胸围 5.25 英寸,腰围 3.0 英寸,臀围 4.25 英寸。与之相对,**芭比娃娃**的内涵则存在着争议。有学者认为,芭比娃娃的到来意味着母亲作为妇女支配性角色的终结,意味着消费者文化的重要地位。因为芭比是个把自己的时间打发在购买服装上的消费者,而且它正在与肯(Ken)以及其他玩具建立联系。不像其他玩具,芭比娃娃并不想赋予小姑娘以传统母性的角色——让她们模仿自己的妈妈,照顾"小宝宝"。表 1.5 比较了内涵与外延的区别。

表 1.5　内涵与外延的对比

内涵	外延
借喻的	字面的
所指	能指
推理的	明显的
暗示意义	描述
神话领域	存在的范畴

很多媒介分析都要探寻目标与象征性现象的内涵,研究文本中角色的行为与对话的内涵(这些可能对观众有意义),然后将这些意义与社会的、文化的和意识形态等方面相联系。

---

① 芭比娃娃是世界玩具市场上畅销最久的玩具。芭比诞生于 1959 年的美国。它的创造者是世界玩具公司美泰公司的创办人、被称为"芭比之母"的鲁思·汉德勒(Ruth Handler)。她见女儿喜欢当时流行的纸娃娃,趣味盎然地帮它们换衣服、换皮包,便想设计一款立体娃娃。1959 年 3 月 5 日,世界上第一个美女金发娃娃问世,鲁思用小女儿芭芭拉的昵称给她命名,从此这个金发美女就叫作芭比。到目前为止,芭比的足迹遍布全球 150 个国家,平均每一秒钟在世界上就有 3 个芭比娃娃被售出。现在,芭比娃娃已经成为一种文化和政治的象征。甚至有人将芭比视为除可口可乐、麦当劳之外,资本主义势力的另一种代表。在美国许多大学,"芭比学"甚至可以成为专门的一堂课,透过芭比现象探讨女性心理、角色、男女关系,以及女性与社会的互动等问题。根据网络资料整理。——译者注

共时与历时

共时与历时的区分也是索绪尔首先提出的。他以共时的（synchronic）一词表示分析的意思，以历时的（diachronic）一词表示历史的意思。因此，以共时的方式研究文本就是探究元素之间的关系，而以历时的方式研究文本则是审视叙事的演变方式。换个说法是，以共时方式解读文本即发掘文本中隐含的对比模式（即聚合结构）（paradigmatic structure），而历时分析则研究构成叙事的各个事件之间的联系（即组合结构）（syntagmatic structure）。

索绪尔（1915/1966）指出了静止的（共时的）语言学与不断进化的（历时的）语言学之间的区别：

对任何学科而言，对其研究对象所处的坐标进行准确的定位，都是有益的。可以对目标作两种区分：（1）同时之轴（the axis of simultaneity），表示共存事件之间的联系，时间被排斥在外；（2）连续之轴（the axis of successions），在这个轴上，每次只对一个事件进行考察，但所有的事件连同它们的变化都处在第一个轴上。（pp.79—80）

为了解释清楚这二者之间的区别，索绪尔建议读者想象一棵植物。如果对植物的茎干做纵向切割，看到的则是植物的纤维；若做横向切割，看到的则是植物纤维间的相互联系。

表1.6比较了共时分析与历时分析。例如，一位研究者可能关注电脑游戏的演变方式，于是采用历时分析，或者可能对某一时刻最重要的电脑游戏进行比较，就可以采用共时分析。研究者也可以先从历时分析的角度来确定内容，再集中某几个重要游戏展开共时分析。克劳德·列维-施特劳斯（Claude Lévi-Strauss）和弗拉基米尔·普罗普（Vladimir Propp）的观点就是以上两种方法的例证，随后我会对它加以说明。

表 1.6　共时分析与历时分析的对比

共时	历时
同时性	连续性
静止的	演变的
瞬间的	历史回顾
系统中的关系	时间中的关系
分析为主	发展为主
聚合的	组合的
列维-施特劳斯	普罗普

组 合 分 析

一个组合段(syntagm)就是一根链条,在组合分析中,文本被作为构成某种叙事的一组相关事件来探究。在本节中我将讨论俄国民俗学家弗拉基米尔·普罗普的观点,他于1928年撰写了开创性著作《民间故事形态学》(*Morphology of the Folktale*)一书。形态学研究的是事物的形式,即组成部分之间的关系以及组成部分与整体的关系。

普罗普(1928/1968)研究了一组童话,他将其研究方法描述如下:

> 我们对这些故事的主题加以比较。为了进行比较,我们以特殊的方法来分隔这些传说的各个要素,其结果就是形态学(例如,根据其构成要素、要素之间的关系和要素与整体间的关系来描述故事)。(p.19)

普罗普将研究中的基本叙事单元称之为"功能"(function):

> 功能被理解为人物的行为,由对行为过程意义的看法而界定。(p.21)

他的意见可以简要归纳为以下几点:

(1) 在童话中,人物的功能是稳定的、常态的要素,与何人、以何种方式发挥这种功能无关。人物功能构成童话的基本要素。

(2) 童话的已知功能为数有限。

(3) 功能的先后次序总是相同的。

(4) 就结构而言,所有的童话都只有一种形态。(pp.21—23)

普罗普的研究对我们意义重大,因为我们可以吸收他的观点,并将其应用于电影、电视剧、漫画和各类叙事文本中。对我们而言,普罗普的论点正确与否并不重要。他提出的功能的概念正在被广泛地应用于各种文本之中,成效显著。

普罗普对功能的每一项本质都作了摘要,用一个约定俗成的符号或指定一个符号来表达其简化的定义。有些功能相当复杂,带有无数的子范畴,所有的子范畴都发挥相同的功用。普罗普的第一个功能描述如下(1928/1968),你可以从中看到一个简单的功能的特征,以及他是如何发展每一个功能的(括号里的数字代表普罗普研究的某个童话):

1. 某个人离家。（定义：离家。指定符号：β）

（1）离家的可能是老一辈的人（β1）。父母外出工作（113）。"王子必须出门远行，将妻子留给陌生人照顾"（265）。"从前，有一个人（商人）前往外国"（17）。通常离去的形式有外出工作、去森林、去做生意、去打仗、"因公务"。

（2）离家的强化方式通常是父母的去世（β2）。

（3）有时候年轻人离家（β3）。他们外出游览（101）、钓鱼（108）、散步（137）、采摘草莓（244）（p.26）。

这就是普罗普提出的比较简单的功能之一，例如，仅就功能（就是恶棍伤害家人）来说，它就有19个子范畴。

即便你没有掌握每一个功能的所有范畴，你仍然可以用普罗普的31种功能就选定的文本进行组合分析（表1.7列出了这些功能，对其有所简化和修改，且对每一种功能都给予简要说明）。他对英雄的定义值得商榷，他认为英雄就是"直接受到恶棍伤害，或同意消除别人的不幸或帮别人偿清债务的人"（p.50）。他又说，英雄都有神奇的代理人，或有贵人相助，才得以渡过难关。

表 1.7 普罗普的功能说

α	最初状况	介绍家人或英雄。
β	离家	家人离家。
γ	禁令	对英雄设禁。
δ	违禁	英雄违犯禁令。
ε	侦察	恶棍试图展开侦察。
η	传递	恶棍接获关于受害者的信息。
ζ	诡计	恶棍试图欺骗受害者。
θ	同谋	受害者受骗，无意中帮助了敌人。
A	恶行	恶棍伤害了某个家人。
A	需要	某个家人缺少某物或需要某物。
B	调停	不幸公之于众，英雄被派遣。
C	反击	找寻者（seeker）同意反击。
↑	出发	英雄离家。
D	捐赠者的第一个功能	英雄被考验，接受神奇代理人的帮助。
E	英雄的反应	英雄对将来的捐赠者的行为做出反应。
F	接受神奇的代理人	英雄请求利用神奇的代理人。
G	空间转移	英雄找到搜索目标。
H	战斗	英雄与恶棍直接战斗。

续表

I	胜利	恶棍被打败。
J	蒙受污名	英雄蒙受污名。
K	清除	最初的不幸或匮乏被清除。
↓	归来	英雄归来。
Pr	追逐	追击:英雄被追逐。
Rs	营救	英雄被解救。
L	无理要求	假英雄提出无理要求。
M	艰难的任务	向英雄分派艰难的任务。
N	完成	任务完成。
O	未被认出的到来	未被认出的英雄回家或到另一个国家。
Q	认同	英雄被认同。
Ex	揭露	假英雄或恶棍被揭露。
T	变相	英雄面貌一新。
U	惩罚	恶棍得到惩罚。
W	婚礼	英雄完婚,登上王位。
普罗普的剧情中有 7 种人物		
1	恶棍	与英雄搏斗。
2	捐赠者	给英雄以神奇的代理人。
3	帮手	协助英雄解决难题,等等。
4	公主	找寻对象。
	国王	分派艰难的任务。
5	派遣者	派遣英雄执行使命。
6	英雄	找寻某物,或与恶棍作战。
7	假英雄	自称英雄,却被揭穿。

　　我现在要将普罗普的功能说运用于电视剧《囚犯》(*The Prisoner*)中,了解普罗普是怎样帮助我们解读叙事文本的形态的。《囚犯》是著名的"存在主义"(existential)电视剧,多年前就首映,至今仍被视为经典。故事讲了一个人向某神秘组织(很显然是间谍机构)辞职后遭到绑架,被拘禁在"村庄"里。小岛上的这个村庄非常奇异,好像是度假村,村子的人不用姓名,而是用数字互相称呼。在这部 17 集连续剧中,英雄被迫与无数的敌人交战,每个敌人都被称为"二号"。最终,囚犯("六号")逃离并摧毁了村庄,回到了自己在伦敦的公寓。

　　《囚犯》第一集名为"抵达"(Arrival)。该片开头是一位姓名不详的男主角正在递交辞呈。他与几位官员在办公室里,最后他拍案离去。他回到自己的公寓中收拾行李,因煤气中毒而昏迷。醒来之后，他发现自己身处"村庄"之中。"村庄"是一个专制集团的群体，人人没有姓名，只用数字互相称呼。他被叫做"六号"，被迫与"二号"作战，而"二号"则要找出"六号"辞职的原因。"六号"企图从沙滩上逃走，却被藏在海中的巨大而可怕的橡皮球体"海盗船"（Rover）"截获"（captured），该船由"二号"控制。"六号"被送往"村庄"医院，却发现自己竟与一位同是间谍的昔日好友共处一室！当"六号"接受医生检查时，听到观察室里传来一阵骚动。等"六号"冲回房间，发觉他的朋友已经自杀了。"六号"出院后参加了朋友的葬礼，发现有一名女子在葬礼的过程中举止古怪。"六号"经过与她交

VLADIMIR PROPP

谈，得知她是朋友的情人，两人曾经计划逃离海岛。她有一块配有特殊装置的手表，可以避开"海盗船"，偷取一架直升机。"六号"取走手表，驾驶直升机"逃离"。当刚刚离开小岛不久，他就发觉直升机由"二号"操纵控制。第一集的结尾是，直升机飞回并降落到"村庄"，而原本已经自杀的间谍朋友正在告诉"二号"，"六号"不是一般的常人，需要对其进行特别对待。

尽管《囚犯》不是民间故事，但它同样包含民间故事的诸多要素。可以说，当今很多叙事文本都是经过修改和更新的传说故事，它们很大程度上类似于普罗普所描述的传说故事。表1.8列出了一些普罗普提及的功能，这些功能可以用于分析"抵达"。当然，还可以用普罗普的子范畴作更广泛、更深一步的研究，不过在此我仅止于指出这类分析的可能性。

表1.8　普罗普的功能说在电视剧《囚犯》"抵达"一集中的应用

普罗普的功能说	象征	事件
最初状况	α	英雄辞职。
违禁	δ	（暗示）间谍不能辞职。
恶棍造成伤害	A	英雄被绑架到村庄。
得到神奇代理人的帮助	F	女子给"六号"特殊装置的手表。
揭发假英雄	Ex	朋友和"二号"在一起。

我们从组合分析中学到了两点。第一，不管是任何形式或类别的叙事，它都是由某些功能（或要素）构成，这些功能（或要素）对于故事的发展至关重要。因此，普罗普引导我们要了解公式（formulas）的本质。第二，事件在叙事中的顺序异常重要。叙事文本的逻辑与故事中要素的安排，这些都能极大影响我们对于任何事情的"意义"的理解。事实

上，这就是借助剪辑过程所要实现的目标。①

我将提供使用普罗普分析法的引文来阐明詹姆斯·邦德（James Bond）的小说。在托尼·本尼特（Tony Bennett）和珍妮·伍拉考特（Janet Woollacott）的《邦德的前世今生：一个大众英雄的政治生涯》（*Bond and Beyond：The Political Career of a Popular Hero*）（1987）一书中，他们描写了翁贝托·埃科对邦德现象的分析。

> 正如弗拉基米尔·普罗普所说，"就结构而言，所有童话故事都属于相同的类型。"因此，埃科认为，在情节层面，邦德小说在结构上是统一的。事实上，他进一步主张"邦德公式"只是传统童话原型结构的变体。根据普罗普的观点，童话的基本单位包括故事中的角色——英雄、恶棍、公主——在故事中执行的功能。同样埃科认为，邦德小说中的角色受到分配给他们的功能的驱使，他把功能比作游戏规则所要求的一系列动作。（p. 70）

这表明邦德小说和电影的一些吸引力是由于它们成为了现代化的、更新的童话故事，因此他们在我们的心灵世界中发挥的作用类似于传统童话故事。在精神分析理论的章节中，我将更多地谈到詹姆斯·邦德。

聚 合 分 析

聚合分析就是在文本中找出隐含的两两对立模式（pattern of oppositions），这种对立模式深藏在文本之中，需揭示方能知其意义。正如艾伦·邓迪斯（Alan Dundes）②在普罗普的《民间故事形态学》（1928/1968）序言中所说的那样，结构分析的聚合形式：

> 寻找描述据称构成民俗文本基础的模式（这种模式通常以二元对立为基础）。这种模式与顺序结构（sequential structure）完全不同。相反，它要从"既定的"次序中抽取要素，然后将要素置于一个或更多的分析框架中进行重组。（p. xi）

---

① 例如，以下两个句子使用相同的词语，但词语的次序不同，意义完全不同："My husband was late..."（我丈夫迟到了……）和"My late husband was..."（我过世的丈夫是……）。

② 艾伦·邓迪斯（Alan Dundes，1934—2005），国际著名民俗学家、美国加州大学人类学系教授，有民俗学诺贝尔奖最佳人选之誉。其研究领域涉及民间文学理论和方法、象征研究、民俗的精神分析研究、城市民俗、谚语、笑话、北美印第安人的民间故事和童话等。在当代民俗学和民间文学研究界，邓迪斯大概是对理论和方法论述最多也颇有创新的一位学者。他的一个重要贡献在于把描述民俗学推向了解释民俗学的新阶段，使传统的对民俗材料的确认和描述走向了深度分析和阐述。根据网络资料整理。——译者注

我们探讨二元对立或正反对立，这是因为意义的产生正是以这些关系为基础，而语言中表达意义最重要的关系就是二元对立。

我们再回到索绪尔（1915/1966）的观点——语言中只存在差异（p. 129）。或者正如乔纳森·卡勒（1976）所说的那样，"结构主义者通常同意雅格布森（Jakobson）的观点，认为二元对立是人类思想的基础，是表达意义的基石。"（p. 15）因此，在所有的文本中，必然存在某些系统化的、相互关联的对立组，并可以揭示出来。现在很多人还没有意识到这些二元对立（有时候这些二元对立以暗示的方式表达，并不明显），不过，假若没有差别，那就毫无意义可言。

有人辩解，符号学家从文本中"抽取"（elicit）出的对立和其他结构根本就不存在。这些人批评符号学家不是从文本中**发现**（discover）了这些关系体系，而是**发明**（invent）了这些关系体系。这场争论有时被称之为"变戏法"（hocus pocus），是对"上帝的真理"（God's truth）的争论。我相信符号学家在文本中找到的对立确实存在，而且必然存在。没有二元对立而企图发现意义是不可能的，就好比通过一个巴掌就想听到声音一样。

我还是用《囚犯》中的"抵达"一集来做聚合分析。该集最重要的对立在于自由与控制之间的对立，我用自由和控制这两个概念来简要概括我的对立列表（见表 1.9）。这个简表列出了该叙事的概念结构（ideational structure）依赖什么。

表 1.9　"抵达"中的二元对立

自　由	控　制
"六号"	"二号"
个体	组织
意志力	武力
逃跑	捕捉
信任	欺骗

著名法国人类学家克劳德·列维-施特劳斯（Claude Lévi-Strauss）[①]表示，对文本的组合分析揭示的是文本的显性意义，而对文本的聚合分析揭示的则是文本的隐性意义。

---

①　克劳德·列维-施特劳斯（Claude Lévi-Strauss，1908—2009），现代西方哲学家、社会学家，结构主义哲学的创始人，法国科学院院士。生于比利时首都布鲁塞尔，求学于巴黎大学，获哲学和文学博士学位。1959 年起任法兰西学院社会人类学教授。列维-施特劳斯是结构主义运动时期所谓"巴黎五巨头"中的一员。另外四人为罗兰·巴特、雅克·拉康、米歇尔·福柯、路易·阿尔都塞。列维-施特劳斯作为当代法国思想史"纪念碑"的永久性历史地位是无人可以动摇的。其代表性成果有《亲属关系的基本结构》（1949）、《忧郁的热带》（1955）、《结构人类学》（1958）、《野性的思维》（1962）、《神话学》（4 卷，1964—1971）等。根据网络资料整理。——译者注

文本的显性结构就是文本中所发生的事件,而隐性结构则是文本所包含的内容。也就是说,当我们进行聚合分析时,我们并不在意人物的所作所为,我们关心的是人物的用意是什么。

列维-施特劳斯感兴趣的是叙事组织或建构的方式,以及这种建构是如何产生意义的。他研究了很多神话、亲缘系统(kinship systems)以及相关的主题(争议还比较大)。他认为(1967),神话由最基本单位或最小单位"神话素"(mythemes)构成,主题以某种方式组合来传递信息。这些神话可以用简单的一句话来表达其重要的关系。例如,在俄狄浦斯神话故事中,列维-施特劳斯列出几个主题,如"俄狄浦斯杀父"、"俄狄浦斯娶母"或"俄狄浦斯杀斯芬克司"。这些神话主题与组合规则[列维-施特劳斯称为"束"(bundles)或关系]是神话创作的素材。神话之所以重要,不仅因为神话对相信它、讲述它的人们发挥着认可的功能,而且因为它们是了解人类思维方式的关键所在。

神话最重要的部分是它所讲述的故事,并非其体裁。因此,角色间的结构关系以及这些关系所表达的含义应该成为研究重点,故事讲述的方法却不是我们重视的对象。列维-施特劳斯相信,神话将来自各种文化的编码讯息传递给个人,而分析者的任务就是要"破译密码"(cracking the code),找到那些被伪装或隐匿的讯息。在最后分析时,分析者还要揭示出文本的聚合结构。[①]

对文本进行聚合分析时,分析者要避免几种可能会犯的错误。第一,一定要找出真正的对立(而不是简单地找出否定)。例如,"穷"是"富"的对立,就不应当使用"不富""非富"这些字眼。第二,你应该确定你所找出的对立与文本中的角色和事件是相关的。

假如我列出"抵达"更为详细的大纲,我就可能对这个故事进行更详尽的组合和聚合分析,而我所列出的普罗普的功能与二元对立的表格也会更长(表 1.8 和表 1.9)。我还要强调,在文本分析的同时,分析者对自己的二元对立表中的词汇做出分析,进而解释每一组对立使用的原因,这种方法对自己是大有裨益的。

互 文 性

互文性(intertextuality)是一个争议颇多的术语。在本书中,它指的是运用于(有意或无意)来自其他先前所创造素材文本的文本。对文本的滑稽模仿,就是有意再利用文

---

① 限于篇幅,我无法长篇介绍列维-施特劳斯的论说。有兴趣者可参考本章附录的列维-施特劳斯的相关书目。

本素材的一个范例。要让滑稽模仿有效果，观众必须对最初的文本有所了解，这样他们才能欣赏到它被嘲笑的方式。有风格（style）滑稽模仿（例如，在比赛中，参赛者要争相模仿海明威写作风格，达到最可笑的效果）和体裁（genre）滑稽模仿之分，后者运用了各种程式化文本的基本剧情结构，例如肥皂剧和西部片等。

伍迪·艾伦（Woody Allen）（1978）在他的《春季公报》（*Spring Bulletin*）中提供了模仿课程描述的精湛作品。

哲学1：阅读早至柏拉图晚至加缪的所有人的著作，学习课题包括伦理学：绝对命令，以及使其产生效果的六种方式；美学：艺术是人生的镜子吗？如果不是，又是什么？认识论：知识是可知的吗？如果不是，我们又何以得知？荒诞：存在何以常常被认为是荒谬的，特别是对穿着棕白两色皮鞋的人而言。学习多数性和单一性，因为两者与其他性有联系。（达到单一性的同学将继续学习两重性。）(p.44)

这里的幽默在于我们将艾伦的模仿与典型的大学课程目录描述进行比较。在这里，艾伦对课程目录的描述既有题材滑稽模仿又有风格滑稽模仿。

另一种有意识的互文性发生在编剧或电影导演制造的可以被认出是"引用"其他电影的作品。先锋派电影制片人和其他艺术家经常有意"引用"别的作家的作品——他们从著名（或不太出名的）作品中攫取片段，然后创造出新的作品。因此，就像马塞尔·达内西（Marcel Danesi）在《理解媒介符号语言学》（*Understand Media Semiotics*）（2002）一书中所说的那样，电影《银翼杀手》（*Blade Runner*）中暗含了很多圣经的主题，例如寻找上帝。另外一个关于互文性的例子是李奥纳多·伯恩斯坦（Leonard Bernstein）/斯蒂芬·桑德海姆（Stephen Sondheim）的音乐剧《西区故事》（*West Side Story*），它的情节来源于莎士比亚的《罗密欧与朱丽叶》。一些电视批评家认为2003年昙花一现的电视节目《皮囊》（*Skin*）是《罗密欧与朱丽叶》的又一个现代版本。

无意识的互文性指在创作者毫无意识的情况下，各种文本素材（剧情、主题和各种人物等）成为共同媒介（common currency），遍及各种文化并进入新的文本。实际上，一些文艺理论家认为，所有创作作品最终都是互文性的，即所有文本在不同的程度上都彼此相互关联。

对 话 理 论

苏联符号学家米哈伊尔·巴赫金（Mikhail Bakhtin）[①]提出，语言是**对话性的**（dialogic）。他认为，当我们说话时，我们所说的内容不仅联系着我们以前说过的话，而且还联系着我们将来要说的话。正如巴赫金在其著作《对话的想象：四篇短论》（*The Dialogic Imagination*：*Four Essays*）（1981）一书中所说的那样：

> 生活中会话使用的词语是直接的、公开的，并且指向接下来的回答的，即它引起一个回答，提前对这个回答进行预期判断，并根据回答的方向进行自我建构。在由已经说过的话所构建的氛围里自我形成的词语，同时会被还没有说出来但非常必要的语言决定着，事实上也被接下来要回答的话所期待着。这就是生活中会话的状况。（p. 280）

如果我们采用这种观念，并将他们从演讲话语转化到文本方面，那么我们会对互文本有更深入的认识。巴赫金讨论了文本之间的关系，包括中世纪时称为"引用"（现在我们称之为互文本）的现象：

> 在当时，他人的措辞职责重大，社会上公开地、崇拜地强调这些词语，诸如半隐蔽（half-hidden）、完全隐蔽（complete hidden）、半意识的（half-conscious）、无意识的（unconscious）、正确的（correct）、故意曲解的（intentionally distorted）、故意重新解释的（deliberately reinterpreted），等等。自己的言词和他人的言词之间界线并不明显，也不固定，经常被蓄意歪曲和混淆。有些文本看起来就像是从别的文本中分割出来的……中世纪滑稽模仿论文的最高权威更是直言不讳地指出，中世纪的文学史和拉丁文学史就是一部独特的侵吞（appropriation）史、再创作史和模仿他人作品（或模仿他人语言、风格或词汇）的历史。（p. 69）

中世纪"侵吞"他人作品的现象与当今类似。其部分原因是西方世界的大多数人接

[①] 米哈伊尔·巴赫金（Mikhail Bakhtin，1895—1975），苏联著名文艺学家、语言学家、符号学家和美学家。他是一个被埋没了 30 年后才被发现的大师，起初人们是通过阅读当时巴赫金以自己名字发表的唯一著作《陀思妥耶夫斯基诗学问题》时知道他的，最后在一所不知名的大学——莫尔多瓦师范学院找到了他。此时巴赫金已垂垂老矣，但他的思想和论著最终还是在他逝前传播开来。巴赫金之所以被称为"符号学家"，主要是他在《马克思主义与语言哲学》中较多地讨论了符号问题。根据网络资料整理。——译者注

受了共同的文化传承，这种传承塑造了艺术家的作品，即便他们在"引用"其他文本或资源时并没有意识到自己的行为，但是这种传承在文本中仍然得到了反映。

隐喻与转喻

隐喻（metaphor）和转喻（metonymy）是传达意义的两种重要方式。隐喻是通过类比（analogy）指出两件事物之间的关系。因此，我们可以说："我的爱情是一朵红玫瑰。"最通常的隐喻形式之一是明喻（simile），即用"像"或"如"来说明比较。例如："他像刀片一样锋利"或"她如天使般善良"。

有时我们把隐喻和明喻加入到动词中，如：

船**劈开**浪花前进。（船像刀子）

船在浪花上**飞舞**而行。（船像舞蹈家）

船**赛**过浪花而行。（船像赛车）

船**腾跃**浪花而行。（船像马）

船**犁**过浪花而行。（船像犁）

在这些例子中，船被当作不同的身份。这些动词传递出不同于"船从浪花中驶过"的信息。

转喻是以**联想**（association）为基础的关系，用来暗示人们思维的符码，使人们能够做出适当的关联。诚如詹姆斯·莫纳科（James Monaco）（1977）说过的那样：

转喻是通过细节联想或概念联想来激发观点或描述事物的修辞格。根据语源学（etymology），该词表示"替代名称"［源于希腊语，包括转换、名（onoma）和姓名（name）］。因此，在文学作品中，我们可以用"王冠"（the crown）一词来称呼国王（和王室的意思）。（p.135）

转喻的通常形式是提喻（synccdochc），即以局部来指代整体或以整体来代表局部。

隐喻在电影中的范例有卓别林（Chaplin）的《淘金记》（*The Gold Rush*）中的著名场景。在影片中，卓别林煮自己的鞋吃，把鞋带吃得像是吃通心粉一样津津有味。转喻的例子在《囚犯》中可以找到，恐怖的气球"海盗船"象征统治"村庄"的专制政权。表 1.10 是隐喻和转喻的对照表，以帮助我们区分这两个概念。

一般来说，隐喻和转喻通常混杂在一起，有时候某特定的事物可能同时具有隐喻和转喻的意义。这个观点非常重要，它使我们能够更加清楚地知道事物与形象（以及语言）是如何产生意义的。就转喻而言，显然人们的头脑中已经存有符码——这是高度复杂的联想模式，正因为此，人们才得以正确地理解转喻式交流。就像没有节目你就不能辨别

表 1.10　隐喻与转喻对照表

隐喻	转喻
字首(meta)：转换，超越	字首(meta)：转换
字尾(phor)：带有关系	字尾(onoma)：名称
卓别林吃鞋带像是吃通心粉。	"二号"命令"海盗船"杀死"村庄"的居民。
明喻：重要的子范畴，用"像"或"如"作比较。	提喻：重要的子范畴，部分代表整体，或整体代表部分。
"人不是孤岛……"	红色代表激情。
蜘蛛人的服饰。	山姆大叔"代表"美国。
狭长的东西可以看作是阴茎。	礼帽暗示英国人；牛仔暗示美国西部。

符　　码

符码是极为复杂的联想模式，需要人们在特定的社会和文化中通过后天学习而获得。人脑中的符码或者说"秘密结构"(secret structures)影响了个体对于媒介和生活方式中符号与象征的阐释与理解。从这个角度来说，文化，即符码化系统(codification systems)，在人们生活中发挥着重要的(但经常不易察觉的)作用。本质上讲，人的社会化和受教育就是被传授一些符码，而大部分符码与个体特有的社会阶级、地理位置以及种族等存在关系。不过，在较为一般性的符码中可能还存在着子码(subcode)，"美国特性"就是一个例子。

大家都知道，人们需要了解符码才能够在高速公路上安全行驶。这种符码就是整体规则，指导我们如何处理各种可能发生的情况。同样的情况，我们(通常是非正式地)学会了其他符码，这些符码教会我们如何应对各种情景，明白某些事物的"意义"。非常明显，我们可以把生活中的这些规则与意义转移到媒介制作中，或转移到**大众媒介传播的文化**(mass-mediated culture)中。

那么，电视节目制片人与观众之间很可能会产生误会。翁贝托·埃科(1972)甚至认为"错误的解码(aberrant decoding)……是大众媒介的惯例"(p. 106)。这是因为不同的人给信息注入了不同的符码，故而以不同的方式来阐释这些信息。如埃科所说：

根据一般的文化参考架构，符码与子码应用到信息(此处指解读"文本")之中。所谓一般的文化参考架构指信息接受者的知识总和，包括其意识形态的、道德的、宗教的立场，其心理态度、品位和价值体系，等等。(p.115)

埃科举出一些例子，指出解码错误在以前就曾发生过，如异域人在异族文化中不知道符码，或人们以自己的符码阐释讯息，而不是以原创讯息的符码来解释讯息。埃科认为，这是大众媒介发展以前的情形，当时解码错误只是偶然现象，还没有成为惯例。然而，由于大众媒介的成长，情况急剧改变，错误的解码成为常态。埃科认为，这是因为媒介制作者与接收者之间存在着鸿沟。

由于讯息传递者的社会阶级、受教育程度、政治意识形态、世界观和性格等原因，传递者的符码并不同于讯息接收者的符码，因此讯息接收者对于讯息的阐释就会有所歧义。英国社会语言学家巴兹尔·伯恩斯坦（Basil Bernstein）（1977）的研究证实了这一点。他通过研究指出，英国儿童学习语言符码，不外乎"复杂"符码（elaborated codes）和"有限"符码（restricted codes）两种，而且，这些符码在儿童的未来成长和成人生活中扮演着重要的角色。表1.11列出了这两种符码的差异：

表 1.11 两种符码的对比

复杂符码	有限符码
中产阶级	工人阶级
语法复杂	语法简单
词汇有变化	词汇统一
复合句结构	短句、重复句
慎用形容词和副词	很少用形容词和副词
高度概念化	低度概念化
逻辑的	情绪的
使用限定词	很少用限定词
使用者了解符码	使用者不了解符码

这些符码塑造了个体的思想。以上两套不同的符码产生了截然不同的价值体系、信仰体系和世界观。伯恩斯坦的研究让我们明白了语言如何塑造人类，同时也指出我们对社会贫困分子和不利元素再社会化（resocialize）时所面临的重重困难。

有人说，美国和英国使用相同的语言，却被分离成两个不同的国家。同样的情形，英国不同的阶级使用不同的符码，似乎也形成了分离。我们从语言转到大众媒介，大众媒介还包括美学符码、图像符码（iconic codes）以及更为分离的受众成员，可是我们可以看到，媒介都能有效地沟通，这实在令人惊异。

文 化 符 码

我们所认为的"文化"也可以被理解为我们在社会中所学到的符码的集合，社会告诉我们应如何思考，如何行事，吃什么东西，什么时间吃以及各种其他事情。正如我在我的

《文化符码》(*Culture Codes*)(2012)一书的第一章中所说的那样:

在这本书中,我建议可以将文化看作塑造我们行为的符码的集合。

我们将察觉到的符码称之为"规则"或"法律",将察觉不到却在许多领域塑造我们思想和行为的符码称之为"文化符码"(culture codes)……众所周知,遗传密码在塑造我们的身体以及许多困扰我们的疾病中起着重要作用。同样地,文化符码在我们的思想和行为中起着重要的作用,尽管我们察觉不到它们的存在。(p.7)

让我举个例子加以说明。2012 年秋天,我花了 1 个月时间在阿根廷讲授符号学和媒介分析。在那里,有人跟我解释说,阿根廷人一天吃四顿饭。早上吃早餐,午餐在中午到下午 2 点左右,下午 5 点左右吃点点心,晚餐在晚上 10 点左右,有时候迟至半夜才吃。布宜诺斯艾利斯的一位教授告诉我,他和妻子经常在晚上 10 点去看电影,然后电影结束后在半夜 12 点吃晚餐。这和美国人吃晚餐的时间大不相同,美国人通常是在下午 5 点到 7 点吃晚餐,尽管之后会参加晚宴。美国人和阿根廷人都认同(达成一致)的一个文化符码是,牛排应该用来烤而不是煮(着吃)。在美国,在吃牛排之前,我们通常会先吃沙拉;而在法国和许多其他国家,沙拉是在主菜之后吃。

在书中,我详细讨论了以下几个主题:

- **符码的特性**:一贯性、隐蔽性、清晰性、具体性、连续性以及包容性,等等。
- **符码的显现**:人格(在心理学中)、社会角色(在社会心理学中)、制度(在社会学中)、意识形态(在政治学中)、仪式(在人类学中)。
- **问题**:符码的创造、符码的修改、冲突性符码、反符码(countercodes)、符码与规则。
- **大众文化中的符码**:间谍小说、侦探小说、西部片、科幻历险记、流行音乐、科幻杂志(fanzines)、女性小说(girlie fiction)、恐怖小说、哥特式小说(gothic novels)、广告、情景喜剧,等等。
- **仪式**:进餐时间、酒吧中饮用、送礼、约会、看电视、超市购物、电梯中的行为、体育比赛、做爱、穿衣,等等。[1]

符号之所以很难看出来,是因为其特征——它们无处不在,特定而清晰,这些使它们几乎无踪可循。符码几乎渗透我们生活的每个层面(我已经列出了一些明显的层面),而且是通俗艺术与媒介分析的有用概念。因为不仅在西部片和情景喜剧中有符码可循(也就是通常所说的公式),一般的媒介也遵循符码。现在我就要专门探讨电视的符码。

---

[1]　关于这种现象的详细说明,请参看伯格(1976a)。

电视媒介的符号学

　　到目前为止，我讨论的主要是一些可以用于电视节目的符号学分析方式，尤其以电视叙事为重点。一种媒介形式可以传递多种大众艺术形态，如表 1.12 所示。

表 1.12　媒介和其他大众艺术形态中的符号

媒介	大众艺术形态
广播	肥皂剧
电视	广告
电影	西部片
连环漫画	警匪枪战
唱片	综艺表演
海报	音乐
报纸	脱口秀
杂志	新闻
电话	间谍小说
图书	纪录片
告示牌	爱情小说

　　每种媒介囿于其性质，无论它传递何种形态或类型的大众艺术，都会受到某种限制。

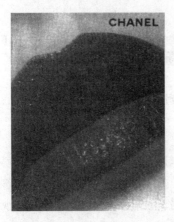

例如，由于电视影像的小屏幕及其特性，电视就不能成为放映大型战争场景的理想媒介。电视是"特写"（close-up）媒介，更适于表达角色，而不太适宜展示动作。

　　因此，在将符号学应用于电视研究时，我们应该注重该媒介"符号"的功能（function）层面，它与符号的传递（carrying）有所不同。由此可知，电视最值得探讨的是该媒介所使用的摄像机镜头类别。表 1.13 列出了比较重要的镜头类别，这些类别有哪些能指功能？每个镜头的所指通常表达什么意义？

　　香奈儿（Chanel）的广告以女人的唇部为特写，表明广告将关注点放在性兴奋部位，借此销售产品。广告中，女人的嘴唇微微张开，而这也是性兴奋的状态。广告中，除了公司名字——"香奈儿"，再无其他内容，因此给人以性欲和唤起性欲的联想。

表 1.13　摄像机镜头的能指功能

能指（镜头）	定义	所指（意义）
特写	脸部	亲密
中景	大半身	个人关系
远景	背景与演员	环境、范围、距离
全景	整个人物	社会关系

摄像机的操作和剪辑方式也可以这样考察（表 1.14）：

表 1.14　摄像机的操作方式和剪辑方式的所指与能指

能指	定　义	所　指
仰拍	摄像机从下往上拍	权力、威严
俯拍	摄像机由上往下拍	渺小、微弱
推进	摄像机向前推进	注意、集中
淡入	影像渐显于荧幕	开始
淡出	影像渐消失于荧幕	结束
切	从影像跳接另一影像	同时、兴奋
划像	影像从荧幕上消掉	强行中止

就镜头、摄像机运作和剪辑技巧而言，以上表格揭示了一种电视语法（grammar of television）。我们观看电视节目，学到了这些现象的意义，进而帮助我们了解具体的节目内容。

这里还有一些其他因素也要加以考虑，包括灯光照明技术、颜色的使用、声音的效果和音乐等。所有这些都是能指，有助于阐释我们所看到的（与听到的）电视节目。电视是运用口语、视觉形象和声音的高度复杂的媒介。电视符号学的任务就是：（1）这为什么是可能的；（2）这是怎样实现的。

对符号学分析的若干批评

你会注意到，我们没有讨论过审美判断的问题。这就是符号学分析最惹人非议的弱点，它关注文本中要素的关系与意义的产生，却忽略了作品本身的品质。也就是说，符号学并不真正关切艺术，相反，它注重意义与认知模式（modes of recognition）（即为了了解文本所需要的符码）。这就好比有人以佐料的品质来评判食物的好坏，却全然不顾烹煮的方法或品尝的味道一样。

有时候，文本易受批评。文本只不过是符号学家迷人演出的托辞，符号学家对作品本身并不重视。但这是一切形式的阐释共有的问题。而多数艺术作品受人批评,相关的分析阐释文章堆积如山,其长度甚至远远超过原作品。

符号学分析方法存在的另外一个问题是针对电视与电视文本的,即这一领域缺少强有力的理论基础,不利于研究工作的开展。近年来符号学的大部分成果都产生于电影领域,而不是电视领域。在没有健全而清晰的批评理论的情况下,应用于电视文本方面的符号学分析方法必然会流于肤浅。

不过,这个领域还是大有可为的。如果你在分析文本的符号体系时能够避免极端化,那么你所作的批评性解读就有相当的价值与意义。假如你在研究起步时已经拥有足够的理论储备,那么符号学分析方法的应用就能够帮助你在批评理论上取得进步。

电视符号学分析要点一览

在对电视节目进行符号学分析时,我建议要核对以下问题。我在本章曾将叙事作为分析核心,但实际上我提到的大部分方法都可以用于各类节目之中。

1. 隔离并分析文本中的重要符号。
(1) 有哪些重要的能指,表达什么意义?
(2) 赋予这些符号意义的是什么样的体系?
(3) 可以找到哪些符码?
(4) 涉及哪些意识形态和社会学的问题?
2. 文本的聚合结构是什么?
(1) 文本的核心矛盾是什么?
(2) 哪些二元对立可以适用于相应范畴?
(3) 这些对立具有社会心理学或社会学的含义吗?
3. 文本的语段结构是什么?
(1) 普罗普的哪些功能可以应用在文本中?
(2) 各元素的排列次序是如何影响意义的?
(3) 文本构成有没有程式化的层面?
4. 电视媒介如何影响文本?
(1) 使用了哪种镜头、摄像机角度与剪辑技术?
(2) 灯光照明、颜色、音乐与音效如何赋予符号意义?
5. 有什么理论可以加以应用呢?
(1) 有哪些符号学理论可以运用于电视?
(2) 有哪些理论可以运用于符号学分析?

　　我希望本章内容让你涉猎符号学的方法,使你能够运用这个迷人(而有力的)分析工具。你可以把符号学应用到电视、电影、连环漫画、广告、建筑、疾病、神器、物体、公式、会议、组织、朋友、敌人以及传播等在其中起重要作用和具有意义的任何其他事物上。

　　如果你想对符号学有更深入的研究,爱沙尼亚塔尔图大学(符号学家尤里·洛特曼为学院成员之一)现提供两年制硕士学位课程,语言为英语。此外,还有许多其他学校,例如印第安纳大学和多伦多大学也提供符号学高级进修课程。

讨　论　题

1. 比较皮尔斯和索绪尔关于符号本质的研究。
2. 讨论以下概念:共时/历时,组合/聚合,语言/言说,隐喻/转喻,复杂/有限符码。
3. 详细解释普罗普的理论。讨论他对于叙事文本中"功能"的看法。
4. 二元对立有什么重要性? 概念具有"纯粹差异"(purely differential)是什么意思?
5. 什么是符码? 为什么符码重要?
6. 讨论本章提到的电视和电影摄像机镜头是如何发挥符号功能的?
7. 复杂符码与有限符码有什么区别?
8. 符号学分析受到过什么样的批评?

参 考 文 献

Bakhtin, M. M. (1981). *The dialogic imagination: four essays* (Michael Holquist, Ed.; Caryl Emerson & Michael Holquist, Trans.). Austin: University of Texas Press.

该书由四篇有关文艺理论的文章组成,以小说为研究中心。在多年被人们忽视之后,巴赫金重新为人们所"发现",他的观点影响深远,尤其是他的对话理论,在这本书中有所论述,他的"狂欢"(carnival)理论在其关于拉伯雷(Rabelais)的著作中也有所体现。

Barthes, Roland. (1970) *Writing degree zero and elements of semiology* (A. Lavers & C. Smith, Trans.). Boston: Beacon.

巴特强调符号学的基本概念,将其运用到食品、时尚、家具和汽车的分析上。

Barthes, Roland. (1972) *Mythologies.* New York: Hill & Wang.

本书是一些以日常生活为主题的散文集,如摔跤、洗衣粉、人造黄油、牛排和货币等,还有一篇分析神话的长篇论文。这部著作深具魅力,也是符号学分析方法运用最有趣的著作之一。

Berger, Arthur Asa. (1997). *Bloom's Morning: Coffee, Comforters, and the Hidden Meaning of Everyday Life.* Boulder, CO: Westview.

该书写的是一位名叫布鲁姆的普通人(取自乔伊斯《尤利西斯》的主人公),对他所使用的每一件物体,以及从他被闹钟吵醒到吃早饭时所做的每一件事情,分析其符号学意义。在35篇布鲁姆早晨的短片随笔之前，是一篇讨论日常生活的文章，该书最后一章题为《神话、文化与日常生活》，书中还有作者画的 35 幅图片。

Berger, Arthur Asa. (1997). *Seeing is believing*：*An introduction to visual communication* (4th ed.). New York：McGraw Hill.

该书可以作为启蒙读物，帮助读者获得视觉上的认知。书中主题涵盖视觉传媒（visual communication)的基本要素：摄影、电影、电视、连环漫画和卡通，以及与视觉传媒相关的新技术。

Berger, Arthur Asa. (1998). *Signs in contemporary culture*：*An introduction to semiotics* (2nd ed.). Salem, WI：Sheffield.

该书适合那些对符号学知之甚少的读者。它对符号学的基本概念进行了探索，并将这些概念运用到当今社会各个不同的方面。每一章既有对符号学概念的讨论，也有对符号学概念的应用。

Berger, Arthur Asa. (2010). *The object of affection*：*Semiotics and consumer culture*. New York：Palgrave Macmillan.

本书讲述的是物质文化及其在消费文化中的作用，人们如何利用品牌来塑造自己的身份。本书的第二部分介绍了许多具有文化意义的物品；如麦当劳汉堡、伏特加、泰迪熊和电脑。

Berger, Arthur Asa. (2012). *Culture codes*. Mill Valley, CA：Marin Arts Press.

本书表明，我们所描述的"文化"可以被视为塑造我们思维和行为的不同符码的集合。这部书涉及我们烹饪牛排的不同方法、关于花花公子的不同见解、解释笑话的不同方法，以及抽烟时的不同礼仪。

Bignell, Jonathan. (2002). *Media semiotics*：*An introduction* (*2nd ed.*). Manchester, England：Manchester University Press.

比格内尔在书中描述了"符号和神话""广告""杂志""新闻""电视新闻"等。同时，他还在"电视现实主义""电视小说""电影""互动媒体"等章节中，通俗易懂地阐述了符号学在媒介研究中的重要性。

Chandler, Daniel. (2002). *Semiotics*：*The basics*. London：Routledge.

该书对符号学理论进行了通俗易懂的介绍，内容涉及符号、符码以及主要符号学家的理论。

Coward, Rosalind, & Ellis, John. (1977). *Language and materialism*：*Developments in semiology and the theory of the subject*. London：Routledge & Kegan Paul.

这是一部重要的理论著作，探讨了符号学及其与马克思主义理论、法国后弗洛伊德学派拉康的著作以及其他主题之间的关系。

Culler, Jonathan. (1976). *Structuralist poetics*：*Structuralism, linguistics and the study of literature*. Ithaca, NY：Cornell University Press.

卡勒对符号学分析及其在文学中的运用进行了精彩的论述。卡勒的另一部著作《费尔迪南·德·索绪尔》(*Ferdinand de Saussure*)(在"企鹅现代大师"系列里)也非常值得推荐。

Danesi, Marcel. (2002). *Understanding media semiotics*. London：Arnold.

达内西，多伦多大学符号学与传播学理论项目的负责人，运用符号学理论的知识来处理其他方面的问题，比如印刷和视听媒体、电影、电视、电脑、网络和广告。

Eco, Umberto. (1976). *A theory of semiotics*. Bloomington：Indiana University Press.

该书对符号学的应用范围进行了重要的理论研究，它适合那些已经具备符号学背景的读者阅读。也可以阅读埃科的《读者的角色：符号学探讨》(*The Role of the Reader*：*Explorations in the Semiotics of Texts*)（印第安纳大学出版社，1979）。

Fiske,John,& Hartley,John. (1978). *Reading television*. London：Methuen.

这是目前所见到的在电视分析中运用符号学理论的最佳著作之一。作者特别关注符码与专题文本。

Goldman,Robert,& Papson,Stephen. (1996). *Sign wars：The cluttered landscape of advertising*. New York：Guilford.

作者通过符号学以及其他文化批评方法对一般广告、各种商业广告和某些广告战进行"解码"。他们还从批评的角度，讨论了广告业在美国文化与社会中所发挥的角色。

Gottdiener,Mark. (1995). *Postmodern semiotics：Material culture and the forms of postmodern life*. Oxford,UK：Basil Blackwell.

戈特迪纳是一位将符号学的概念运用于购物商场、迪斯尼乐园以及后现代建筑分析的社会学家。该书第一部分侧重于理论探讨（论述相当复杂而精密），第二部分主要是文化研究和社会符号学。

Guiraud,Pierre. (1975). *Semiology*. London：Routledge & Kegan Paul.

该书对符号学原理进行了简要而有趣的阐释，最初出版于法国的"我知道什么"（Que sais-je?）系列。它侧重于媒介的功能、意义以及符码的研究。

Hall,Stuart. (Ed.). (1997). *Representation：Cultural representations and signifying practices*. London：Sage.

这部书是由斯图尔特·霍尔编写的，包括他的《再现的工作》（*The Work of Representation*）和《他者的景观》（*The Spectacle of the other*）这两篇长论文，以及肖恩·尼克松（Sean Nixon）的《展现阳刚》（*Exhibiting Masculinity*）和克里斯汀·克莱德希尔（Christine Gledhill）的《性别研究：肥皂剧案例研究》（*Genre to Gender：The Case of Soap Opera*）。

Johansen,Jorgen Dines,& Larsen,Svend Erik. (2002). *Signs in use：An introduction to semiotics* (Dinda L. Gorlee & John Irons,Trans.). London：Routledge.

本书涉及符号学的一些核心概念，比如：符码、符号、话语、叙事和物质文化。

Leach,Edmund. (1970). *Claude Lévi-Strauss*. New York：Viking.

该书成功地将列维-施特劳斯介绍给一般读者。书里有一些传记资料以及列维-施特劳斯有关神话、亲属和象征的章节。

Lévi-Strauss,Claude. (1967). *Structural anthropology*. Garden City,NY：Doubleday.

该书是有关语言、亲属、社会机构、神话、宗教和艺术的随笔集，作者是著名的法国人类学家，他具有开创性的头脑，同时也是一位伟大的文艺批评家。

Lotman,Jurij（Yuri）M. (1976). *Semiotics of cinema*（Mark E. Suino,Trans.). Ann Arbor：Michigan Slavic Contributions.

该书将符号学理论运用于电影之中，对电影的叙事、蒙太奇、剧情、动作等进行了研究。洛特曼与俄罗斯符号学塔尔图学派（Tartu school）思想一致，并将塔尔图学派的理论运用到艺术与文化中。他的另外一部著作《艺术文本的结构》（*The Structure of the Artistic Text*）也已经由 Michigan Slavic Contributions 出版。

Lotman,Jurij（Yuri）M. (1990). *The universe of mind：A semiotic theory of culture*（Ann

ShuKman，Trans.）. Bloomington：Indiana University Press.

本书从广义上论述了符号学理论和文化之间的关系。该书的第一部分探讨了文本中的符号是如何产生意义的；第二部分介绍了洛特曼的"符号域"和空间性理论。在这一节中，他讨论了圣彼得堡的象征主义，以及但丁的《神曲》和布尔加科夫的《大师和玛格丽特》中的空间性。

Propp，Vladimir.（1968）. *Morphology of the folktale*. Austin：University of Texas Press.

该书是对童话的经典"形式主义"分析，最初出版于1928年，他在书中已经暗示了对所有其他媒介文化的分析的可能性。

Rapaille，Clotaire.（2006）. *The culture code：An ingenious way to understand why people around the world buy and live as they do*. New York：Broadway Books.

该书中，拉帕耶认为1～7岁的儿童会被一些特定的符号影响，这些符码会影响到生活的方方面面，比如从奶酪到购物。

Saussure，Ferdinand de.（1966）. *A course in general linguistics*（W. Baskin，Trans.）. New York：McGraw-Hill.

这是符号学分析的核心文献，也是该领域许多概念的源头。

Scholes，Robert.（1974）. *Structuralism in literature*. New Haven，CT：Yale University Press.

该书介绍了结构主义，侧重于文学文本的分析，但对其他类型的文本也有很明显的暗示。书中还介绍了雅格布森、列维-施特劳斯、若勒（Jolles）、苏里奥（Souriau）、普罗普和巴特等思想家的理论。

Sebeok，Thomas A.（Ed.）.（1977）. *A perfusion of signs*. Bloomington：Indiana University Press.

Sebeok，Thomas A.（Ed.）.（1978）. *Sight，sound and sense*. Bloomington：Indiana University Press.

Sebeok编辑的这两部书是实用符号学理论的重要文集。书中侧重的主题有小丑、药品、面孔、宗教、绘画、建筑、音乐和文化等。

Solomon，Jack.（1988）*The signs of our times：The secret meanings of everyday life*. New York：Harper & Row.

该书将符号学分析以一种有趣而富于启发的方式应用到每一种事物之中，从广告、玩具和建筑，到电视、食品和时尚，不一而足。最后一章讲述后现代艺术形式如MTV，和后现代作品如电影《失衡生活》（*Koyaanisqatsi*），结论非常精彩。

Wright，Will.（1975）. *Sixguns and society：A structural study of the western*. Berkeley：University of California Press.

这是一部将列维-施特劳斯、普罗普等人的观点开创性地应用于西方的著作。

　　对于媒介分析家而言,马克思主义分析方法是分析社会及其制度最为有力和最具启发性的方法之一。本章我们将要探究马克思主义的基本原则,如异化、唯物主义、虚假意识(false consciousness)、阶级斗争与霸权等,这些概念可以应用于媒介,帮助我们了解媒介运作的方式。我们还特别注意到广告在引发消费欲望中的角色,并提出告诫,不要陷入纯理论的陷阱之中。

第 2 章

马克思主义分析

大约 10 年前,美国的"主流"(mainstream)文学与社会思想中并没有马克思主义分析的位置。这并不是说,美国没有马克思主义者存在,而是因为美国的马克思主义者总是"在荒郊野外呐喊",于是没有多少人重视或礼遇他们的声音。近年来,情况有所转变。社会上出现了越来越多的马克思主义历史学家、政治学家、经济学家和批评家。

事实上,马克思主义种类繁多,学派庞杂,而且由于马克思主义思想变化急剧,这就让情况变得更为复杂化。下面我将讨论一些可以应用于媒介和大众文化中的马克思主义的重要概念。最具讽刺意味的是,今天的马克思主义对于文化、意识以及相关问题的论述,比经济问题的论述更加能够发人深思。

下面的讨论将以埃里克·弗罗姆(Erich Fromm)①的著作为主要依据。弗罗姆认为，马克思是一位人道主义者，其观点从本质上讲是一种道德的论述。

下面简要陈述一些马克思主义的最重要的原则——我认为最有助于媒介分析的原则。我计划先对马克思主义提供一个基本的了解，然后读者可以将马克思主义的概念应用到媒介传播的大众艺术形态之中。读者如果感觉这种分析方式提供了有价值的新角度，领悟到了新知识，那么可以进一步研究这个主题(例如，可以根据本章列出的参考书目作深入阅读)。我会引证大量重要文本，但毕竟篇幅有限，本章只能是马克思主义思想的入门介绍，并据此对媒介进行马克思主义的分析。

唯 物 主 义

当我们谈论马克思主义思想是**唯物主义**(materialistic)时，我们是以特殊的方式使用该词的——不是美国传统的用法，在美国该词指的是追求金钱以及花钱购买物品。对马克思主义者来说，唯物主义强调的是历史的概念以及社会组织的方式。首先我要摘录马克思在《〈政治经济学批判〉序言》(*Preface to a Contribution to the Critic of Political Economy*)中的重要论点。马克思讨论了社会与意识之间存在的关系：

> 人们在自己生活的社会生产中发生一定的、必然的、不以他们的意志为转移的关系，即同他们的物质生产力的一定发展阶段相适合的生产关系。这些生产关系的总和构成社会的经济结构，即有法律的和政治的上层建筑竖立其上并有一定的社会意识形式与之相适应的现实基础。物质生活的生产方式制约着整个社会生活、政治生活和精神生活的过程。不是人们的意识决定人们的存在，相反，是人们的社会存在决定人们的意识。(p.51)(译文直接引自马克思：《〈政治经济学批判〉序言》，《马克思恩格斯选集》第2卷，第82页，北京：人民出版社，1972。——译者注)

于是，生产方式和经济关系构成我们思想的基础或决定要素——尽管我们的思想与社会之间的关系非常复杂。上面引文的大意是，在事物无规则的表面之下有一种内在的逻辑在运作。任何事物最终都受到社会经济制度的塑造。也就是说，社会经济制度以微妙的方式影响着人类的观念，这些观念帮助人们安排事物及建立制度，等等。

---

① 埃克里·弗罗姆(Erich Fromm，1900—1980)，当代美国著名的精神分析学家、社会学家、伦理学家和哲学家，也是法兰克福学派的重要代表人物之一。他的许多著作和思想在当今世界产生了广泛而深刻的影响，尤其是他在《爱的艺术》《为自己的人》《健全的社会》《逃避自由》《说爱》等著作中阐释的有关爱的一系列理论问题以及对当代资本主义社会爱的异化和衰亡的剖析与批判极具影响力。他大大地发展了弗洛伊德的思想，创建了独具特色的"人本主义精神分析"。在所有西方马克思主义者行列里，他以对资本主义进行病理学的剖析而著称。根据网络资料整理。——译者注

马克思在《德意志意识形态》(*The German Ideology*)中也写道：

思想、观念、意识的生产最初是直接与人们的物质活动，与人们的物质交往，与现实生活的语言交织在一起的。观念、思维、人们的精神交往在这里还是人们物质关系的直接产物。表现在某一民族的政治、法律、道德、宗教、形而上学等的语言中的精神生产也是这样。人们是自己的观念、思想等的生产者，但这里所说的人们是现实的，从事活动的人们，他们受着自己的生产力的一定发展以及与这种发展相适应的交往（直到它的最遥远的形式）的制约。意识在任何时候都只能是被意识到了的存在，而人们的存在就是他们的实际生活过程。(pp. 74—75)（译文直接引自马克思、恩格斯：《德意志意识形态》，《马克思恩格斯全集》第 3 卷，第 29 卷，北京：人民出版社，1960——译者注）

这段引文至关重要。因为它使人们明白，虽然意识由社会产生，但总要经由现实的人们的头脑过滤，并非自动运作的。这就使得个体了解情况、解决问题成为可能。于是我们已经得出第一个重要观点，即"我们的"观念并非完全是我们自己的，知识具有社会性。

有了以上的了解，我们现在可以提出下列问题：

1. 我们要分析的媒介所处的社会，以什么样的社会、政治和经济安排为特征？

2. 谁拥有、控制和运作媒介？

3. 我们所要分析的各种媒介在社会中扮演什么样的角色？媒介所传递的各种通俗艺术形态发挥什么功能？

4. 媒介传播什么思想、价值观、观点、概念和信仰？媒介所忽略的思想价值观等有哪些？为什么？是媒体操纵人们，塑造他们的行为，还是人们有能力利用媒体达到自己的目的？

5. 互联网和 YouTube、Twitter 等网站是如何改变现状的？它们对报纸、杂志等传统媒体有何影响？

6. 媒介所有权与控制模式如何影响撰稿人、艺术家、演员与其他创作人员？

基础与上层建筑

本部分我要详细阐述前面引述的段落。马克思所说的"基础"，指的是某社会所建立的经济体系。这种经济体系或生产模式深远地影响着"上层建筑"(superstructure)或社会制度与价值。正如恩格斯(Friederich Engles)在《空想社会主义与科学社会主义》(*Socialism：Uoppian and Scientific*)中所论及：

新的事实迫使人们对以往的全部历史作一番新的研究,结果发现:以往的全部历史,除原始状态外,都是阶级斗争的历史;这些互相斗争的社会阶级在任何时候都是生产关系和交换关系的产物,一句话,都是自己时代的经济关系的产物;因而每一个时代的社会经济结构形成现实基础,每一个历史时期的由法的设施和政治设施以及宗教的、哲学的和其他的观念形式所构成的全部上层建筑,归根到底都应由这个基础来说明。黑格尔把历史观从形而上学中解放了出来,使它成为辩证的,可是他的历史观本身是唯心主义的。现在,唯心主义从它的最后的避难所即历史观中被驱逐出去了,一种唯物主义的历史观被提出来了,用人们的存在说明他们的意识,而不是像以往那样用人们的意识说明他们的存在这样一条道路已经找到了。(p.621)(译文直接引自恩格斯:《社会主义从空想到科学的发展》,《马克思恩格斯选集》第3卷,第739页,北京:人民出版社,1995。——译者注)

上一段话解释了观念传递给人类的方式(经由某时期某社会制度、哲学体系、宗教组织与艺术),也就是说,通过上层建筑。资本主义不仅是经济体系,而且也影响观念、价值观、人格类型和一般文化。

基础如何影响上层建筑的问题引发了马克思主义者相当多的争论。经济基础可能是最终决定因素,但不是唯一决定因素。经济基础决定上层建筑,上层建筑反映经济基础,这是非常简单化的论点——这种观点有时候称为"庸俗马克思主义"(vulgar Marxism)。这种观点没有认识到经济制度是动态的,是永远变动的(就像某些上层建筑一样),而且这种变动也影响到了活生生的人,使之能够采取各种行动。接下来讨论上层建筑时,我将着重于强调大众艺术与媒介,因为这些机构是许多马克思主义者所重点论述的,有助于理解意识是如何被决定、被塑造和被操纵的。

上述论点可以用图2.1表示。除非你已经认识到人的意识具有重大的社会、经济与政治含义,否则你就会觉得这些观点十分抽象,而且无关紧要。

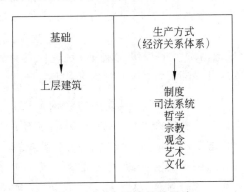

图 2.1　对上层建筑的影响

虚 假 意 识

统治阶级重视以某种观念影响人们的意识。在资本主义国家,富裕者从社会中受益最多,他们会主张某些观念以便维持社会现状。马克思解释了统治阶级的运作方式,他说:

统治阶级的思想在每一时代都是占统治地位的思想。这就是说,一个阶级是社会上占统治地位的**物质力量**,同时也是社会上占统治地位的**精神力量**。支配着物质生产资料的阶级,同时也支配着精神生产的资料,因此,那些没有精神生产资料的人的思想,一般地是受统治阶级支配的。占统治地位的思想不过是占统治地位的物质关系在观念上的表现,不过是表现为思想的占统治地位的物质关系;这就是那些使某一个阶级成为统治阶级的各种关系的表现,因而这也就是这个阶级的统治的思想。此外,构成统治阶级的各个个人也都具有意识,因而他们也会思维;既然他们正是作为一个阶级而进行统治,并且决定着某一历史时代的整个面貌,不言而喻,他们在这个历史时代的一切领域中也会这样做,就是说,他们还作为思维着的人,作为思想的生产者而进行统治,他们调节着自己时代的思想的生产的分配;而这就意味着他们的思想是一个时代的占统治地位的思想。(p.78)(译文直接引自马克思、恩格斯:《德意志意识形态》,《马克思恩格斯全集》第3卷,第52页,北京:人民出版社,1960。——译者注)

根据这套观点,某一时代的观念就是统治阶级根据自己的利益所宣传和传播的观念。那么,一般说来,人们的观念也就是统治阶级要求人们所拥有的观念。

我们必须意识到,统治阶级相信自己的信息。这是因为统治阶级自身有一批意识形态家,他们从事概念的生产工作,正如马克思所说的,"发展并完善阶级本身的幻象"。我所说的意识形态是指逻辑体系完整、在社会上广为适用的社会政治信念。根据这种理论,统治阶级宣传一套意识形态,为自己的地位辩护,让普通人很难认识到自己是被剥削、被牺牲的对象。

这个观点(人民群众受统治阶级的操纵与剥削)是现代马克思主义文化分析的重要论点之一。唐纳德·拉泽尔(Donald Lazere)(1977)说过:

马克思主义方法运用到任何文化层面,就是要解释物质生产方式、意识形态价值、阶级关系与社会权力结构等公开的或隐含的符码的反映(种族的或性别的与政治经济的),某特定历史的或社会经济状态下人们的意识形态……近年来,马克思主义方法或多或少与结构主义、符号学相结合,已经成为分析现代文化各个层面的有力工具,涵盖了电视、电影的大众娱乐,音乐,大量发行的书籍、报纸与杂志专题,连环漫画,服饰,旅游,体育与游戏,以及教育、宗教、家庭、育儿等培育文化的机构,男女之间的社会与性别关系;等等——工作、娱乐的各种模式以及日常生活的其他习俗……马克思文化批评最常见的主题是,任何社会中统治阶级优势生产方式与意识形态支配文化层面的方式;而在目前,资本主义生产与意识形态支配着美国的文化,美国的商业和文化则将全世界其他地方殖民地化了。这种支配情况是通过两种方式实现的,一种是以政治修辞、新闻报道、广告与公共关系等进行公开的宣传,一种是由创意工作者与消费者经常不自觉地在日常文化活动中吸取资本主义的价值。(pp.755—756)

这段话表达了马克思主义包罗万象的本质,以及其探讨的一些最重要现象。显而易见,媒介与大众文化在传播虚假意识、误导人们思考方面扮演了很重要的角色。从这个角度来说,大众媒介与大众文化构成了维系社会机构(和一般的上层结构)与个人意识之间的重要纽带。

德国媒介理论家汉斯·马格努斯·恩岑斯贝格尔(Hans Magnus Enzenberger)①(1974)则一直抨击操纵论。他提出操纵是有用的,但可能有些落伍的观点:

20世纪60年代的"新左派"(the New Left)把媒介的发展归纳为一个概念,即操纵的概念。最初这个概念极具启发价值,并且也产生了大量个别分析性的研究成果。可是它目前却沦为简单的口号,遮蔽的作用多于启发的作用。因此,概念本身还需要加以分析。(pp.100—101)

恩岑斯贝格尔认为,操纵论的终极假设(未明言的前提)在于"有一种纯粹的、未被操纵的真理",他觉得这个观点有问题,受到太多的限制。他指出,左派敌视大众媒介,终究会使资本主义获利。

恩岑斯贝格尔的期望可能有些乌托邦成分。他认为,所有的媒介都受到操纵,而这正是媒介的本质:

没有一部不受操纵的作品、电影或广播电视。因此,问题不在于媒介是否受到操纵,而在于媒介受到谁的操纵。故而革命性的想法不是应该废除操纵者,相反的,必须使每个人都成为操纵者。(p.104)

有关恩岑斯贝格尔的观点只能介绍到此,不再论述。操纵论或许存在缺陷,还不够完善,但它仍然是马克思主义媒介分析的重要概念。原因很简单,因为马克思主义者的社会观,就是将媒介视为操纵的工具(关于媒介受操纵的观点同样可以用来针对社会主义和共产主义国家,尽管马克思主义批评家通常无意关注这些问题)。

---

① 汉斯·马格努斯·恩岑斯贝格尔(Hans Magnus Enzenberger,1929—　),德意志联邦共和国著名诗人、散文作家、媒介理论家。曾提出"意识产业"的概念。根据网络资料整理。——译者注

意 识 形 态

卡尔·曼海姆(Karl Mannheim)的《意识形态与乌托邦：知识社会导论》(*Ideology and Utopia：An Introduction to the Sociology of Knowledge*)(1936)是政治理论的经典著作,对意识形态的本质提供了一个有趣的见解。曼海姆写道:

意识形态这一概念反映了政治冲突中的一个发现,即统治集团在思想上对这种境况非常感兴趣——他们再也看不到(不愿看到)某些会破坏他们统治意识的事实。在"意识形态"一词中隐含的是,在某些情况下,某些群体的集体无意识通过向其群体和他人掩盖社会的真实情况而使社会达到稳定。(p.40)

对于曼海姆来说,他所描述的"乌托邦主义者"就是反对意识形态学家的人,他们来自于只看到社会阴暗面的群体。可以说意识形态学家看不到社会的阴暗面,乌托邦人看不到社会的光明面。这两者都是错误的,因为大多数社会都是光明与阴暗的结合。

迈奈克·吉吉·达勒姆(Meenakshi Gigi Durham)和道格拉斯·凯勒(Douglas Kellner)的《媒体与文化研究：关键文本》(*Media and Cultural Studies：Key Works*)(2001)一书以更为现代化的视角来讨论意识形态的概念。他们写道:

意识形态的概念迫使所有读者认为文化文本都有偏见、兴趣和嵌入价值观,都再现了作者的观点,并且都是社会主流群体的价值观。19世纪40年代,卡尔·马克思和弗里德里希·恩格斯创造了"意识形态"这个术语来描述一个给定社会秩序的主导思想和表征……在资本主义时期,个人利益、利润、竞争和市场的价值观占主导地位,表明巩固阶级力量的新资产阶级的意识形态。如今在高科技和全球资本主义下,促进全球化、新技术和自由市场经济的思想越来越普遍,即在全球经济中进一步增强管理精英们的兴趣。

意识形态是自然的,它们似乎是常识,因此常常是看不见的也不会受到批判。从马克思和恩格斯开始,意识形态受到批判,他们试图表明统治思想是如何重现主流社会利益,以及试图使现有的社会制度和价值观归化、理想化和合法化的。(p.6)

如果我们将意识形态分析引向媒介,会发现在资本主义国家的大众文化或大众媒介文化具有神话功能。统治阶级掌握和控制媒体,用于在群众中产生虚假意识,或用马克思的话讲,产生无产阶级。人们通常意识不到他们有意识形态的信念,因为意识形态是如此本能和普遍。意识形态渗透进资产阶级社会的电影、电视节目、报纸、杂志和书籍,而人们却没有意识到意识形态和虚假意识塑造了他们的思想。这并不意味着人们没有受到意识形态的影响。人们没有将他们拥有的意识形态引入思想中,也可能没有表达出来,但是从马克思主义的角度来看,资产阶级社会中大多数人都有意识形态的信念,这些信念塑造了他们的思想和行为。接下来讨论的法兰克福学派对美国媒介和文化提出的全面的马克思主义批评,在很多年来影响着许多媒介。

法兰克福学派

在20世纪30年代,德国一些名为"法兰克福学派"(the Frankfurt School)的媒介理论家将马克思主义理论运用于媒介与文化研究。在20世纪40年代,他们逃离纳粹德国来到了美国,产生了很大影响。其中包括西奥多·阿多诺(Theodor W. Adorno)、赫伯特·马尔库塞(Herbert Marcuse)和马克思·霍克海默(Max Horkheimer)等思想家。他们认为,根据马克思主义理论,美国的大众媒介起到了一个作用,即在美国人民中产生虚假意识,从而阻止了历史的运作。媒介分散了工人阶级的注意力,使他们认识不到统治阶级的剥削程度,也无法进行反抗。根据法兰克福学派的观点,统治阶级用没脑子的娱乐(愚蠢的娱乐)分散人们的注意力,通过让大众参与消费者文化来收买他们。

阿多诺(1957)提供了一个典型的法兰克福学派关于大众媒介和大众文化的观点:

> 严格制度化将现代大众文化转化为意想不到的心理控制媒介。现代大众文化的重复性、同一性和普遍性使自动化反应成为可能,并且削弱了个体的抵抗力量。现代大众文化的力量越来越受到观众社会结构变化的影响。老一辈有文化有素养的精英已不复存在,现代知识分子仅有他们的部分特征。同时,以前不熟悉艺术的庞大社会阶层已成为文化消费者。(p.476)

法兰克福学派一直被批评为精英主义者。一些学者认为,法兰克福学派对大众文化和"大众"的敌视,是由于他们地位的丧失以及从欧洲的等级社会到美国的平等主义社会受到的冲击。法兰克福学派成员可能也曾有怀旧时期,在那段时期,与美国经济精英获得高地位的情况相反,文化精英获得了高地位高荣誉。无论如何,法兰克福学派的确对媒介和大众文化提出了重要的,但也有点极端的批判。现在,随着互联网的发展,法兰克福学派成员描述的机器人"大众"似乎已消失,并被无政府状态的博客和视频制作者取代。

道格拉斯·凯勒(1995)在他的《媒介文化:介于现代与后现代之间的文化研究、认同与政治》(*Media Culture:Cultural Studies,Identity,and Politics Between the Modern and Postmodern*)一书中,对法兰克福学派进行了评价。他写道:

阿多诺对流行音乐的分析,洛朗塔尔对大众文学和杂志的研究,赫佐格对广播肥皂剧的研究,以及霍克海默和阿多诺通过对著名文化产业研究而产生的大众文化的观点和批判,这些例子证明了法兰克福学派的实用性。此外,在文化产业和大众文化批判中,他们是第一个在批判社会理论内系统分析和批判大众媒介文化和交流的。然而,原始的批判理论方案存在严重缺陷,急需重建文化产业的古典模式。突破古典模式的局限性在于:更加具体地分析媒介政治经济学和文化生产过程,对媒介行业建设及其与其他社会机构的互动进行更多的实证研究与历史研究,更多地研究公众反响和媒介效果,将新的文化理论和方法纳入重建的文化和媒介批评理论中。(p.29)

我们必须牢记,法兰克福学派尽管有缺陷,但在许多年前曾蓬勃发展。凯尔纳认为:"虽然法兰克福学派的方式有些片面,但它确实提供了工具来批判媒介文化的意识形态和衰落的形式,也提供了使压迫形式合法的加强意识形态的途径。"(p.30)

阶级冲突

马克思认为,历史的基础就在于不间断的阶级冲突。所谓不间断的阶级冲突,指的是直到共产主义社会建立,阶级消失,阶级冲突才会消失。

至今一切社会的历史都是阶级斗争的历史。自由民和奴隶、贵族和平民、领主和农奴、行业师傅和帮工,一句话,压迫者和被压迫者,始终处于相互对立的地位,进行不断的,有时隐蔽有时公开的斗争,而每一次斗争的结局都是整个社会受到革命改造或者斗争的各阶级同归于尽。(p.200)(译文直接引自恩格斯:《共产党宣言》,《马克思恩格斯选集》第1卷,第272页,北京:人民出版社,1995。——译者注)

马克思所说的两大阶级之一就是资产阶级(bourgeoisie),他们占有工厂、公司,形成统治阶级,另一阶级就是无产阶级(proletariat),即无数的工人,他们遭受统治阶级的剥削,状况越来越悲惨。

根据这一理论,资产阶级通过向无产阶级灌输"统治阶级的思想"而避开阶级冲突。例如,"白手起家"的观点和社会中各种社会与经济措施是"自然形成的",而不是"历史的"观念。如果社会采取的措施是"自然形成的",那么它就无法修正,因此每个人都应该遵守该秩序,无法逃避。马克思主义者认为,某个社会在某一时期所采取的社会与经济措施都是历史形成的——由人们创造出来的,因此可以由人们来改变。资产阶级想要劝服每个人,让他们相信资本主义是自然形成的,因此是永恒不变的。但是马克思主义者表示,这个观点大错特错,而且马克思主义者有责任加以分析,予以证实。

统治阶级采用的方法之一,就是使人们相信,社会中并没有阶级的存在,或者是阶级在某种程度上是偶然形成的,是无关紧要的。因此,在美国我们相信"无阶级"(classless)

社会的神话,是因为我们并没有一个世袭的贵族制度,而且上等阶级在社交场合表现得友善可亲,甚至大公司的总裁可能会称呼门卫或管理员小名,但是马克思主义者认为这是掩饰真实社会关系的做法——虽然在美国存在着巨大的中产阶级,他们对马克思主义分析提出了特别的诘难,因为革命在美国爆发的可能性实在是太小了。

然而,大众媒介仍然发挥着功能,使人们逃离美国社会的现实(贫穷、种族主义、性别歧视等等),并且用统治阶级所希冀的观念来"模糊他们的头脑"(clouding their minds)。有时候大众媒介中出现的英雄反映的是资本家和资产阶级的形象,并且在书籍、电视节目和电影中对受众进行洗脑。通常说来,媒介或者掩饰阶级差别,或者为统治阶级辩护,以此避免阶级冲突,防止政治秩序变化。

但是,对于马克思主义者来说,阶级仍然存在,这是事实,而且阶级之间是相互敌视、相互破坏。正如马克思所写的那样:"整个社会日益分裂为两大敌视的阵营,分裂为两大相互直接对应的阶级:资产阶级和无产阶级。"(p. 201)马克思主义者认为,这种辩证的解决方法势在必然,即便统治阶级控制媒介或资产阶级可能暂时压制无产阶级,让他们无法获得对于自身状况的真实意识,情况仍然无法避免。

法国马克思主义者亨利·列斐伏尔(Henri Lefebvre)[①](1968/1984)采用阶级斗争与操纵论的观点,并将其进一步发展,提出人们生活在资本主义社会中就是生活在"恐怖"(terror)的状态中。论证如下:

第一,任何存在极端阶级分化的社会都有一个由少数人组成的特权阶级和一个由大多数穷人组成的阶级,这种分化通过强制(compulsion)与劝服(persuasion)得以维持。

第二,这种阶级分层的社会必然演变成公开的压迫,必须发展出各种复杂的掩饰压迫的方式,让毫不怀疑的社会个体成为压迫自己或他人的工具。最后,我们承认"恐怖主义的"社会,是因为

HENRI LEFEBVRE

在社会里,强制与自由的假象相结合。不被承认的强制困扰着群众(和个体)的生活,这种强制将人们按照一般原则加以组织……在恐怖社

会中，恐慌到处弥漫，暴力处处潜伏，社会成员受到来自于各方面的压力，个人只能选择逃避，采取超人的力量改变压力。每个成员都是恐怖分子，因为每个人都渴望权力（简略说来）……"体系"对每个社会成员都有单独的控制力，使每个成员服从于整体，即服从于一种原则，一种隐藏的目标，这种目标只有当权者才知道，没有人会提出质疑。（p. 147）

生活在资本主义社会的人们就是生活在恐慌中，这种观念乍一看似乎很极端，但这有助于分析为什么美国人对于他们的生活和未来蓝图感到压力和焦虑的原因。

1968年，列斐伏尔最初撰写这本书，当时马克思主义比较符合人们的口味，因为马克思主义对于资本主义社会的批判看起来具有相当的说服力。马克思主义者从道德优越感的角度批评资本主义社会的阶级分化（class-ridden），社会上到处都充满受剥削的工人和贫困的普通人。

20世纪90年代，东欧和苏联发生的事件显示，这些国家同样也存在阶级分化、腐败和整体效率低下的现象。

然而打动我的是，列斐伏尔的观点仍有可取之处，他认为生活在资本主义社会的人们处于一种恐慌的精神状态之中，这个观念具有一定的价值。在我们的日常生活中，虽然我们可能没有意识到或不能将自己的感觉表达清楚，但我们一直都处于一种被"攻击"（被报纸广告、无线电和电视广告以及大众媒介的节目）的状态中。这些攻击所产生的恐慌可能包括在崇尚年轻文化中变老的恐慌、在崇尚消瘦的文化中长胖的恐慌、在尊崇财富的文化中贫穷的烦恼、在白人统治的文化中有色人种的焦虑、在男权社会中女性的恐慌，这些恐慌总是向我们宣告或指出我们正在遭受着贫困，或相对的或绝对的贫困，诸如此类，永无止境。

我们所感受到的压力基本上是复杂而现代的都市社会的结果，还是我们所特定的社会、经济与政治结构的结果，这个问题还有待商榷。对列斐伏尔而言，答案却是清晰的。

异　化

异化（alienation）一词表示隔阂与距离，它含有**异族**（alien）一词的意思，后者表示社会中的陌生人，与他人没有"抵押品"（liens）的人。"异化"的概念是了解马克思主义思想的核心，即资本主义体系产生了异化。资本主义也许能够为大多数人生产商品和提供丰富的物质资料（可能最终是牺牲他人），却也必然会产生异化，而且各个阶级因为异化而苦恼,不管他们是否承认这一点都是如此。

异化与意识存在着关系。处于异化状态中的人受"虚假意识"(false consciousness)的折磨,也就是用意识形态的形式支配其思想的意识。不过除了这种虚假意识之外,异化可以说是无意识的,因为事实上人们并不承认自己是被异化的。原因之一可能是,异化无处不在,以至于人们反而不易察觉,难以掌握。

对于弗罗姆和其他马克思主义的阐释者来说,异化正是马克思理论的核心。弗罗姆(1962)认为:

> 在英国、法国、德国和美国,异化的概念逐渐成为讨论马克思观念的重心……参与此辩论的绝大多数人认为,异化与克服异化的任务是马克思社会主义的人道观念,是社会主义的目标。而且,尽管在术语和重点上有所差异,但年轻的马克思与成熟的马克思(在异化的观念上)有其一贯性。(pp. 43—44)

弗罗姆补充说,这一观点有待商议。但无论如何,异化的概念对于大众文化的分析者来说还是很有帮助的。

以下摘自马克思对于异化的论述,可以了解他对异化的看法:

> 劳动的外化表现在什么地方呢? 首先,劳动对工人来说是外在的东西,也就是说,不属于他的本质,因此,他在自己的劳动中不是肯定自己,而是否定自己,不是感到幸福,而是感到不幸,不是自由地发挥自己的体力和智力,而是使自己的肉体受折磨、精神遭摧残。因此,工人只有在劳动之外才感到自在,而在劳动时就觉得不舒畅。因此,他的劳动不是自愿的劳动,而是被迫的强制劳动。因此,它不是满足劳动需要,而只是满足劳动需要以外的那些需要的一种手段。劳动的异己性完全表现在:只要肉体的强制或其他强制一停止,人们会像逃避瘟疫那样逃避劳动。外在的劳动,人在其中使自己外化的劳动,是一种自我牺牲、自我折磨的劳动。最后,对工人来说,劳动的外在性表现在:这种劳动不是他自己的,而是别人的;劳动不属于他;他在劳动中也不属于他自己,而是属于别人……
>
> 工人在他的产品中的外化,不仅意味着他的劳动成为对象,成为外部的存在,而且意味着他的劳动作为一种与他相异的东西不依赖于他而在他之外存在,并成为同他对立的独立力量;意味着他给予对象的生命是作为敌对的和相异的东西同他相对立。(pp. 169—170)(译文直接引自马克思:《1844 年经济学哲学手稿》(1844 年 4—8 月),《马克思恩格斯全集》第 42 卷,北京:人民出版社,1960。——译者注)

因此,人们从工作、朋友、自身,以及生命中分离出来,"形同陌路"。人的工作本来是认同自我价值的中心,却与自己分割,最后竟成为一种破坏力量。工人将自己作为客体来体验,而不是主体,不是社会中积极主动的力量。人们制造的产品成为"商品"

（commodities），是与工人劳动力分开的事物。由于人们越来越异化，他们变成自身异化的产物，其结果就是马克思所说的成为"**自我意识**和**自我行为**的商品"（Fromm，1962，p. 51）。

在这种情况下，大众媒介扮演着重要的角色。媒介为被异化的心灵提供了短暂的满足，让被异化的个体逃避痛苦的境遇（逃避自身境况的客观事实）。此外，媒介配合广告机构刺激欲望，引导人们更加努力地工作。这就是一种恶性循环，如马克思所言，若在资本主义社会中，工作使人们异化，那么人们越是工作，他们就越被异化。为了找到逃避异化的方法（他们意识不到异化的情景，却能感受到其表现），他们于是进行各类消费，挥霍钱财，越是如此，他们越是只能变本加厉地工作。在美国，广告已经取代了清教徒的伦理，成为刺激人们工作的主要方法。可见，广告业必然在先进的资本主义社会中扮演重要角色。

马克思主义批评家对于弗兰兹·卡夫卡（Franz Kafka）[①]和其他一些重要作品的立场存在着分歧。卡夫卡是《审判》（*The Trial*）和《城堡》（*The Castle*）的作者。批评家认为，卡夫卡的作品揭露了剧中人物与巨大而隐匿的科层制的斗争，表现了资本主义社会非常明显的异化。许多批评家提出的主要疑问是，卡夫卡的本意是否要表现异化是一种普遍性的现象（并不仅仅与资本主义相联系）。

保守马克思主义批评家攻击卡夫卡，说卡夫卡认为异化是人类的一种必然状态，没有认识到异化在社会主义社会是能够被克服的。这些批评家说，卡夫卡并不知道异化只是一种历史性的现象，而不是人类社会的本性，他没有在小说中指出异化可能被克服的方式——建立社会主义社会。相反，自由马克思主义者则认为，卡夫卡的作品显示异化可能会存在于社会主义社会（以庞大的官僚机构为特征），这一点很有价值。卡夫卡的作品让人们意识到自身的异化，而这最终说明应该采取变革，消灭异化。

---

① 弗兰兹·卡夫卡（Franz Kafka，1883—1924），德语作家。生于布拉格（捷克，当时属于奥匈帝国）犹太商人家庭，自幼爱好文学、戏剧，思想上受达尔文、尼采等人影响。他大学毕业后在保险公司当过职员。写有四部短篇小说和三部长篇小说，可惜生前大多未发表，三部长篇也均未写完。卡夫卡是欧洲著名的表现主义作家。其作品大都用变形荒诞的形象和象征直觉的手法，表现被充满敌意的社会环境所包围的孤立、绝望的个人，对西方现代派文学影响很大，成为席卷欧洲的"现代人的困惑"的集中体现，并在欧洲掀起了一阵又一阵的"卡夫卡热"。其最著名的作品有短篇小说《地洞》《变形记》，长篇小说《城堡》《审判》等。根据网络资料整理。——译者注

这场激烈的辩论已经被历史作答。艺术与文学领域广为接受的"社会主义现实主义"（socialist realism）的观念并没有被大家认真看待，"社会主义现实主义"的批评同样也是如此。

消 费 社 会

我说过，广告在发达资本主义社会变成了一个重要的机构，这是因为它需要刺激人们努力工作，积累财富，购买商品。但是，人们还必须被迫进行消费，必须疯狂地消费，因为正是消费维系着社会的经济体系。因此，资本主义制度所产生的异化具有自己的功能，因为这种经济制度所产生的焦虑与痛苦常常借着冲动的消费得以缓解。马克思写到有关资本主义的影响：

> 每个人都千方百计在别人身上唤起某种新的需要，以便迫使他做出新的牺牲，把他置于一种新的依赖地位，促使他进行新花样的享受，从而使他陷于经济上的破产。每个人都力图创造出一种支配其他人的、异己的本质力量，以便从这里面找到自己本身的利己需要的满足。（转引自 Fromm，1962，p.50）（译文直接引自马克思：《1844 年经济学哲学手稿》，《马克思恩格斯全集》第 42 卷，北京：人民出版社，1960。——译者注）

广告产生焦虑，制造不满，而且一般来说，通常使资本主义的异化得以滋长，以维系消费文化的运行。

广告为达到其目的，无所不为，无所不用，即便采取卖淫、阻碍女权运动、制造癌症（通过香烟广告）、引诱儿童、恐吓大众等手段也在所不惜。广告的功能之一就是把人们的注意力从社会与政治问题上引开，转移到对自我的关注上。于是通过广告，个体的自我满足发展成为自恋，这样就加强了异化，弱化了社会意识。

因此，广告不仅仅是促销商品的工具，它还控制着日常生活，支配着社会关系。同时，广告引导人们自私，不关心他人。它同时又给人们强加了一种集体的品位。广告是大众媒介传递的大众艺术，是一种劝服的艺术形态，所以承担直接和长期的任务。直接任务是销售商品，长期任务是维系阶级统治。为了销售商品，广告必须在维系经济制度运转的同时，改变人们的态度、生活方式、习俗、习惯和偏好。

德国马克思主义学者沃尔夫冈·弗瑞兹·豪格（Wolfgang Fritz Haug）提出一个观

点,他认为,在资本主义社会中,控制生产的阶级已经学会了将欲望融入商品之中,进而控制对统治阶级有利的人民群众的生活,即购买商品和服务。在他的《商品美学批评》(*Critique of Commodity Aesthetics*)(1986)一书中指出,广告业作为资产阶级利益的服务者,已经知道怎样去塑造和利用人们的欲望来改变人类的需求(need)和本能结构(instinct structure)。在该书德文版的第八版后记中,他写道:

> 商品美学当下的支配形式(dominant form)就是垄断商品的美学,尤其是跨国公司的商品形式直接干预了文化的集体想象。在商品美学中忽略这一事实是相当可笑的。(p. 11)

因此,利用产品的表象来刺激欲望(商品的美学化)已经变成了一种全球性现象,许多国家的人们都受到了影响,因为产品捕获了人们的想象,"干预"了他们的文化。人们产生了幻觉,以为他们想买什么、想做什么,都是来自自己的主意。按照豪格的观点,这些主意很大程度上都是人们对广告商和商品自身**刺激**(stimuli)的几乎全自动的反应。

《商品美学批评》的封面是威尼斯圣马克广场著名的鸽子照片。照片是俯拍的,可以看出鸽子被摆成了"Coca-Cola"的形状。为了达到这个效果,工人们将鸟食散布成字母的形状,鸽子们则向食物飞去。豪格解释说:

> 鸽子并不想组成商标,是受饥饿的驱使而聚集。但同样的,投喂鸟食并不是想喂鸽子,而是将它们作为临时演员而雇佣。这种单词的排列对于鸽子来说完全是异化的和外在的。然而在它们消费食物的同时,资本既包含它们,同时又在消费它们。这张照片就是资本主义广告技术的胜利,象征了资本主义的一个基本层面。(p. 118)

这张照片很有启发性。我们就像照片中的鸽子一样飞向一些想消费的事物,在这种幻觉下,我们觉得自己正在做着各种选择和决定,而事实上,我们是被一些我们无法控制的力量所驱使和操纵着。

在《商品美学、意识形态和文化》(*Commodity Aesthetics, Ideology and Culture*)(1987)一书中,豪格对此前的观点进行了修正。他转向了什么是马克思的经济主义阅读,这种模式直接从经济状况转向了意识形态、日常生活和大众文化。豪格的新视点关注底层行为的发展,以及人们对来自文化和经济领域的控制和操纵的反抗能力的发展,他认为这两个方面是截然不同的。

然而,鸽子的照片让我们产生了共鸣。它显示出我们的行为表面上看似乎纯粹是受个人欲望和兴趣使然,然而实际上是受他人为自己的目的所塑造和控制的。操纵人们(像鸽子一样)的主要工具就是广告和大众媒介以及相关产品的设计等。

马歇尔·麦克卢汉(Marshall McLuhan)在《机械新娘》(*Mechanical Bride*)(1951/1967)一书中,把广告(和连环漫画)作为文化指标,对于广告中所表达的美国文化有精辟的见解。在《爱情—女神流水线》一章里,他对好莱坞与广告业作了比较:

所以,好莱坞就像广告公司一样,想连续深入地控制大众的潜意识,目的不在于像严肃的小说家一样去了解或去展示这些思想,而是想要剥削大众心灵,谋取利润……广告公司和好莱坞电影界各自想要深入大众心灵,将集体的梦想强加给大众的内心世界。(p. 97)

具有讽刺意味的是,我们都确信自己能够自由地做出抉择,因为我们相信自己的思想是"神圣不可侵犯的",而实际上我们的选择是别人强加给我们的,是由广告业以微妙的方式强加给我们的。这种自主的幻觉让我们更加容易受到操纵与剥削。

恩岑斯贝格尔所说的**意识产业**(the consciousness industry)或**心灵产业**(the mind industry)中,广告业就是其中之一。他在《心灵的产业化》一章中,他描述了广告和媒介从事的最终销售工作:

意识产业的主要业务与关切点不在于销售产品,无论由谁统治社会以及用何种方式进行统治,它要"推销"的是现有的秩序,要保持人支配人的优势模式。其主要任务在于扩展与训练我们的意识——为了要剥削我们的意识。(p. 10)

广告业可以视为一种产业,它用激进的方式来实现其保守的目标。于是,广告业的名言"让我们把旗升上去,看看是否有人致敬",极具讽刺意味。这意味着广告业既推崇实用,又崇尚新观念的作风。

尼曼·马库斯的广告展示了一位美丽女子的侧面轮廓,她戴着黄金首饰,穿着红裙。她是许多女人们模仿和追求的典范。正如约翰·伯格(John Berger)所说的,她也是女人们羡慕的对象。广告提议女人们可以通过光顾尼曼·马库斯以及购买大卫·亚曼的商品来改造自己。

约翰·伯格对广告的看法

约翰·伯格是英国的马克思主义者。他制作了一部关于广告和消费文化的电视剧,并根据这一系列写了一本有影响力的著作《观看之道》(*Ways of Seeing*)。他对广告方式提出了深刻见解。他写道:

广告不仅是互相竞争的信息大组合，它是一种语言，传达一个共同信息。广告可以提供不同的选择……但广告作为一个体系，只提供一种信息。

广告建议我们每个人以多购买来改变自我或生活。

广告说我们只要多消费，就会更富有——虽然我们在花钱后只会变得更穷。

广告推出已改变而备受美慕的人士，并说服我们追求类似的改变。令人美慕的状况就是构成魅力之所在，而广告就是制造美丽的过程……广告首先作用于人们追求享受的本性，但是却不可能给我们具体的享乐用品，而且也拿不出令人信服的享受代用品。广告越是真切地传达在温暖而遥远的海洋中嬉戏的乐趣，观赏者——买主越是意识到自己与那片大海遥隔千山万水，于是，对他来说，游乐其中的机会越是渺茫。正是这个缘故，广告向尚未得益的买主推销产品或机会造就的富有魅力的自我形象。这种形象是他对即将转化的自己，也起了美慕之心。这种心态是怎样萌发的呢？答案是来自别人的美慕眼光。广告关注的是人际关系，而不是物品。(1972，p.31)

伯格的观点是广告专注于让人心生美慕以及购买合适产品与服务的动机，这就解释了广告是如何运作的。最终我们必须认识到我们所购买东西的符号价值是至关重要的而不是它们的潜在功能。

资产阶级的英雄

很多媒介分析都要处理英雄角色（男人、女人、动物、机器人），这些英雄人物在电影、电视剧、连环漫画书、广播电视广告以及其他戏剧形态中发挥着各种不同的功能。对于某些人来说，男性英雄和女性英雄——我用这个术语的意思是指，在戏剧和其他大众艺术形态中，角色具有其重要性（因此，恶棍的角色也应当加以考虑）——反映了他们所处的时代和社会。其他人则认为，英雄**塑造**（shape）了他们的时代，有助于改变他们的社会。另外，英雄为人们提供了以资模仿的对象，因此有利于人们找到认同。有时，英雄塑造的形象是"另类的"，于是有些男性英雄或女性英雄或多或少地破坏了社会的均衡秩序。

对于马克思主义者而言，资产阶级的英雄都是以伪装的形式来"兜售"（peddling）资产阶级的意识形态的，保持狂热的消费欲望，以发挥其维持现状的功能。资产阶级英雄兜售的观念之一便是个人主义。个人主义的价值以各种形式出现（如白手起家的人、美国人的梦想、"自我"的一代等等），这些总是与异化相关，可是很少有人了解其中的关联。

英国早期马克思主义者克里斯托弗·考德威尔（Christopher Caudwell）①在其著作《对一种正在消逝的文化的研究和再研究》（*Studies and Further Studies in a Dying Culture*）中讨论了关于英雄的问题。在关于 T. E. 劳伦斯（T. E. Lawrence）的一章中，他写道：

> 如果文化会制造英雄，那它必然是资产阶级文化。因为英雄是一位杰出的个体，而资产阶级意识是个体思想产生的温床……实际上，就资产阶级学派而言，资产阶级的历史无非就是英雄面对挑战和困难的奋斗史。（p.21）

考德威尔认为，这种英雄观过于天真，因为这种观点并没有认识到英雄最终是与其所处的社会以及社会与经济现象相关联的。他又说：

> 什么是英雄气概？是人格吗？不是，最平凡最简单的人也会成为英雄。是勇气吗？有人能冒险，或许会丧生，而且无数的人在大战中丧生。是成功吗？——达到目的，完成璀璨耀眼的事业，像恺撒一般的英雄会顺从既诱人又具有强迫性的命运吗？（p.21）

考德威尔认为，以上各点都不足以涵盖英雄气概。他认为，英雄气概是不受制于人的动机，是基于人们行为的**社会意义**（social significance）。我们经常崇拜的英雄是考德威尔所谓的**江湖骗子**（charlatans）——有权力影响他人，没权力影响事件的人。江湖骗子缺乏社会意识，作为异化的成分存在，对于新鲜事物没有好奇心。马克思（1964）写道："社会不仅是个人的集合体，社会是人与人之间关系的总和。"（p.96）因此，对于马克思主义者而言，英雄就是明晰此道理的男男女女，为新的社会秩序而奋斗——在这个新的社会秩序中，资产阶级的个人主义、消费欲望以及上层阶级支配等价值观都土崩瓦解。

霸　权

霸权（hegemony）的概念被雷蒙德·威廉斯（Raymond Williams）②（1977）称为是"马克思主义者文化理论的重要转折点之一"。在通常用法中，**霸权**一词表示某个国家或某

---

① 克里斯托弗·考德威尔（Christopher Caudwell，1907—1937），英国马克思主义文艺批评家。1934 年开始钻研马克思主义经典著作，后成为英国早期杰出的马克思主义文艺批评家。1935 年开始写《幻觉与现实：诗的源泉研究》一书。这是英国第一部运用历史唯物主义研究文学的重要著作，对诗的产生和发展、诗与语言和社会的关系、英国资本主义各阶段主要诗人的作品，都作了系统的分析和研究，并以诗为例证，批判了作为近代西方文艺评论基础的资产阶级心理学，阐述马克思主义的美学原理和方法。考德威尔于 1935 年 12 月加入英国共产党。西班牙内战爆发后，考德威尔驾驶他所在党支部用募集到的资金购买的救护车经法国送交西班牙共和国政府。他又加入国际纵队英国营，支持西班牙人民的反法西斯斗争。根据网络资料整理。——译者注

② 雷蒙德·威廉斯（Raymond Williams，1921—1988），英国文化研究学者，英国伯明翰学派的主要代表人物。威廉斯是文化唯物主义的倡导人，其理论的出发点不是马克思所看重的经济基础和上层建筑的关系，而是人的创造和自我创造的思想。根据网络资料整理。——译者注

RAYMOND WILLIAMS

个民族对于其他国家或民族的支配或统治。威廉斯解释说，统治是政治性的，在关键时刻是以高压或权利为基础的。而霸权是政治、社会和文化等多种力量的复杂交汇。霸权超出了（同时也包含）文化与意识形态这两个概念的范畴。文化是我们塑造生活的方式，而意识形态从马克思主义者的角度来看，则表达并投射着特殊的阶级利益。

霸权作为一个概念，超出了文化的范畴，因为文化可以被视为与"权力和影响力的特殊分配"结合在一起，或者源自生产方式和生产关系。而霸权作为一个概念，超出了意识形态的范畴，是由于意识形态受限于系统化、程式化的意义，或多或少是意识性的。意识形态在电影、电视节目以及其他大众媒介的作品中可能被掩饰或伪装，然而睿智的马克思主义者可以察觉到这些意识形态的内容，并加以指出。

这个观点具有价值，但是其价值却十分有限，因为意识形态分析的领域并不够宽广，其分析结果没有霸权分析那样深入。威廉斯（1977）解释如下：

它的特征在于，它拒绝把意识（consciousness）与表达清晰的形式体系（articulate formal system）等量齐观，后者不但可以而且通常是被抽象为"意识形态"。当然，霸权并不排斥表达清晰的形式意义、价值观与信仰，这些都是统治阶级所发展和宣扬的内容。但是它并不等同于意识，或者说，它并不降低意识。相反的，它看出支配与隶属的关系，其形式是实际的意识，其效果充斥于生活过程之中——不仅在政治与经济活动上，不仅在明显的社会活动中，而且在生活认同与关系的全部本质上，其涉及程度的深度与广度，可以说是把特殊的政治与文化体系的压力与限制，转化为大多数人单纯经验与常识的压力与限制。如此说来，霸权不仅是"意识形态"的上层具体表达，而且其控制形态也不仅是通常所谓的"操纵"或"教化"，它是对生活整体的实践与期待；我们的感觉和精力的分配、对自身与世界的塑造感知。它是意义与价值的鲜活整体——制度与本质的（constitutive and constituting）——和人们经验与实际体验的相互印证。因此，对于社会上的大多数人而言，霸权构成了一种现实感，形成一种确定感，因为人们体会到现实如此，在大多数生活领域中，社会上的大多数人都难以超越。（pp. 109—110）

因此，霸权可以说是"不言而喻的"世上既定的或常识判断的现实情况，结果达到一个目的，就是维护统治阶级的支配地位。

于是，大众媒介所传播的内容不能仅仅看作意识形态的工具，即用某种观念来操纵和教化民众的工具。媒介不知不觉地成为霸权统治的工具，产生了更为深远的影响——

它们塑造了人们对于自身与世界的观念,塑造了人们的世界观。

因此,我们在运用霸权概念时,必须对于所分析的媒介作品进行深入探究,不仅要考察其意识形态的内容,而且要探求其中最基本的(也许更隐蔽的)种族的、世界观的内容。我们可以将霸权分析类比为心理分析学者的研究,透过表面现象,分析病人人格结构的根本缘由。威廉斯认为,霸权分析是"文化的",不过,就其特殊意义说来,霸权将某个特定社会的文化与统治支配的模式相联系起来。

这里还有另外一对有用的类比,即霸权的概念类似于科学哲学家所用的范式(paradigm)的概念。范式指的是表现某一历史时期的整个思想体系,并且大力塑造某个时代科学基础发展的类别。在科学领域中,范式在一百年左右(或许更短)会发生转变,每次范式转变,随之都会带来科学家世界观和研究方法的改变。表 2.1 提供了霸权与范式的比较,有助于加深我们的理解:

表 2.1　霸权与范式的比较

霸权	范式
意识形态	理论
大众艺术	法律
媒介分析	科学

在上述这两种情形中,思想与行为的最终决定因素没有被认识到,因为它无所不在,是基础。理论"解释"法律(或事件本身可以被法律解释),就像范式涵盖所有的理论一样。同样的,霸权的概念涵盖了社会存在的所有事物——意识形态的观念、媒介传播的大众艺术作品等等。这就使得媒介分析变得复杂起来,因为很难对理所当然的事情全部了解,只能臆测部分的事实。我们总是在太多的情况下成为资产阶级思想范畴的俘虏——那正是我们希望揭发、作为支配我们自己工具的思想。

媒介兼并的问题

马克思主义媒介批评家(也有很多非马克思主义的批评家)最关注的话题之一就是日益加剧的全球性媒介兼并。如果媒体能够建构一大批人的意识(媒介组织在销售广告位或者广告时段时,声称他们具有这种能力),那么相当小的一部分人控制媒体(因此他们拥有巨大的力量),这一事实是非常让人恐慌的。

就像在加州大学伯克利分校多年担任新闻学院院长的本·巴格迪肯(Ben Bagdikian)于 1987 年发表的文章中所说的那样:

在 1982 年，当我完成了《媒介垄断》一书的调研时，50 家公司控制了一半甚至更多的媒介市场。到 1986 年 12 月，当我完成了该书的第二版时，50 家公司已经缩减到 29 家[①]。我最后一次统计时，已经减少到 26 家。

现在，6 家左右的企业控制着全球的媒介市场。表 2.2 列出的是其中最大的 10 家以及它们在 2011 年的营业额。这些巨型的组织通过与其他的媒介企业结成联盟的方式进一步巩固它们的力量。

表 2.2　10 家巨型企业 2011 年的营业额

序号	公司名称	营业额/亿美元
1	美国通用电气公司(GE)	151628
2	苹果公司(Apple)	65225
3	迪斯尼(Walt Disney)	38063
4	康卡斯特(Comcast)	37937
5	亚马逊公司(Amazon)	34304
6	新闻集团(News Corp.)	32778
7	谷歌公司(Google)	29321
8	时代华纳(Time Warner)	18868
9	哥伦比亚广播公司(CBS)	14059
10	维亚康姆(Viacom)	13497

像上表中列举的这些媒介巨头最关注的并非公众的利益，而是利润。它们经常会有政治议程，例如在选举中支持那些对它们友好，并且会通过对它们有利的法律的政客。举例来说，主要的媒介企业支持了最近联邦通讯委员会（the Federal Communication Commission）的政策变动，这使得它们能够在已经拥有媒介渠道的特定市场中购买电视台，从而进一步加强自己的力量。

现在我们的媒介被少数巨型企业操控。最近几年，随着 Facebook、Twitter 以及其他社交媒介的发展，情况有所转变，高新技术的发展正威胁着电视、音乐、报纸、杂志和出版业以及其他非互联网大众媒介的力量。像苹果公司、谷歌公司以及 Facebook、Twitter 这样的新实体已成为媒介领域的主要参与者。

[①]　译者查阅本·巴格迪肯的《媒介垄断》一书发现，此处数字应为 29 家，而非 50 家，应为作者引用错误。——译者注

《思想的未来》(*The Future of Ideas*)摘选,作者:劳伦斯·格莱斯(Lawrence Lessig)

　　1947 年,80％的日报是独立经营的,到 1989 年,只有 20％独立经营。1981 年,全国 11000 份杂志中大多数是由 20 家公司控制的;到 1988 年,已经减少到 3 家公司。书籍的情况也基本如此。仅仅 30 年前,独立经营的出版市场还是很景气的,随着贝塔斯曼于 1988 年对兰登书屋(Random House)的收购,该行业如今更加集中,仅控制在 7 家公司手中……

　　音乐行业的集中程度更严重。美国最大的 5 家音乐集团占据了美国市场的 84％。广播同样如此。全美广播市场排名前 100 的电台的 60％以上由最大的 3 家广播公司控制了。电影亦然。1985 年,美国最大的 12 家电影公司控制了 25％的电影市场;"到 1998 年,占据的份额攀升到 61％并呈快速增长趋势"(McChesney,1999,p. 18)。1997 年,6 家公司的营业额占电影行业收入的 90％以上;1997 年,148 部"大规模上映"的电影中 132 部是由那些与这 6 大电影公司签订了发行合同的公司生产的(McChesney,1999,p. 17)……1999 年,(Robert) McChesney 说:"6 家公司如今垄断了全国 80％以上的份额,7 家公司控制了几乎 75％的有限频道和节目。"(p. 18)这些数字如今更加极端。Bagdikian(2000)总结如下:"尽管美国有 25000 多家媒体,但 23 家公司控制了日报、杂志、电视、书籍和电影的绝大部分市场。"(p. 4)这些顶级公司的影响力远超过其他公司。例如,最大的 6 家每年的媒介利润比其后 20 家利润的总和还要多。

　　来源:Lessig(2001;excerpt accessed October 28, on Tom's Research Database, http://www.tomchance. uklinux. net/rdb. pl?op＝viewarticle＆aid＝10)。

教条化的危险

　　一般的马克思主义,尤其是马克思主义媒介分析,通常具有很强的吸引力,对于那些具有强烈社会正义感或渴望世界更加平等、更人性化的人来说尤其如此。尽管马克思主义思想非常复杂,但对于马克思主义者来说,世界分为两大阵营:资产阶级和无产阶级。资产阶级,即占有生产工具,对于异化以及社会其他疾病最终负责的阶级;无产阶级和它的同盟军,即要求解放自己并解放全社会的阶级。当然,这种划分过于简单化,但它有其真实性——在"好人"与"坏人"的斗争中,支持"好人"是很自然的。

　　马克思主义的最佳形式就是其人道主义的思想体系,寻求一切可能让所有人都过上富裕而有意义的生活。然而,马克思主义同时也是一种意识形态,它对于世界上任何事物的解释都基于某种公理或信仰。

教条地应用马克思主义媒介分析的局限之一在于，他们在提出问题之前就已经知道了答案。也就是说，他们对于媒介传播的大众艺术作品所提出的问题相当有限。就像公认的法国人（或弗洛伊德门派）在万事万物中都看到性一样，他们在所有的大众艺术作品中都看到了异化、操纵和意识形态、剥削，而且多从意识形态角度看待各种艺术作品。这种分析方式具有相当大的局限性，不能平等地对待大多数艺术作品。

因此，对于马克思主义分析而言，生搬硬套地运用马克思主义概念和观点来看待大众艺术作品（或其他事物），存在着很大的教条主义危险。这并不是说我们分析媒介大多数（或者如马克思主义者而言，全部）资料时没有注意到意识形态的层面——我们注意到了这个层面，而且必须注意到。但是我们必须不能忽略作品的其他方面，比如心理学层面、道德层面、美学层面等，而且我们不应该削足适履，用大众媒介的资料去迎合马克思主义的观点。

马克思写道：

　　原来，当分工一出现之后，每个人都有了自己一定的特殊的活动范围，这个范围是强加于他的，他不能超出这个范围；他是一个猎人、渔夫或牧人，或者是一个批判的批判者，只要他不想失去生活资料，他就始终应该是这样的人。而在共产主义社会中，任何人都没有特定的活动范围，每个人都可以在任何部

门内发展，社会调节着整个生产，因而使我有可能随我自己的心愿今天干这事，明天干那事，上午打猎，下午捕鱼，傍晚从事畜牧，晚饭后从事批判，但不因此就是我成为一个猎人、渔夫、牧人或批判者。（p.97）（译文直接引自马克思：《德意志意识形态》，《马克思恩格斯全集》第3卷，第37页，北京：人民出版社，1960。——译者注）

格栅—群体分析

在加州大学伯克利分校教授政治学多年的阿伦·维尔达夫斯基（Aaron Wildavsky），向我们介绍了格栅—群体分析（Grid-Group Analysis）。他在一份未出版的手稿中写道，"在一个国家，多元民主或文化多元化的环境必然意味着政治文化的多元化"（1982）：

对人们来说重要的是他们应当怎样与他人一起生活。社会生活的重大问题是："我是谁？"（我属于哪一个群体？）和"我该做什么？"（我应该遵守什么规则？）群体的强弱是根据是否有边界将他们与其他群体分开。群体作为一个整体做出决定（强群体边界），或个人或家庭做出决定（弱群体边界）。规则的多少意味着个人内在化了多少约束他行为的规范。将群体边界与规范结合在一起，对社会生活问题的回答可以结合起来形成四种不同的政治文化。（p.7）

表 2.3 展示了这两个维度——格栅维度和群体维度，形成的四种政治文化或生活方式，是取决于群体边界的强弱以及规范的数量和种类。

不同理论家曾赋予这些生活方式不同的名称，但这些名称都表明了政治文化或生活方式的特征。在迈克尔·汤姆森（Michael Thompson）、理查德·艾里斯（Richard Ellis）和阿伦·维尔达夫斯基的《文化理论》（*Cultural Theory*）（1990）一书中，他们讨论了政治文化的形成方式。他们的观点以"格栅—群体分析"（Grid-Group Analysis）为基础，这是由英国社会人类学家玛丽·道格拉斯（Mary Douglas）提出的。汤姆森等人讨论了道格拉斯对该理论进行阐释的基本观点：

她认为个体卷入社会生活的程度可以用两个社会维度来充分区别：**群体**和格栅。群体指的是个体融入有边界的组织的程度。融入的程度越强，个体的选择越服从于群体的决定。**格栅**表示个体的生活受到外在的强制规则的限制程度。规则越局限，个人可协调的空间就越小。（p.5）

道格拉斯所说的"群体维度"涉及群体中成员的资格在多大程度上塑造和维系着个人的生活。群体对个人的影响可能弱也可能强。"格栅维度"则牵扯到个人是要服从很多规则和限制，还是只需要服从很少一部分的问题。

汤姆森等人指出了这种"格栅—群体"类型学是如何衍生出四种政治文化或者生活方式的：

群体边界明确、个人角色模糊的社会关系是平等主义的（egalitarian）……当个体的社会环境有着明确的群体边界和严格的个人角色规范时，其社会关系是等级主义的（hierarchical）……个人既不受群体规范的限制，也不受个人角色规范的局限，这样是一个个人主义至上的（individualistic）社会。这样的环境中，所有的边界都是松散的，并且很容易协商……个人角色规范严格但群体界限不明显的人们，拥有的是一种宿命论的（fatalistic）生活方式。宿命论者是被虚无的东西控制的。（pp.6—7）

玛丽·道格拉斯对购物的看法

我们必须彻底改变这种思想，将消费视为是个人选择的表现。文化本身是个人选择的结果，主要不是商品之间而是各种种类之间的关系。一个理性的人必须做出的基本选择是选择生活在哪种社会中。根据这个选择，其余如下。他挑选的手工艺品证明了他的选择。他吃的食物，穿的衣服，看的电影、书籍，听的音乐，假期以及其他一切选择都与最初选择的社会形式相一致。

来源：Douglas，1997，pp. 17—18.

每种不同的生活方式之间既相互矛盾，又互相依赖。治国的精英主义者（Hierarchical elitists）相信社会分层，上层社会有责任照顾中下层阶级。个人主义者首先对自身感兴趣，渴望得到由政府提供保护的自由竞争。平等主义者（egalitarian）强调人们需求的平等，人们之间的差异是社会性的而不是先天的，应当减少这种差距。宿命论者相信在政治体系之外还存在着幸运与选择。这四种群体相互补充，都为政治秩序所必需。

如果我们采用这两个维度——群体成员身份（弱或者强）和格栅方面（极少或者很多规则和限制）——我们可以看到他们如何形成了四种生活或者政治文化：

表 2.3　根据"格栅—群体"理论形成的四种生活方式

生活方式	群体边界	规范的数量和种类
治国的精英主义者（Hierarchical elitist）	强	数量众多、种类各异
平等主义者（Egalitarian）	强	几乎没有
竞争性的个人主义者（Competitive individualist）	弱	几乎没有
宿命论者（Fatalist）	弱	数量众多、种类各异

就像汤姆森等人（1990）所说的那样，社会学家总是在寻找社会现象背后潜在的或者隐藏的东西。作者们用这种洞察力对马克思的社会观进行了分析：

事情永远都不像阶级社会中看起来的那样，马克思告诉我们，因为剥削必须要伪装成是为了维持社会秩序这一目的而存在的。由于统治者不喜欢把自己看成是剥削者，和从其他人劳动中不正当受益的人，这样就必须让被剥削者对自己的从属地位保持无知的状态，以免他们造反。于是，真相必须要与统治者和被统治者同时进行隔离。(p.149)

他们认为，马克思把神秘化和资本主义经济制度联系起来，而他们认为神秘化侵蚀了生活的一切方面和所有方式，社会学家的任务是发现和解释这种神秘化。我们可以看到，平等主义者与马克思主义者在强调人人应该被平等对待并且拥有相同的需求方面是相似的。但是马克思没有意识到的是,汤普森等人强调,平等主义者只有在他失去力量的时候,才能对社会关系和社会安排起到有效批判的作用。作者们认为,如果马克思分析了持平等主义、等级主义和宿命论人们(这里指的是资产阶级和无产阶级)的政治文化,他会形成关于社会政治制度和革命需求的不同理论。

格栅—群体理论直接适用于媒介。我们的媒介偏好很大程度上是通过两件事情形成的。第一,通过观看电视节目、看电影和阅读给予我们力量的书籍来加强我们的基本价值观和信仰的愿望。第二,为了避免认知失调,避免观看挑战我们信仰体系的电影或电视节目。因此我认为,四种政治文化或生活方式塑造我们对媒介的选择,尽管我们意识不到这一点。我们可以利用这四种政治生活或文化方式来找出每个群体中的成员更喜欢哪种类型的媒介。你可以使用格栅—群体理论并将其应用到附录中的"扮演阿伦·维尔达夫斯基游戏"中。

后现代社会中的马克思主义批评

马克思主义是否是对文化和大众传媒进行分析和批评的最好的(或者最可靠的)哲学基础,是一个需要继续探讨的问题。讽刺的是,也许美国将成为严肃对待马克思主义的唯一国度。更精确地说,只是在一些大学的某些系,马克思主义理论有很多拥护者,尤其是用来分析媒介和其他社会文化现象时。

逻辑严谨的哲学,例如马克思主义,在后现代社会是否还能被广泛接受看来是个问题。法国学者让-弗朗索瓦·利奥塔(Jean-Francois Lyotard)在《后现代状况》(*The Postmodern Condition*)(1984)一书中提出的**后现代**(postmortem)的概念被广泛引用:

简化到极点,我们可以把对元叙事(metanarratives)的怀疑看作是"后现代"……与合法化元叙事机制的衰落相对应,形而上的哲学(metaphysical philosophy)以及在其基础上建构起来的大学制度也危机重重。(p. xxiv)

利奥塔认为,大多数人不再认同过去非常重要的哲学体系以及曾经帮助个体理解世界的元叙事。这些元叙事,存在于宗教和政治意识形态中,不再主导我们的思想。利奥塔强调,如今我们拥有的是在叙事和理解世界的诸多方式中选择其一,这已经导致了一种被称为"合法化危机"的状况的出现。也就是说,很难判断孰对孰错。极端地说,后现代主义理论者认为,没有人知道应该相信什么,这些理论家中不少人甚至认为,一个人相信什么是无关紧要的。

后现代主义,无论可能是什么(关于这个问题有许多争论),通常被认为在 1960 年左右取代了现代主义,当时有一个重大的文化转变,以及现代主义的价值观和信仰——相信元叙事,相信真理,相信宏观理论——在一瞬之间为人们所拒绝。我将说明后现代主

LYOTORO

媒介分析技巧（第五版）

义与现代主义之间的区别。如果后现代主义涉及区分精英艺术和大众文化，那么后现代主义就会打破它们之间的屏障，并着迷于大众文化。现代主义对待生活"高度认真"，而后现代主义则以博弈、具有讽刺意味的立场以及玩笑的心态对待生活。在后现代主义社会中，人们"玩弄"他们的身份，并在厌倦旧身份后改变自己的身份。

现代主义风格简约，就像在现代主义建筑中看到的那样，钢板、混凝土和玻璃板；后现代主义则倾向于折中主义建筑风格以及建筑多样性。在后现代主义中，模仿是主要的艺术形式。现代主义者认为我们可以认识现实，而后现代主义者认为我们被幻想和超现实所迷惑。后现代主义属于消费文化领域，与现代主义的生产文化相反。现代主义的伟大英雄是商人和政治家，而后现代主义的英雄往往是名人和娱乐人物，他们的品位和消费习惯被视为典范。后现代主义的思想对我们产生了极大的影响，因此我们对它很感兴趣。

后现代主义最重要的理论家之一弗雷德里克·詹姆森（Fredric Jameson），在他的《后现代主义：或晚期资本主义的文化逻辑》（*Postmodernism：or，The Cultural Logic of Late Capitalism*）（1991）一书中介绍了与后现代主义相关的媒介和大众文化。他对后现代主义大众文化作出如下叙述：

> 这个整体退化的景象，蹩脚庸俗的作品、电视剧、读者文摘文化，广告和汽车旅馆，深夜脱口秀和B级好莱坞电影，所谓的超文学及机场平装书类的哥特式小说和传奇小说，流行传记，谋杀之谜，甚至科幻小说和幻想小说。（pp.2—3）

詹姆森认为，后现代主义只是新形式的资本主义的别称，其与消费文化密切相关。

最后，我们每个人都要判定，马克思主义是否依然能够作为分析大众传媒的基础。如果一位分析者发现马克思主义的概念是有用的，并且相信它们能够比其他的视角更好地解释事物，那么这个分析者应该采用马克思主义。如果不是这样的，分析者应该从其他的角度对媒介进行分析。哲学并非真的死亡了——它只是被那些将注意力转移到其他地方的人们抛弃了。马克思主义最终是否会被人们丢在历史的灰烬之上，让我们拭目以待。

讨　论　题

1. 什么是辩证唯物主义？

2. 解释基础与上层建筑之间的关系。

3. "庸俗马克思主义"犯了什么错误？

4. 什么是意识形态？意识形态与虚假意识之间是什么关系？

5. 为什么统治阶级的观点是群众的观点？

6. 以上 5 个问题的主题与阶级斗争之间是什么关系？与异化之间是什么关系？与消费欲望之间是什么关系？

7. 资产阶级男女英雄的基本特征是什么？这些英雄与马克思主义的英雄有什么区别？

8. 马克思主义者什么时候开始进行文化分析？他们注重什么？

9. 本章说了哪些关于广告的内容？

10. 马克思主义分析存在着哪些问题？

11. 你属于四种生活方式中的哪一种？这种生活方式怎样影响了你的消费选择，对媒介的选择，以及其他选择？

参 考 文 献

Adorno, Theodor W. (1948). *Philosophy of modern music*. New York：Seabury.

阿多诺论述了勋伯格和斯特拉文斯基的作品，讨论了音乐中的意识、异化和盲目崇拜等主题。

Benjamin, Walter. (1999). *The Arcades Project*. Cambridge, MA：Belknap/Harvard University Press.

本书通过引用本杰明的巨幅蒙太奇作品，对巴黎和 19 世纪的欧洲进行了规模巨大的（共 1 073 页）、创造性的和有影响力的研究。

Berger, Arthur Asa. (Ed.)(1990). *Agitpop：Political culture and communication theory*. New Brunswick, NJ：Transaction.

该书对与美国政治文化相关的大众媒介和大众文化进行了研究。

Berlin, Isaiah. (1963). *Karl Marx：His life and environment*. New York：Galaxy.

这是一部经典的马克思传记，它解释了马克思的观点，以及同马克思经历之间的联系。

Caudwell, Christopher. (1971). *Studies and further studies in a dying culture*. New York：Monthly Review Press.

该书对文学人物、性格和概念进行了著名的文体分析。考德威尔的马克思主义有些"庸俗"和简单化，但他的头脑是令人难以置信的聪明。

Dorfman, Ariel. (1983). *The empire's old clothes : What the Lone Ranger , Babar , and other innocent heroes do to our minds*. New York: Pantheon.

多夫曼对"独行侠"(lone ranger)、"巴芭"(Babar)系列图书、《读者文摘》等专题进行马克思主义式批评,他认为,这些文本充满了意识形态的信息,其目的是传播资产阶级意识形态,以维护现有秩序。

Douglas. Mary. (1997). *"In defence of shopping."* In Pasi Falk & Colin Campbell (Eds.), The shopping experience (pp. 15−30). London: Sage.

这是一篇开创性的文章,展示了生活方式如何影响我们的购物选择,并解释了生活方式如何在我们的日常生活中发挥作用。

Eagleton, Terry. (1978). *Criticism and ideology : A study in Marxist theory*. New York: W. W. Norton.

特里·伊格尔顿是一位杰出的英国学者,他提供了文艺理论的马克思主义分析方法,揭示了文本的意识形态层面,探究文本如何"制造"意识形态。

Enzenberger, Hans Magnus. (1974). *The consciousness industry : On literature , politics and the media*. New York: Seabury.

恩岑斯贝格尔是一位具有影响力的批评家,他在书中提出了一些非正统的观点。

Fischer, Ernst. (1963). *The necessity of art : A Marxist approach*. New York: Pelican.

该书对艺术、文学和美学进行了严密的马克思主义分析,并以一种非常有趣的方式来研究喜剧和通俗文化的其他要素。

Fromm, Erich. (1962). *Beyond the chains of illusion : My encounter with Marx and Freud*. New York: Touchstone.

弗罗姆将马克思的观点与弗洛伊德的观点进行对比,并对二者的思想进行有益介绍。

Haug, Wolfgang Fritz. (1986). *Critique of commodity aesthetics : Appearance, sexuality, and advertising in capitalist society*. Minneapolis: University of Minnesota Press.

该书对广告业在资本主义社会所发挥的作用,时尚对美化物体、塑造消费者行为的力量等进行了马克思主义的分析。

Haug, Wolfgang Fritz. (1987). *Commodity aesthetics, ideology, and culture*. New York: International General.

该随笔集写于1970—1983年间,豪格在书中介绍了商品美学理论,并将其应用于大众文化、工人和意识形态之中,为他的"文化能力"(cultural competence)提供了新的范例。

Jameson, Fredric. (1991). *Postmodernism*; or *The cultural logic of late capitalism*. Durham, NC: Duke University Press.

这部重要的著作认为,后现代主义实际上是资本主义晚期的一种形态。该书注重建筑、电影、录像以及与后现代主义有关的理论问题、意识形态和文化。

Kellner, Douglas. (1995). *Media culture : Cultural studies , identity, and politics between the modern and the postmodern*. London: Routledge.

这本书涉及媒体和文化的各个方面,讨论不同的主题,如斯派克李、广告、海湾战争、麦当娜和数字朋克。

LeFebvre, Henri. (1984). *Everyday life in the modern world*. New Brunswick, NI：Transaction.

列斐伏尔对日常生活进行马克思主义分析,对广告、时尚和恐怖进行了重要的讨论。

MacCannell, Dean. (1976). *The tourist：A new theory of the leisure class*. New York：Schocken.

麦坎内尔(MacCannell)把符号学分析与马克思理论结合起来,把旅游观光提升到与社会经济行为同等重要的地位上。

Marx, Karl. (1964). *Selected writings in sociology and social philosophy* (T. B. Bottomore and Maximilien Rubel, Eds. ; T. B. Bottomore, Trans.). New York：McGraw-Hill, 1964.

这是对马克思著作重要段落的选编,由编者加以组织和介绍。

Pappenheim, Fritz. (1959). *The alienation of modern man*. New York：Monthly Review Press.

该书从马克思主义的角度对异化进行了广泛的研究,并探讨了异化与哲学、文学、技术和政治之间的关系。

Rius. (1990). *Marx for beginners*. New York：David McKay.

该书以卡通的形式解释了马克思的基本观点,并提供了一个马克思主义术语的辞典,建议喜欢图片的读者阅读此书。

Thompson, Michael, Ellis, Richard, & Wildavsky, Aaron. (1990). *Cultural theory*. Boulder, CO：Westview.

这本书绝对不是马克思主义的分析,但作者们对马克思主义理论发表了非常有趣的看法。他们还对格栅—群体理论进行了重要的讨论。

Tucker, Robert C. (Ed.). (1972). *The Marx-Engels reader*. New York：W. W. Norton.

该书是一位著名的马克思主义学者编辑的,他用 700 多页的篇幅介绍了马克思和恩格斯的著作,展示其思想的变革。

Williams, Raymond. (1977). *Marxism and literature*. Oxford：Oxford University Press.

威廉斯是一位重要的英国马克思主义学者,他强调文化和文学。该书提供了马克思主义颇有价值的文本文献。

Sigmund Freud

　　精神分析既是一种医疗技术，又是一种研究方法，它已经被广泛应用于诸多领域之中——政治学、人类学和文学批评等。其研究结果非常有趣，但经常充满争议。本章将对精神分析理论中那些较为重要的内容进行探讨，并用精神分析理论解释打火机与哈姆雷特在其他事物中的隐匿意义(hidden significance)。

第3章

CHAPTER 3

精神分析批评

潜 意 识

　　精神分析批评(psychoanalytic criticism)是精神分析的一种应用形式,后者关注意识与潜意识(unconscious)过程的相互联系,以及心灵活动(mental functioning)的规则。精神分析不应该混同于心理治疗(psychotherapy),虽然大多数心理治疗师在工作时运用各种分析手段,但心理治疗主要关心治疗心理疾病与行为的问题。与之相反,精神分析批评则是一种运用精神分析概念来了解某主题事物的研究方法。因此,有些社会学家、人类学家、政治学家和批评家以精神分析为导向,运用精神分析理论的概念与洞察力从事研究工作。

　　潜意识不是弗洛伊德发现的。柏拉图(Plato)、尼采(Nietzsche)、伯格森(Bergson)以及诸多其他学者都讨论过。不过,弗洛伊德对潜意识的讨论最是细致。凡是新弗洛伊德派

（neo-Freudians）、后弗洛伊德派（post-Freudians）、反弗洛伊德派（anti-Freudians）以及非弗洛伊德派（non-Freudians）都必须理解弗洛伊德的观点。弗洛伊德是位开创性的思想家，其影响十分深远，其观念与见解启发了无数领域好几代人的研究工作。本部分不是对弗洛伊德思想的全面铺陈，而是选择了一些最重要的概念——可以用于媒介，解释媒介运作与影响方式的概念。弗洛伊德最大的兴趣是临床医疗，但在他辉煌的医疗事业中，他还撰写了许多其他的主题，如民间传说、幽默与戏剧，为精神分析批评指出了发展方向。

精神分析理论的基石之一就是潜意识的概念。弗洛伊德在《精神分析》（*Psychoanalysis*）一文中写道：

精神分析阐释艺术的胜利在于：迄今为止尚无人对此做出过心理学的阐释，它却成功地证明了正常人的某些相同的思维活动，可以被视为精神官能症（neurosis），也就是说思维活动具有**意义**（meaning）。这是该学科未曾阐述的领域，却很容易用分析手段发现……人们发现了新资料，推动了对潜意识思维活动的看法，甚至于从前将思维与潜意识视为怪异与荒诞不经的人也相信了。（pp. 235—236）

所以，我们并非洞悉了我们所有的思维活动。非但如此，我们对于思维活动的了解非常之少，可以说是凤毛麟角。

有人常说，一个人的精神生活可以用一座冰山来表示。他意识到的内容就是冰山露出水面的尖端。冰山的其余大部分虽然见不到，却依然存在。弗洛伊德（1963）说过："你心中的事物并不等于你意识到的事物。某事是否在你心中，与你是否听到该事完全是两码事。"（p. 189）

这就是说，我们永远无法自我控制，受莫名的力量的影响，做一些我们自己都无法理解或不愿意承认的事情。简言之，我们并不是完全理性化的动物，并不是纯粹依靠逻辑与理性而行动，相反，我们很容易受制于情绪与其他非理性或不理性的情感。

你可能会问，那为什么我们没有意识到头脑中的所有事情呢？为什么这类物质我们捉摸不定？为什么我们的思维会开这样的玩笑？弗洛伊德的解释既明显（一旦指出后）又有创见，他说，我们**压抑**（repress）了这类物质，由于各种原因，我们并不想意识到它。它会令我们痛苦，或感到负疚，或产生其他不愉快的感情。因此，我们在意识与无意识之间建立了一道屏障，不让被压抑的物质穿越这道屏障。

厄内斯特·迪希特（Ernest Dichter）①是动机研究领域的创始人之一。动机研究的目标是发掘潜意识，假设潜意识是人们行为的真正动机，这样制造商与其他人就能更好地塑造人们的行为，也就是说，驱使人们购买某种商品，或让人们顺应所求。迪希特在《欲望的战略》（*The Strategy of Desire*）（1960）一书中写道：

> 不管你对现代心理学或精神分析持何种态度，毫无疑问，我们许多日常的决策都受到动机的支配，这些动机既无法控制，又无从知晓。（p.12）

于是，迪希特（1964）与其他动机研究学者就开始**发掘**（mine）潜意识，从事该领域的研究。迪希特以打火机为例，说明潜意识欲望与力量运作的方式：

> 打火机的可靠性很重要，因为它与使用打火机的基本原因完整地联系在了一起。（p.341）

这里我要停下来问你，你认为这种"基本原因"指的是什么？大多数人可能都会回答："太显而易见了——点燃香烟呗！"不过，那是有意识的，或者说是**显性的**（manifest）原因。其基本的，或"真实的"原因有时与**隐性的**（latent）、无意识的原因完全不同。

我们再回到迪希特的论述，他向我们解释了为什么人们使用打火机的原因：

> 使用打火机的基本原因（是）……支配与权力的欲望。取火的能力必然给每个人，不管是孩子还是成人，一种权力感。其原因可以追溯到人类的历史。火与控制火的能力为人类所珍视，因为它们不仅有关温暖，而且与生命本身相关。希腊神话普罗米修斯的传说与许多其他传说都可以证明，控制火的能力是人类征服有形世界的古老象征。
>
> 打火机正是这种取火能力的证明。打火机的简便与快捷增强了这种权力感。打火机失灵不仅带来了外在的社交困窘，而且也意味着对支配与权力根深蒂固的欲望的受挫。（p.341）

因此，打火机之所以重要，是因为打火机满足了强烈的无意识的需求与欲望。同样的道理，我们在生活中发现电影、电视节目、小说以及其他许多艺术形态都不可或缺，那是因为所有这些事物都在满足着我们的潜意识生活，熏陶着我们的心灵，但很少有人明白它们的影响方式。

然而，支配与权力的需求只是故事的一个部分，还有更深层的事物与这个貌似普通

---

① 厄内斯特·迪希特（Ernest Dichter，1907—1991），著名的奥地利心理学家，被誉为动机研究思想之父。他把人类消费动机的研究和市场影响联系起来，创立了市场营销学新的思想方式。迪希特认为，消费者首先是用眼睛来观察商品，然后才在他的头脑中加深印象，并试图认识他所看到的商品对他的意义。现代消费者购到一件商品，并非仅仅为了购买商品的物理功能或效用，也并非只是为了取得商品的所有权，他更希望通过购买商品，从中获得一系列的心理满足和愉悦感。根据网络资料整理。——译者注

的打火机相联系。迪希特（1964）解释道：

> 研究证据表明，在更深的层次上，打火机要确保能够点火，这种需求是因为它与性能力的观念相联系。打火机发挥作用成为激情的象征，是燃起男女性爱，融为一体所必需的。（p. 341）

这就引导我们进入下一个主题——性欲（sexuality）。许多人都知道弗洛伊德对于性欲研究有兴趣，但具体内容却知之甚少。通常人们所了解的弗洛伊德的观念都带有简化的倾向，以致出现荒谬的误解。

朗姆酒的广告是该公司制作的将酒与性欲联系起来的广告系列之一。一些学者批评该公司在广告中利用女性性欲的行为。对他们来说，这些广告存在着很大的色情成分。瓶子与女人的结合会创造出性兴奋的形象。广告中女子的形象非常醒目，她的姿势颇有挑逗性。该广告系列的照片都非常漂亮，但许多评论家认为其描绘女性的方式并不能让女性认识到"女人"一词的真正概念。

性　欲

正因为弗洛伊德提出性欲的观点，很多人排斥，甚至敌视弗洛伊德的学说。不过我认为，这种敌视主要是误解了弗洛伊德的理论，至少在美国，人们对于性欲的话题还相当敏感。美国人"抵抗"这种对最隐私、最个人化生活层面的侵略，可能还压制（拒绝进入意识的层面）阐释一般的性欲与特殊的性行为的观念与看法。

弗洛伊德把"呈现在脑海中的性本能力量"称作力比多（libido）（qtd. in Hollitscher, 2002, p. 82）。这个词语应该从广义来理解，不能仅仅局限于性关系。也就是说，力比多指我们所获得的各种感官上的愉悦与满足。弗洛伊德认为，每个人在成长的过程中都要经历四个阶段：口腔期（the oral）、肛门期（the anal）、阴茎期（the phallic）和生殖器期（the genital）。这四个阶段在《精神分析百科全书》（*The Encyclopedia of Psychoanalysis*）中记载如下：

嘴代表婴儿的性感应区。吮吸与后来的进食代表口腔需求的满足。婴儿经常吮吸橡胶奶头表明他关注的不仅仅是吸收能量。当婴儿开始长牙齿时，咬东西的需求代表了他的性虐待的欲望。发展的第二阶段通常称为性虐待－肛门期，其特征是婴儿喜欢排泄物,或占有厕所。第三阶段指的是阴茎期,男孩对阳具产生兴趣,女孩对阴部发生兴趣。男孩对阳具的兴趣显然是其正面的俄狄浦斯情结(Oedipus complex)的反应,对于阉割的恐惧最终化解了这种情结。女孩如果认为其阴部器官劣于阴茎,会对男孩的阳具产生羡慕之情。

弗洛伊德指出,这四个阶段之间界限并不分明,第四阶段的生殖器期仅出现于青春期。(Eidelberg,1968,pp. 210—211)

在婴儿期与童年阶段,一个人的性生活是非常丰富的,可是却分散而不集中。只有到了青春期,性生活才集中起来。

精神分析理论之所以难以阐释,原因之一便在于必须要在短时间内了解其全部脉络。例如,在上面的引文中,很多概念都需要加以进一步解释,例如"肛门期"的问题、"俄狄浦斯情结"、"阉割焦虑"(castration anxiety)与"阳具妒忌"(penis envy)等。这些概念对于不熟悉弗洛伊德和精神分析思想,认为其思想属"歪门邪道"的人来说,在理解上的确存在一些困难。最好的办法或许是将以上所有的概念都看作是弗洛伊德原创的概念,用来解释他在研究中所发现的现象与行为。弗洛伊德认为,精神分析"理论永远都不完整,随时都有待于更新或修正"。(1963,p. 251)

首先讨论肛门行为问题,这在弗洛伊德经典论文《肛门与肛门性欲》(*Character and Anal Eroticism*)(Rieff,1963)一文中被称为"肛门性欲"问题。弗洛伊德把偏激的人格特征(洁癖、吝啬狂和偏执狂)与难以克服肛门阶段问题的人联系在一起,这些人将人格特征作为克服肛门阶段问题的方法。最令人困惑的观点是,"爱好金钱与排便两个情结似乎毫无关联,实际上二者却存在着联系"。这个观点看起来"让人费解"。(Rieff,1963,p. 30)弗洛伊德(1963)解释道:

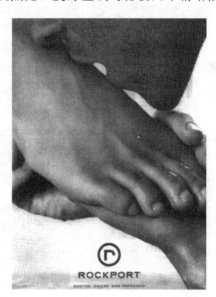

> 实际上,在古老思维模式盛行或持续的地方(在古代文明、神话、民间传说、迷信、潜意识思想、梦境以及精神官能症中)金钱与排泄物的关系最密切。我们知道,魔鬼送给他情妇的东西在他离开之后就变成了粪便,而魔鬼无非是潜意识本能力量的化身而已。(p. 31)

黄金最终等于粪便,"人类最珍贵的东西,却最没有价值。"(p. 32)

乐步鞋广告展示了一位男士在亲吻一只脚,让我们想到了人脚的色情面。男人面部的毛发增强了他的男子气概。他的胡须似乎留了两三天。

我们不知道被亲吻的那只脚是女人的脚还是男人的脚。脚趾甲没有涂指甲油，这意味着此人可能是男性也可能是不使用指甲油的女性。广告中男子手握脚的方式以及他亲吻的方式，所有这些都引起了人们对广告的好奇，然而广告中只有 Rockport 这一个词。图片中，脚和手是倾斜放置的，将我们的视线引向"乐步"(Rockport)这一名字上。广告给读者提供了一个醒目的形象，此形象会引起我们的好奇心，并且广告的设计直接将我们的注意力引向公司名字。广告中的这只脚成了性对象。

威廉·罗西关于脚与鞋子色情性的看法

威廉·罗西(William A. Rossi)(1976)的一本引人入胜的书《鞋与脚的性生活》(*The Sex Life of the Foot and Shoe*)引起了许多争议。书的内容如下：

脚是色情器官，鞋是它的性遮盖物。这个事实如同人类一般古老，如太空时代一样现代。人脚有一种自然的性欲，这种性欲对历史上不同文化的人们产生了显著的影响。(p. 1)

他提供了许多关于脚的论点来支持他的观点。我选出了几个有趣的观点。他写道(1976, pp. 4—5)：

脚是人体最敏感的触觉器官之一，有它自己的"性神经"，并且在触摸与被触摸中感受最亲密的感觉。

它在人体解剖学敏感区域的演变和发展中起了重要作用——臀部、胸部、小腿与大腿、腰部、髋部等。我们所说的"身材"或性感的身体结构，很大程度上是由于脚的感官特征，因为脚负责整个人体的直立姿势。

人脚的异常结构使直立站立成为可能，也使人类正面交配成为可能，正面交配也是人类具有的在所有物种中的独一无二的性交姿势。

在所有已知与性相关的恋物癖中，与脚、脚趾和鞋相关的恋物癖是迄今为止最常见的。

在这本书中，罗西阐述了脚和鞋子的性心理方面问题。他的观点是，人类的性取向多种多样，在某些情况下是不合理的，我们应该认识到鞋子以及我们购买的许多其他物品对他们来说都暗含性的层面。

俄狄浦斯情结

"俄狄浦斯情结"(Oedipus complex)是弗洛伊德精神官能症的核心概念,它能解释许多现象。弗洛伊德在 1897 年 10 月 15 日写给威廉·费利斯(Wilhelm Fliess)的信中,描述了他是如何认识到俄狄浦斯情结的存在及其重要性的:

对自己完全诚实是一个好办法。我只想到一个观念,它具有普遍价值。我发现爱恋母亲、嫉妒父亲的情形也发生在我的身上,我现在相信这是童年的普遍现象,即便儿童不是早期产生恋母情结,也已经被弄得歇斯底里……如果情况确实如此,那么尽管我们的理性拒绝接受俄狄浦斯故事的悲惨结局,我们仍然可以理解"俄狄浦斯王"令人神往的力量,而且可以理解最后命运结局失败的原因。我们对于任何专横的个人命运具有排斥感……但希腊神话掌握了每个人都承认的冲击性,因为每个人都曾经感受过。每位观众都曾幻想自己是俄狄浦斯王,这个梦境在演出的时候体验,产生令人畏惧,从而全面感受童年受压抑的情结,与现在的状况完全不同。

我想,《哈姆雷特》(Hamlet)剧情同样基于此。我想的不是莎士比亚有意识的意图,而是假设他受到真实事件的感动而写作剧本,因为他的潜意识理解了这位英雄的潜意识。若非如此,我们如何解释哈姆雷特的疯狂言辞"所以良心让我们每个人都成为懦夫"? 若非如此,我们如何解释他对手下冷酷无情,却迟迟无法对叔叔痛下杀手,替父亲报仇呢? 最好的解释莫过于他对母亲的爱恋,在残留的记忆中已经埋下了杀父的念头,因而倍感痛苦煎熬——"你若按照各人的功过来用人,谁能逃脱一顿鞭打?"他的良心就是他潜意识负疚的感觉。(Grotjahn,1966,pp.84—85)

根据精神分析理论,每个人都经历过对父母有性欲的阶段,男孩对母亲有性欲,女孩对父亲有性欲——当然,所有这些仅处于潜意识层面。大多数人都学会控制自己的俄狄浦斯情结,精神官能症患者则深受其困扰。小男孩由于潜意识害怕阉割(阉割焦虑),小女孩由于羡慕男人和阳具妒忌,而得以控制自己的性欲。

弗洛伊德理论认为,小男孩渴望与母亲发生性关系,希望取代父亲的位置,独占母亲的感情。于是他们害怕父亲报复的心理导致他们否认对母亲的爱恋,认同父亲的雄性角色,让自己的爱流向家庭之外,将自己的兴趣指向其他女性。

而小女孩则情况不同。她们不必害怕阉割(一些理论家认为,女孩相信自己已经失去了阳具),因此没有男孩那么快消除她们的俄狄浦斯欲望。但女孩却害怕失去双亲的爱,因此只有重新认同其母亲,并逐渐将自己转向父亲以外的其他男性,以此作为保留孩子身份的手段(和她们间接失去的阳具)。

弗洛伊德还提出好几个有趣的情结。例如,**赫拉克勒斯情结**(Heracles complex)指父亲对孩子的仇视。父亲把孩子视为妻子爱情的对手,因此希望摆脱孩子。**伊俄卡斯忒情结**(Jocasta complex)(以俄狄浦斯的母亲命名)指母亲对孩子的变态依恋,其程度有差别,有单纯的过于依恋关系,也有乱伦关系。

儿童处理俄狄浦斯焦虑的方式之一是释放到童话之中。布鲁诺·贝特尔海姆(Bruno Bettelheim)①在《童话的魅力》(*The Uses of Enchantment*)(1977)一书中,专门开辟了一个章节讨论俄狄浦斯冲突,以及童话能够帮助儿童解决这些问题的方式。孩子们在对故事中的男女主角产生认同的过程中,同时也学会了有关生活的一些重要内容。贝特尔海姆认为,童话以间接与象征的方式和儿童交流——故事讲述的通常是某些现实生活中不可能出现的主角,他"杀死神龙,猜出谜语,依靠智慧与善良生存,最后他救出了美丽的公主,和她结婚,过上了幸福的生活"。(p.111)在讲给小姑娘的故事中,总有一些恶毒的继母或者巫婆非常忌妒女主角,不让男主角如白马王子(Prince Charming)找到女主角。有时在这些故事中,母亲被分裂成两个角色——一个恶毒的继母和一个善良的母亲[或救难仙女(fairy godmother)]。

童话很重要,因为它帮助儿童度过了他们所经历的心理困境。贝特尔海姆(1977)解释说:

在几个世纪的过程中(如果不到 1000 年的话),童话在反复地传诵过程中逐渐精致化,并且它们开始传递公开的或隐藏的意义——同时向各种人格的人们传递,既让未受教育的儿童理解,又让复杂的成人明白。运用人格精神分析就会发现,童话给意识的、前意识的(preconscious)和潜意识的思维传递了很多信息,任何一个层面当时都在发挥功能。童话通过处理一般性的人类问题,尤其是困惑孩子的那些问题,通过和正在成长的孩子进行自我交流,鼓励它的发展,同时消解前意识与潜意识的压抑。在故事展开的过程中,童话给予有意识的信任,让身体承受本我(id)的压力,然后用各种方式满足自我(ego)和超我(superego)的需求。(pp.5—6)

就我们的精神而言,神话以及类似于神话的文本(和真实的现代童话)发挥着重要的功能。

---

① 布鲁诺·贝特尔海姆(Bruno Bettelheim,1903—1990),德裔美国著名心理分析学家。他认为童话故事中隐藏的含义,大多围绕着阳具羡慕、阉割焦虑和无意识的乱伦欲望等心理欲望冲突(psychosexucal conflicts)主题。根据网络资料整理。——译者注

我不禁要指出,《星球大战》(*Star Wars*)①中天行者卢克(Luke Skywalker)和黑武士(Darth Vader)之间(我们最终发现)就存在着一种俄狄浦斯的关系。《星球大战》很大程度上是现代童话,讲述的是一位陷入悲痛的公主被一个年轻人解救的故事。当然影片中还有很多其他的元素(例如德国恶棍和第二次世界大战的飞机战),但我认为影片的核心还是一个童话。

我们必须牢记,本部分所讨论的所有现象都是在我们的意识之外运作的,我们运用权力抵抗并压制这些困扰我们的东西,并将其埋葬。我们之所以强调哈姆雷特和无数其他的男女主角,就是因为在潜意识中,我们认为他们的斗争就是我们的斗争,他们的困难就是我们的困难。

神话的重要性

弗洛伊德所说的俄狄浦斯情结,是根据神话人物命名的。弗洛伊德以神话来命名这一情结,说明了神话在我们的意识和生活中扮演着多么重要的角色。

俄狄浦斯(Oedipus)的故事起源于忒拜(Thebe)的国王拉伊俄斯(Laius)与他的远方表妹伊俄卡斯忒(Jocasta)的婚姻。神谕做出了一个预言,表示拉伊俄斯会被自己的儿子杀死,所以当伊俄卡斯忒生下俄狄浦斯的时候,拉伊俄斯将他的双脚捆起来,让人把他丢到山里杀死。拉伊俄斯没有想到,俄狄浦斯在山里被牧羊人所救,科林斯(Corinth)城的国王波吕玻斯(Polybus)收养了他,像对待亲生儿子一般将他抚养大。俄狄浦斯认为波吕玻斯就是他的父亲,所以当他长大成人的时候得知阿波罗(Apollo)曾经说过他命中注定将会杀死自己的父亲,他为了不伤害波吕玻斯而离开了科林斯。在去忒拜的路上,俄狄浦斯在岔路口遇到了拉伊俄斯,两个人打了起来,他杀死了拉伊俄斯。然后,俄狄浦斯去往了忒拜城,当时忒拜城被斯芬克司(Sphinx),一个女人脸、狮子身、长着翅膀的怪物所困扰。斯芬克司给每一个路过者出了这样一个谜语:什么样的动物早晨用四条腿走路,中午用两条腿走路,晚上用三条腿走路? 猜不中的路人都被斯芬克司吃掉了。

---

① 《星球大战》(*Star Wars*)是好莱坞1977年出品的科幻电影,是历史上最为成功的科幻电影之一。故事讲述的是银河帝国的各星系居民饱受暴政之苦,达度尼星球的居民起来反抗。支持反抗军的丽雅潜入帝国基地,偷走了足以摧毁暴君的秘密武器——"死星"中心结构资料。丽雅公主被银河帝国的黑武士俘虏,欲逼她交出偷走的"死星"蓝图,"死星"是银河帝国的强力武器,可以在瞬间摧毁一个星球。丽雅公主落难前将蓝图及求救讯号放在机器人R2-D2身上,R2-D2与C-3PO机器人逃到一个荒凉的星球上,遇到了年轻善良的卢克,在他的帮助下,找到唯一可以救助公主的武士欧比王,四人为前往救助公主,雇用了唯利是图的韩索洛船长及他的大副。六人来到囚禁公主的"死星",在一番缠斗下,众人平安脱险,逃出"死星",并最终将"死星"摧毁。《星际大战》开创了电影工业新境界,深刻影响了娱乐工业、科技产业和大众文化。可爱的机器人、紧张刺激的太空冒险,其中不少场景都可以在后来拍摄的科幻片中找到。根据网络资料整理。——译者注

俄狄浦斯找到了斯芬克司，说出了谜底：这种动物就是人，婴儿时期爬行，长大以后直立行走，老年时拄着拐棍。俄狄浦斯猜中谜语后，斯芬克司就自杀了，忒拜城得救了。忒拜人以隆重的仪式欢迎俄狄浦斯，并拥戴他为国王。他娶了老国王的妻子伊俄卡斯忒（没有意识到这是他的母亲），并生育了两个孩子。当两个孩子长大的时候，忒拜城发生了瘟疫。俄狄浦斯派伊俄卡斯忒的兄弟克里翁到德尔菲（Delphi）神殿询问先知，是什么原因导致了瘟疫的发生。克里翁回来告诉他，只有严惩杀害老国王拉伊俄斯的凶手，这场灾难才能结束。俄狄浦斯又派提瑞西阿斯（Tiresias），一个瞎眼的预言家（他曾经是一个女人），去向神灵求得凶手的名字。当提瑞西阿斯回来的时候，他拒绝将得到的结果告诉国王。俄狄浦斯指责提瑞西阿斯不肯说出结果的原因是因为他就是凶手，提瑞西阿斯这才告诉俄狄浦斯："你是杀死老国王的凶手。"俄狄浦斯弄清楚了自己杀父娶母的事实之后，伊俄卡斯忒自杀身亡，俄狄浦斯痛苦地弄瞎了自己的双眼。

弗洛伊德认为，这个神话是所有孩子都要经历的发展过程的写照。孩子会被异性父母所吸引，并且恨自己的同性父母。大多数孩子能够解决恋母情结，过上正常的生活，但有些人无法走出这种情结。弗洛伊德认为，俄狄浦斯情结带来的冲突感是过度焦虑的核心因素。

弗洛伊德的观点是，神话对我们的心理发展有影响。神话的另外一个影响就是，那些宗教的故事会塑造我们的行为，虽然我们并没有意识到这一影响。就像米尔恰·伊利亚德（Mircea Eliade）在《神圣与世俗》（*The Scared and the Profane*）（1957/1961）一书中所解释的那样，"声称没有宗教信仰的现代人依然保留着大量掩饰起来的神话和蜕变了的仪式。"（pp. 204—205）因此，很多电影、电视节目和一些仪式，例如举办新年夜晚会，都包括神圣的或者神话的内容。可以说，神话是我们的内心世界、我们的媒体和流行文化以及日常生活的重要组成部分。正如人类学家、圣经学者拉斐尔·帕蒂（Raphael Patai）在他的《神话与现代人》（*Myth and Modern Man*）（1972）一书中解释道：

神话是一个传统宗教章程，它通过证实法律、习俗、仪式、制度和信仰，或解释社会文化情境和自然现象来运作，并采用与神圣存在及英雄人物相关的故事形式。（p. 2）

帕蒂补充说道，重要的是认识到神话不仅证实了我们的许多活动，而且也在创造活动中发挥了重要作用，即使我们没有意识到这点。

媒介与俄狄浦斯情结

我之所以花许多时间来研究俄狄浦斯的故事，是因为我们可以用它来了解当代电影、电视节目以及其他媒介文本中的人物关系。当故事中出现三人一组的人物，即一位年轻男子、一位年龄大些的男人、一位女子，或一位年轻女子、一位年龄大些的女人、一位男子时,有理由推测俄狄浦斯情结可能在不同程度上激励人物,或者至少我们可以在故事中找到俄狄浦斯主题。我将提供伊恩·弗莱明(Ian Fleming)的詹姆斯·邦德小说和许多邦德电影作为例子。在邦德文本中,邦德被年龄大些的男人俘获,男人试图杀死他,或对他做出令人恐惧的事情。在小说《诺博士》中,邦德被诺博士的党羽俘获并被监禁。在诺博士进行的疯狂实验中,邦德的女友哈妮·莱德被杀害。许多媒介批评家认为,小说中的 M 是一位女人,字母 M 代表母亲(Mother)这个词。在最近的邦德电影中,朱迪·丹奇扮演 M,这个角色的重要性也日益剧增。

托尼·贝内特(Tony Bennett)和珍妮特·沃尔科特(Janet Woollacott)在他们的《邦德与超越:一个流行英雄的政治生涯》(*Bond and Beyond*: *The Political Career of a Popular Hero*)(1987)一书中探讨了邦德的俄狄浦斯(恋母)情结。他们写道:

在《雷霆谷》(*You Only Live Tufice*)中,邦德持续经历一个特别强烈的阶段即无法解决的恋母情结危机。事实上,《雷霆谷》和它的续集《金枪人》(*The Man With the Golder Gan*)明确演习了俄狄浦斯神话。在《金枪人》的开篇中,邦德被送往异乡,被赋予新的名字,像俄狄浦斯一样失去了记忆,他不知道自己的真正身份和家世,并且最终离开了收养他的 Kissy,重返故乡(在途中曾被克格勃俘获并被洗脑),他曾在那里试图杀死 M。(pp. 125—126,原文斜体)

正如作者所说的,邦德在冒险中不断受到俘获他的强大人物的象征性阉割威胁。贝内特和沃尔科特建议我们在邦德的冒险中找到俄狄浦斯情结(恋母情结)主题是因为弗莱明并没有解决他的俄狄浦斯情结问题,即过分迷恋母亲而敌视父亲。在邦德小说和电影中,邦德遇到并被一位美丽的女子吸引。后来,一位强大的、年龄较大的男人俘获了邦德并计划杀害他。小说和电影中邦德总能找到方法逃脱并杀死反面人物,然后与女子建立性关系。

我们可以在许多文章中找到俄狄浦斯情结或恋母情结。这个问题不难解释。如果弗洛伊德的俄狄浦斯情结是正确的话,每个人都会有这种经历。然后这个残留的经历会继续留在剧作家、电影制片人以及所有经历工作的人的潜意识中。从精神分析角度看,我们可以说,无论媒介方式,我们被故事吸引的原因之一是这些故事要么帮助我们解决了我们的恋母情结问题,要么证明我们已经解决了这个问题。

本我、自我和超我

广告中本我冲动与超我限制之间的对抗的图像,明确向我们展示了大脑是如何处理相冲突的压力。当本我想喝唐·培里侬香槟(法国名贵香槟酒)的时候,超我却说"该去工作了"。通过把欲望清单和约束清单放在人脑后,是要我们明白冲突发生在人的大脑中。不论本我想要什么，超我总会说最好去干点别的。这个广告是针对目标受众，足以让我们认识到头脑中发生的无休止的冲突。图中并未提到自我，或许是假设本我会告诉图中的人下次坐飞机的时候要乘坐联合航空。

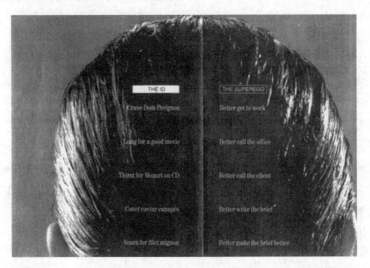

本我、自我和超我（superego）通常指弗洛伊德关于心理功能的**结构性**（structural）假设。查尔斯·布伦纳（Charles Brenner）（1974）对这三种现象进行了简要的解释：

> 我们可以说，本我构成内心的欲望，自我形成个体与环境之间关系的功能，超我形成心灵的道德戒律与理想期望。

> 当然，冲动可以假设是与生俱来的，但是，对于环境的兴趣与控制却并非如此，道德感或理想期望也非如此。显而易见的是，自我与超我是在出生之后才发展出来的。

> 弗洛伊德对此事实的看法是，假定本我在出生时构成全部的心理机能，自我和超我最初是本我的一部分，在成长的过程中逐渐分化出来，构成各自的功能实体。（p. 38）

本我、自我和超我，每一个实体都非常复杂，弗洛伊德和其他人对其发展方式、功能运作以及每一个实体对于个人精神生活的重要性都进行了大量研究，撰写了诸多著作。

弗洛伊德的结构性假设取代了其早期的心理功能理论，即**心形解剖**（topographic）理论。后者将精神分为三个体系：意识、前意识和潜意识（我已经讨论过这几个概念，不过为明白起见，我略过前意识不谈）。根据结构性假设的观点，精神从本质上来说，处于永恒的斗争之中，本我与超我一直都在交战。在交战中，自我想要调节二者（寻找快乐的欲望与遭受惩罚的恐惧、冲动与良心）的冲突，因而倍感煎熬。

弗洛伊德在《精神分析新导论》（*New Introductory Lectures on Psychoanalysis*）中对本我的描述最生动：

我们可以形象地进一步推测本我,将其称之为杂乱无章,或一个沸腾的锅炉。我们假设本我与身体变化过程在某处直接相会,以满足本能的需求,给它们以心智表达(mental expression),但我们说不出其交会的根基所在。这些本能生机勃勃,但它们没有组织,没有统一的意志,仅仅依靠快乐原则来满足本能冲动的需要。(Hinsie&Campbell,1970,p.372)

这种火热的性欲、激情、欲念等等不应该决定我们的行为,因为我们生活的社会与文明要求自我控制。按照弗洛伊德(1962)的说法,实际上文明的约束力强大无比,因此我们也承受了巨大的心灵创痛。

布伦纳(1974)认为,超我"在通常意义上相当于我们常说的良心,它形成人格的道德功能"。他列举超我的功能有:

1. 基于诚实的原则赞成或反对行为与愿望。

2. 深刻的自我反省。

3. 自我惩罚。

4. 要求对错误进行补偿或悔改。

5. 对善行或美意自我表扬或自我爱慕。

不过,我们知道,与"良心"的通常意义相反,超我的功能大部分或全部都是无意识的。(pp.111—112)

因此,超我与本我在立场上背道而驰。在这两个极端之间,自我发挥调和作用,其目的永远在于自保。其做法是将经验保留在记忆中,以逃避的方式避免过度刺激,适应强烈的刺激,从活动中改变现实世界。

我们可以用本我、自我和超我的概念来理解文本。在某些文本中,角色可以基本上视为本我形象,或自我形象,或超我形象。例如,在《星际迷航记》中,我觉得斯波克(Spork)本质上是一位自我的形象,柯克(Kirk)(在德语中,这个名字表示"教堂"的意思)是一位超我的形象,而麦科伊(McCoy)则是一位本我的形象。斯波克是一位无情的火神(emotionless Vulcan),代表纯理性。柯克是船长,决定进程,因此代表超我。而麦科伊非常情绪化,经常根据感情行事,代表本我。

某些文本很容易识别角色是本我、自我还是超我形象。超人(Superman)、迪克·特雷西(Dick Tracy)、天行者卢克等,显然都是超我的形象。而有些文本则比较复杂,如詹姆士·邦德(James Bond)和印第安纳·琼斯(Indiana Jones)。与超我相比,他们更倾向于本我与自我形象。当然,坏人几乎都是本我形象,他们缺乏超我发展,只对满足欲望充满兴趣。他们也许聪明狡猾,精于算计,但没有是非感。

我们也可以用弗洛伊德的结构性假设来考察各种文艺类型。一些电影和电视节目,诸如新闻节目(news shows)、采访节目和纪录片都可以归结为本质上自我的文本。描写警察或传递宗教信息显然是超我文本。而肥皂剧和其他包含性欲的(色情文学、MTV)电视节目与电影都倾向于本我文本。事实上我们并不可能给某一个文本清晰地贴上本我、自我和超我的标签,但在有些时候,特别是面对一个公式化的作品时,这种分类还是有意义的。

结构假说在文化中的应用

表 3.1 中,我用弗洛伊德的结构假说来说明本我、自我和超我是如何应用于一些媒介和文化现象中。

表 3.1　弗洛伊德结构假说的应用

话题	本我	自我	超我
《星际迷航记》	麦科伊	斯波克	船长柯克
城市	拉斯维加斯	波士顿	梵蒂冈城
玩具	芭比娃娃	科学玩具	超人玩具
衣服	比基尼	科学家的白大衣	牧师服装
书籍	吸血鬼小说	科学书籍	《圣经》《古兰经》

也可以用弗洛伊德的本我、自我和超我理论来分析电影、歌曲、社交媒介、英雄和许多其他现象。然后我们可以看出,分析大众媒介和社会文化领域的各种文本都会发现有本我、自我和超我元素。拉斯维加斯广告说,拉斯维加斯发生的事情将留在拉斯维加斯。对于那些想用尽方式放任本我的人来说,这个广告可以看作是一个公开邀请,与此同时,人们也无须担心会受到超我的谴责,同时也不会被任何人发现。

象　　征

记住,精神分析是一门阐释的艺术,它要找出人类行为与所创造艺术的意义所在。我们应用精神分析理论的方法之一,就是理解心灵运作的方式,学会阐释人们和虚构角色在行为背后所隐藏的真实意义。例如,我们可以向自己提问:"哈姆雷特的这句话或那句话是什么意思?"或者"哈姆雷特的无力感是什么意思?"我们想知道"**为什么**"。

这就是象征(symbol)的由来。象征指的是有代表性的事物,其中有许多是隐秘的,或至少是不明显的。象征可以代表某个机构、某种思维模式、某类观念或某种愿望——它可以表征任何事物。因此,男女英雄通常是象征性的,可以就他们所代表的事物进行阐释。象征最有趣的一点就是它与潜意识之间的关系。象征是钥匙,让我们仔细探究,打开遮蔽潜意识感情与信仰的大门。象征是来自于我们潜意识的信息。

欣西(Hinsie)和坎贝尔(Campbell)(1970)界定象征主义(symbolism)如下:

> 用替代物、信号或符号来代表某种秩序或观念的行为或过程。在精神病学中,象征主义具有特殊的重要性,因为它可以作为自我的防御机制(defense mechanism),就像潜意识的(与禁忌的)攻击或性冲动通过符号表征(symbolic representation)来表达,以此逃避审查制度。(p.734)

于是,按照这一理论,我们借着象征掩盖了潜意识的性欲与攻击欲望,使自己免于受到超我的负疚感的约束。

对象征的解释也面临很多困难(在这里我需要提醒的是,心理学也有一些不同的象征理论,这些理论同精神分析思想的许多层面一样,引发了很大的争议)。首先,象征经常模糊不清,每个人都可以根据自己的倾向做出不同的解释。例如,有些人将哈姆雷特的犹豫不决象征没有解开的"俄狄浦斯情结",而其他人则认为象征他的疑心病和极端理性主义。有些人认为哈姆雷特忧郁过度,无能为力,而有些人则认为他发疯[如果你对哈姆雷特"问题"感兴趣,建议你阅读厄内斯特·琼斯(1949)的《哈姆雷特与俄狄浦斯情结》(*Hamlet and Oedipus*),他对于这位象征性英雄提出了相当有趣的、弗洛伊德学派的阐释]。

象征也区分为三种:传统的、偶然的与全球性的。**传统的**象征指通过学习,我们所明白的代表事物的语言。与之相对的是**偶然的**象征,它是个别的、私人的,与个人的人生经历有关。例如,某人可能在法国巴黎发生初恋,巴黎可能就是他爱情的象征(梦中出现的偶然象征使得梦的阐释复杂化,不过,梦中出现的不仅仅是偶然的象征)。最后,**全球性**的象征植根于全人类的经验。许多全球性的象征都与我们的身体、大自然的历程有关。问题的复杂性在于,象征的逻辑并不等同于人们日常推理中所使用的逻辑。

我们可以对梦和大众媒介作品进行比较。长期以来,二者都没有受到重视,对我们没有影响力,也不为我们密切注意。现在我们有了更多的了解。梦常常是视觉性的,因此与电影、电视和漫画等媒介比较最恰当。梦在象征内容分析之后就可以得到解析，就像我们在电影或电视屏幕上做梦一样。对于上述两者，我们可以提出相同的问题：究竟发生了什么情况？我们得到了什么满足？不同的象征角色对我们自身和社会有什么看法？

防 御 机 制

防御机制是对本能的自我控制，是化解焦虑的方法。我们经常使用这些机制，只是很少意识到而已。同样的，许多媒介作品向我们传播各种人类关系，因此，我们收看或阅读的许多角色（通常）可以用防御机制加以阐释。也就是说，如果我们将角色的行为与其维持平衡的防御机制相联系，就可以对其行为有更深刻的了解。我们同样也可以根据防御机制的观点，理解我们对大众媒介入迷的情形。

下面列出几种比较重要的防御机制，简要描述如下：

- **情感矛盾**（ambivalence）：对同一个人或同一件事物同时产生爱恨夹杂的感情。有时候这些感情急剧交替，以满足矛盾愿望的期盼。
- **逃避**（avoidance）：拒绝面对令人烦恼的对象，因为这些对象与潜意识的性欲或攻击冲动相关。
- **否认或否定**（denial or disavowal）：从意识中隔离或沉溺于一厢情愿的幻想中，拒绝接受产生焦虑的现实状况。
- **执着**（fixation）：一般而言，由于曾经的创痛经历而引起对某物的执迷或过度依恋。
- **认同**（identification）：在思想或行为上要"像"某人或某物一样的欲望。
- **投射**（projection）：试图否认某种负面或敌视的感情，而将感情转向另外一个人。因此，一个人恨甲，会将仇恨投射到乙，认为乙就是应该恨的人。
- **理性化**（rationalization）：对无意识或非理性决定而产生的行为给予逻辑的推理或借口（这个术语是厄内斯特·琼斯介绍到精神分析研究的）。
- **反向**（reaction formation）：两种对立态度并存，问题产生时，就会产生反向态度。因此，某种态度被压制，进入潜意识中，并没有消失，却强烈采取另一种态度（其对立相反的态度）。例如，某人可能对另外一个人爱恨交加，仇恨可能进入潜意识，通过过多的溺爱而保留在潜意识中，这样表现出来的是对那个人的爱意，于是发生反向作用。
- **回归**（regression）：当面对产生压力或焦虑情景时，回到人生成长过程的早期阶段。
- **压抑**（repression）：潜意识的本能愿望、回忆、欲望等受意识的排斥禁止。这被视为最基本的防御机制。

- **抑制**(suppression)：下决心把令人痛苦的某事物排斥在心灵与意识之外。这是第二个最基本的防御机制(因为抑制是主动的,被抑制的事物很容易被意识唤起,与被压抑的事物相反,后者很难被唤醒到意识的层面)。

在此我举出一个关于回归退化的例子,来说明媒介分析家可以怎样利用防御机制的知识。几年前,我在一篇分析文章中对比了"吃豆先生"(Pac-Man)和此前几种电视游戏,如"宇宙入侵者"(Space Invaders)。"吃豆先生"是美国最流行的视频游戏,而且风行时间超过了一年,这也是我分析它的原因之一。

在"宇宙入侵者"的游戏中,玩家飞过广阔的天空,阻击入侵的太空人。这个游戏有两个重要之处:首先,飞行是自由的;其次,游戏属于阴茎期(phallic)的范畴。另外,"吃豆先生"限制于一个被圈起的区域,"攻击"指的是吃东西。换句话说,"吃豆先生"的攻击属于口腔(oral)性欲期的范畴。于是,我们在"吃豆先生"中得到的是从阴茎向口腔的回归退化,而"宇宙入侵者"则采取战斗的方式,从天空自由地角逐转变为受困于迷宫之中。从发展的角度来看,"吃豆先生"就是一种回归退化。

这种退化的意义引发了有趣的问题。如果退化不是病态的,那么它常常会试图逃避某种焦虑,是一种"为自我服务的"、绝对正常的行为方式。"吃豆先生"的流行或许说明,从某种程度上讲,大量的美国年轻人(虽然他们不是唯一玩游戏的人)正在经历某种焦虑,他们在用这种游戏来消解他们的焦虑。让人好奇的是,退化与执着之间常常存在着相关的关联,所以许多人玩游戏时不知疲倦、无始无终就不令人惊奇了。

退化和上述其他概念都可以用在电影、电视节目以及媒介文本的其他方面,用来分析角色的行为。这些概念可以帮助我们理解人类的动机,丰富并加深我们对于媒介的分析能力。

防御机制是自我的功能,自我利用防御机制来对抗本我。当本我威胁到自我,产生焦虑时,自我就采取一切手段来压制本我。至于什么可以正确地称之为防御机制,精神分析阵营里仍然存在很大的分歧,然而大家公认以上列出的几点是防御机制相当重要的概念。

马丁·格罗特雅恩对恐怖电影的看法

弗洛伊德精神科医生马丁·格罗特雅恩(Martin Grotjahn),提供了有关恐怖电视文本的有趣探讨,展示了防御机制是如何发挥它的重要作用的。在潜意识层面,恐怖会吸引我们观看电视节目——这里的节目也可以换成其他诸如小说、电子游戏和电影等文本。他在《符号之声》（*The Voice of the Symbol*）（1971）写道：

> 只有当我们考虑到孩子对恐怖节目既想看又害怕看的动态时，才能理解恐怖节目的魅力。当长期压抑的童年恐惧成真时，就会产生恐惧。孩子们害怕鬼魂或死人归来。他害怕想法成真，或者那些神秘信仰被证实生效。幻想可能不再局限于潜意识，而可能成为电视屏幕上的真实事件。人脑中都充满了危险的、邪恶的愿望和想法，它们会突然从压抑中显现出来并变为真实；实际上我们可以从屏幕上看到这些。将压抑的情感表现（投射）为电视屏幕上的符号形式，这为我们克服潜意识提供了难得机会。电视可以开发新的艺术表现形式，可以打开一个全新的交流领域。（p. 9）

格罗特雅恩认为，与现场戏剧表演相比，电视专注于娱乐大众。他认为，这让我们更直接面对意识与潜意识的冲突。

通过格罗特雅恩对恐怖电视节目的分析，我们了解了为什么恐怖节目会吸引如此多的人以及恐怖与防御机制的关系，例如压抑和投射。我建议回到童年的恐惧中，我们会发现压抑的元素与对恐怖节目的迷恋有关。这意味着潜意识层面，我们试图通过看恐怖节目或电影来战胜童年的恐惧。当生活变简单，当我们经历了父母和他人无条件的爱和赞赏时，当我们不必为获得身份认同、谋生、成熟后的责任感等类似问题奋斗时，我们可能会从压抑中获得乐趣。

梦　境

如果不太牵强的话，梦境与许多媒介虚构作品，特别是**活动图像**（moving-image）媒介，如电影和电视，二者之间可以加以比较。梦境就像电影与电视节目，是由图像构成，通常有故事结构（虽然可能晦涩古怪，令人难以理解）。根据埃里克·弗罗姆（1957）的观点：

> 梦可以说是以幻想的方式来满足非理性的愿望，尤其是源自童年、尚未转化为反向或升华的性欲。当我们的意识控制微弱时，譬如在睡觉的时候，这些愿望就显现出来，好像得到了满足。（p. 67）

这种情况更为复杂,因为我们不准自己梦见某些事物,这暗示了某种检查机能在运作,阻止某些禁忌的想法赤裸裸地出现。这就是象征的由来(我们在前面已经讨论过)——象征允许我们避开内在的监察系统,偷偷地呈现"禁忌的"事物。弗罗姆指出,大部分的象征都是有关性爱方面的:

男性生殖器以木棍、树、伞、刀、铅笔、钟、飞机和很多其他物品作为象征,以其形状或功能表示。同样的,女性生殖器则以洞穴、瓶子、盒子、门、珠宝盒子、花园、花卉等等象征。性爱的愉悦则以跳舞、骑马、攀登、飞行等为象征。脱发或掉牙齿则是阉割的象征。除了性爱的因素外,象征也表达儿童的基本经验。国王与王后是父亲与母亲的象征,而小动物象征着儿童,旅行象征着死亡。(pp.68—69)

很多人觉得弗洛伊德的这个理论十分荒谬可笑,这在很多圈子里给弗洛伊德与精神分析理论落下了不好的名声。因此,弗洛伊德因为这个理论遭到人们的贬斥,这些人通常不读他的著作,或知之甚少。就普通人或对那些不了解精神分析领域的人而言,把铅笔或香烟看作生殖器的看法简直是荒谬。精神分析理论的优点之一,就是可以将这类行为解释为压抑,拒绝承认性欲与精神其他层面的行为。

许多弗洛伊德的批评家在引用他的这句话时感到满意:"有时候香烟仅仅是香烟而已。"当别人用弗洛伊德派的象征解释将某件事物或艺术品作为生殖器象征时,他们就会把这句话搬出来。我曾经认为,华盛顿纪念碑就是纪念国父的巨大垂直杆状物,很明显它是一个阴茎的象征——不过我相信,设计纪念碑的人肯定没有这种念头。引用过香烟的批评家回应道:"哈哈!"

我的观点是,如果有时候香烟仅仅是香烟而已,那么在别的情况下,香烟就**不纯粹**是香烟了。你不能同时具备两种情况。对于无意识的心灵来说,某物代表香烟或许让你觉得可笑,但如果你要证明某些情况下生殖器的象征是不正确的,那么你就必须承认,在其他情景下,某物是生殖器的象征是正确的。

总之,我们发现梦境必须加以解释,解释必须符合做梦者的生活。梦者以自由联想的方法(揭示他/她心中的所有想法)对梦境进行解构,可以帮助我们找出梦境的真正意义。埃里克·弗罗姆(1957)认为:

这种表达内心隐藏欲望的真实梦境,弗洛伊德称之为"隐意梦"(latent dream)。我们所做的扭曲的梦境称为"显意梦"(manifest dream),而扭曲的过程称之为"梦的运作"(dream-work)。梦的运作将隐意梦转化为显意梦的主要机制为凝缩(condensation)、转移(displacement)以及二度校正(secondary elaboration)。弗洛伊德所谓的凝缩,指的是显意梦比隐意梦时间更短的事实。显意梦遗漏了隐意梦的大量因素,综合了许多片断因素,将其浓缩为显意梦中的一个新因素……弗洛伊德所谓的转移,指的是隐意梦的一个要素,常常是一个很重要的因素,用显意梦中的一个细微要素来表示,通常是表面上很不

重要的因素。(pp.69—70)

　　补偿过程包括填补梦中的空白、修补矛盾之处等，使显意梦更加完整。有两件事让梦的解析特别困难：梦中的要素通常代表相反的含义，而且，显意梦并非是前后一贯的剧情故事，而是一连串无关联的形象。因此，梦境对于分析家而言特别难以解释，他们必须了解梦境如何伪装并扭曲事物的真相，能够使梦境与梦者的生活发生关联。

　　法国思想家雅克·拉康(Jacques Lacan)[1]指出，隐喻(metaphor)与转喻(metonymy)的符号学概念可以帮助我们理解梦境。拉康认为，凝缩类似于我在前面第1章讲过的隐喻，而转移则相当于转喻。在凝缩和隐喻中，我们让概念互相配合；而在转移与转喻中，我们用一物替代另一物。在潜意识的属性这一点上，拉康(1966)不同于弗洛伊德。弗洛伊德认为，潜意识是杂乱无章的，是在没有语言能力之前形成的；而拉康则认为"潜意识具备像语言一样的结构"，认为符号学与语言学可以用来了解潜意识的运作方式。

　　一些研究者最近指出，弗洛伊德认为梦是对经历的反映，以愿望达成作为基础，这种观点可能并不完善。不管怎样，他提出的梦境运作方式以及凝缩与转移在梦境中发挥的作用，这些观点已经在媒介分析研究中得到了有趣的运用，研究媒介怎样影响个人，并经由个人影响社会。

　　如上所述，很多媒介内容与梦境有相似之处——分析媒介作品时，我们必须寻找扭曲与伪装之处，我们必须关注潜意识与审查制度，我们必须把发现的媒介内容与做梦者的个人历史加以联系，这就同时涉及到做梦者的经历与社会情况，而且，我们还必须认识到创作者的心理与解析者的心理影响，如此一来，情况就变得更为复杂。

　　我们可以假设，除了艺术家/创作者与观众/接受者之间的表面传播之外，双方还存在潜意识的或下意识的传播。所以，媒介内容最重要的层面，也许深藏不露，难以察觉。故而有关精神及其运作方式的知识就显得更为重要了。

凝缩和转移

　　如上述所言，梦的符号性内容是通过两条重要的途径（凝缩和转移）来呈现的。查尔斯·布伦纳(Charles Brenner)在他的《精神分析入门》(*An Elementary Textbook of Psychoanalysis*)(1974)一书中说："'凝缩'(condensation)这一概念是指通过一个词或一幅图，或者只是其中一部分，来呈现几个观点或几幅图。"(p.51)弗洛伊德在《梦的解析》(*The Interpretation of Dreams*)(1900/1965)中对这一过程进行了描述：

---

　　① 雅克·拉康(Jacques Lacan,1901—1981)，精神分析学中的结构主义代表人物，被认为是"法国的弗洛伊德"，同时也是后现代心理分析中最重要的人物。他将索绪尔的语言学与弗洛伊德的深度心理学融合在一起进行研究。根据网络资料整理。——译者注

在比较"梦的隐意"和"梦的显意"时,首先值得我们注意的就是梦的工作里包含了大量的"凝缩作用"。与那丰富多彩的"梦的隐意"相比之下,"梦的显意"就显得非常乏味和概括了。如果对梦的记录需要半张纸的话,那么记录经过解析后所得的"梦的隐意"就得用六张或八张甚至是十张纸。(pp.312—313)

弗洛伊德说,这也是不完整的。他认为,要完全彻底地分析和解释梦是根本不可能的事情。

布伦纳(1974)将"转移"(displacement)定义为"用局部表征总体,或者用总体表征局部,或者,总体来说,一个观点或者图像被另外一个与它相关的图像联系起来"(p.51)。因为我们不想直接面对某种特定的现象,这可能会惊醒我们,而符号性的替代会让我们感受到的威胁性少一些,所以我们会在梦中使用转移作用。我们努力想要替代的是什么呢?布伦纳(1974)写道:

可能被表征为一个符号的东西并不多。它包括身体和其组成部分,尤其是性器官、臀部、肛门、泌尿器官、消化道和乳房;直系亲属,例如母亲、父亲、兄弟姐妹;特定的身体功能和经历,例如性交、撒尿、排便、吃饭、哭泣、发怒和性冲动;出生;死亡;以及其他的一些东西。读者会注意到,这些都是小孩子会感兴趣的事情,换句话说,这些都是一个人在自我尚未成熟的时候非常重要的事情。(p.52)

CONCAVE

意识到这些过程在大众媒介梦幻般的文本(例如情景喜剧、肥皂剧、商业片、广告、体坛盛事、间谍故事、犯罪秀和其他很多种类的文本)中也同样存在是非常重要的,这解释了我们为什么能够如此强烈地痴迷媒体。好莱坞也被称为"梦工厂",在电影中起到重要作用的两个过程就是凝缩和转移。

侵犯与犯罪

弗洛伊德的著作之一《文明及其不满》(*Civilization and Its Discontents*)(1962)一书中,对于人们的侵犯性做了如下解释:

人类不是那种渴望被爱、受攻击时至多能保护自己的温和动物。相反,人类是具有强大侵犯性天赋本能的动物。结果,人类视邻居不仅是潜在的对手或性欲目标,而且从侵犯他人那里满足私欲,在工作中进行剥削,不加补偿,强行发泄性欲,不征得对方同意,强夺财物,欺辱踩踏,造成创痛,折磨杀戮。人对人就像狼对狼。(p.58)

弗洛伊德这段话说明，侵犯性是人的本能，但次于更基本的本能。他用"孔武有力的本能成分"的说法让我们明白这个道理。我们知道，这种侵犯性的威胁，会瓦解甚至毁灭社会与文明，因此一种强大的对向力就生成了。弗洛伊德解释说，这种力量就是犯罪（guilt），而犯罪是转向自身的侵犯：

> 我们另一个关心的问题……文明用什么方式阻止对立的侵犯性，使它变为无害，或者摆脱它？人类的侵犯性发自内心深处。事实上，它回归到了最初的起点——指向自己的自我。于是，侵犯性由自我控制，对抗自我的其他称为超我的部分，以"良心"的形式随时对抗自我，其伤害程度不亚于对他人的侵犯……因此，文明采用两种方式来争取对个人侵犯欲望的支配控制：(1)将其削弱消除；(2)建立一种内在机制加以监视，就像在攻克的城市中派驻警卫一样。(pp.70—71)

事实上，弗洛伊德认为，我们不得不感到罪孽深重，以至于有时候心灵受到创伤，无法感受到幸福。文明的"代价"太高——我们不得不放弃太多的事物（尤其是我们的性欲），我们深受犯罪感的折磨。

于是，幽默应运而生，因为我们凭借幽默形成一种方式，让我们自己以掩饰某些侵犯行为来从中取乐，进而逃避犯罪感。弗洛伊德（1960）在其名著之一《笑话及其与潜意识的关系》（*Jokes and Their Relation to the Unconscious*）中非常精细地分析了幽默。弗洛伊德偶尔涉猎幽默研究，这是一个从未得到满意解释的主题，因为他志不在此，他的兴趣在于精神、潜意识和人的侵犯性。弗洛伊德认为幽默包括掩饰性的侵犯。此类幽默掩盖了攻击，因此本我可以享受侵犯而不必担心超我对侵犯产生负疚感。马丁·格罗特雅恩在其著作《超越笑声：幽默与潜意识》（*Beyond Laughter：Humor and the Subconscious*）（1966）中对幽默进行了探讨，该书扩展了弗洛伊德对幽默的观点，并将它们应用到许多相关主题中，例如幽默感与创造力、小丑、幽默与治疗。

LINCO(L)N　　VATICON　　CONDOM

刻板成见与攻击性幽默

在民族、种族、职业、性取向和宗教相关的笑话中，我们可以清楚地看到刻板成见。刻板成见是人们对群体成员的积极的、中立的或消极的观点。关于刻板成见的笑话，其内容倾向于负面。我将提供一些与刻板成见相关的笑话和幽默文本。

联合国要求各个国家写关于大象的书。联合国收到了以下书籍：法国人写了一本名为《大象的爱情生活》的书，英国人写了一本名为《大象与英国社会阶级》的书，德国人写了一本名为《大象历史简介》的五卷系列，意大利人写了《大象与文艺复兴》，美国人写了《如何将大象饲养得更大更好》，以色列人写了《大象与犹太人的问题》。

两个男人与一个女人落难荒岛。如果他们是西班牙人，两个男人会决斗，活下来的人会得到这个女人。如果他们是法国人，其中一个男人会成为女人的丈夫，另一个男人会成为女人的情人。如果他们是英国人，什么都不会发生，因为没有人介绍他们，因此他们也不会互相交谈。如果他们是意大利人，两个男人会通过玩扑克牌来决定谁将拥有女人。如果是希腊人，两个男人会争论政治问题而忘记女人。

所有这些笑话都是对不同民族的诽谤。很多陈套话一类的幽默比这些笑话更不友好更充满敌意，例如那些关于波兰人和犹太裔美国公主的。笑话和谜语在传播刻板成见中发挥重要作用，还有那些为了突出人物行为和动机而使用刻板成见的电影和电视节目。

弗洛伊德与超越

自弗洛伊德开始研究人格，许多年来精神分析理论有了许多新的发展。史蒂芬·米歇尔(Stephen A. Mitchell)和玛格丽特·布莱克(Margaret J. Black)(1996)在他们的《弗洛伊德与超越：现代精神分析思想史》(*Freud and Beyond：A History of Modern*

Psychoanalytic Thought）一书中写道：

弗洛伊德理解和实践精神分析的方式很少保持不变。他理论的主要支柱——本能驱力、俄狄浦斯情结为中心、性别和侵略的动机优势，都受到了挑战，并在当代精神分析

思想中发生了根本性转变。弗洛伊德的基本技术原则——分析中立、有意阻止病人的愿望满足、向幼儿神经症的退行，在当代临床医生那里也同样被重新界定、修正和改变。(p. xvii)

在精神分析理论中，像其他所有理论一样，已经有了一些新的认识和改变，但是弗洛伊德的观点和他的开创性发现仍然是媒介评论的核心。我们接下来转向精神分析理论的另一个巨人荣格及其作品。

荣格精神分析理论

卡尔·荣格(Carl Jung)可能是继弗洛伊德之后最重要的精神分析理论家。起初他与弗洛伊德合作过，后来由于观点不同而分道扬镳，创立了自己的**分析心理学**（analytic psychology）。他对那些以各种方式帮助人们的许多概念进行了精辟论述，这有助于我们对文本的分析。这类概念简要介绍如下：

原始意象

荣格认为，原始意象(archetype)[1]是在梦境、神话、宗教和艺术作品中发现的普遍性主题。原始意象独立于个体的个人无意识而存在。它们与过往的历史相关联，荣格推论道，在所有人中间存在一种所谓的集体无意识（collective unconscious）。荣格认为，原始意象是一种无意识，我们意识到原始意象，仅仅是由于它们在梦境、艺术品、日常情感经历中出现的形象。我们将自己与这些形象用各种方式相联系，一瞬间，我们认出来了。正如荣格(1964)所言：

我们正确地将本能称之为生理冲动（physiological urge），甚至本能可以被感官感觉到。但与此同时，它们也会在幻想当中得到证明，只有通过象征形象才能揭示其存在。这种证明就是我所说的原始意象。它们没有确切的起源，随时随地传播自己。即便是传播必须被取消的时候，它们仍能够以直系血亲或"杂交"（cross fertilization）通过转移的方

---

① 又译"原型"。——译者注

式来传播。（p.69）

荣格认为"英雄形象就是一种原始意象，从远古以来一直都存在"（p.73），同样当人们生活在和平与富裕的时代，天堂或者过去"黄金时代"的神话同样也适用。

集体无意识

荣格提出的原始意象的来源就是他所描述的集体无意识。荣格（1964）认为，与本能有相似之处：

> 我们并不期望每个新生的动物创造出自己的本能作为个人技能，我们也不能设想人类为每次新生的婴儿创造独特的人类方式。和本能一样，人类精神的集体思维模式是内在和遗传的。当情况发生时，它们会以几乎相同的方式在我们身上发挥功能。（p.75）

荣格认为，这可以解释为什么神话具有普遍性，以及某些主题或动机在整个历史与世界各地的艺术作品中都能找到的原因。不得不指出，荣格关于原始意象、集体无意识、神话的普遍性等观点在学术界尚存在很大争议，许多心理学家以及其他学者都对此有过论述。例如，根本不可能证明集体无意识的真实存在。

英雄神话

英雄在荣格思想体系中占了重要地位，它是集体无意识的原型和证明。著名的荣格派学者约瑟夫·亨德森（Joseph L. Henderson）（1964）写道：

> 英雄神话是世界上最常见、流传最久远的神话。我们在希腊和罗马的经典神话中找到了英雄神话，在中世纪、在远东、在当代的原始部落同样找到了英雄神话。它还出现在我们的梦境中。
>
> 这些英雄在细节上千差万别，但是越仔细观察，就越能够发现其结构上的相似之处。也就是说，尽管神话由不同的团体或个人所发展，彼此之间没有任何直接的文化联系，但它们依然具有一种普遍性的模式。每个人都听过无数遍这类童话：男主角能够创造奇迹，却出身卑微，他幼年具有超人力量，他的地位或力量迅速提高，他与邪恶势力的斗争胜利，他由于骄傲犯下错误，他因背叛而失败或是"英勇的"牺牲导致了他的死亡。（p.110）

这种描述适用于所谓的悲剧英雄。绝大多数英雄，尤其是大众媒介中的英雄，一般不会屈服于骄傲的错误，他们总会不停地与敌人做斗争，而敌人总会表现出令人难以置信的规律性。亨德森认为，英雄神话能够帮助个人培育他们的自我意识，让他们在长大之后能够处理难题。英雄形象以分离与个人主义来帮助人们摆脱父母与监护人的形象，这也是英雄形象在历史上随处可见，以及地位重要的原因了。

精神中的阴影因素

荣格所谓的阴影（shadow）指的是人类精神中的阴暗面，它通常被隐藏于意识之外，不过它最终必须被人们认识并加以解决。亨德森（1964）这样解释荣格所理解的阴影：

> 荣格博士认为，阴影是个人有意识的心灵的投射，它包括隐含的、压抑的以及令人不愉快的（或邪恶的）人格层面。但这种阴暗面并不仅仅是有意识的自我的简单对立。就像自我含有令人不快的与破坏性的态度一样，阴影也具有一些良好的品质——正常的本能和创造性的冲动。自我与阴影虽然是分开的，但却真正互相关联，无法分离，因为人的思维与感情是以相同的方式联系在一起的。(p. 110)

于是，根据荣格的观点，在人的精神中，阴影与自我展开了一场解救大战。英雄提供解救的工具（或英雄本身就是工具），自我因此象征性地"把成年男子从回归的渴望，解放到婴儿的极乐状态中，在那个世界里，他的母亲才是统治者"（Henderson，1964，p. 111）。

弗洛伊德学派并没有这种观点，但我们很容易发现这是对弗洛伊德所谓潜意识观点的暧昧模仿。阴影与自我争夺支配权的斗争，可以与弗洛伊德学派的本我与超我斗争、自我充当调节的理论相对照。荣格的阴影似乎比弗洛伊德的本我更加消极，但二者都被认为是创造性活动的来源。

阿尼玛与阿尼姆斯

在荣格学派思想中，阿尼玛（anima）[①]代表所有男性身上发现的女性因素，而阿尼姆斯（animus）代表所有女性身上发现的男性倾向。荣格学派认为，这种双重性在两性体（身上同时具备两性器官的人）、巫师、女祭司、巫医以及萨满教僧身上都有体现。荣格学派理论家 M-L. 冯·弗朗茨（M-L. von Franz）（1964）谈过灵魂与意图对于人格、艺术以及

---

① anima 和 animus 在拉丁文中分别是"呼吸"和"心灵、精神"的意思。荣格在分析人的集体无意识时，发现无论男女，在无意识中，都好像有另外一个异性的性格潜藏在背后，所以一个大男人往往也会有更为阴柔的女性化的一面存在，反之，一个弱不禁风的柔弱女性，亦会有理性及刚强无比的阳性化一面隐藏其中。荣格形容男人的女性一面为阿尼玛（anima），而女人的男性化一面为阿尼姆斯（animus），同指内藏的灵魂之意。根据网络资料整理。——译者注

相关方面的影响：

阿尼玛最常见的证明通常都是性幻想。男性可能会通过看电影或看脱衣舞（strip-tease）节目，或者是看色情内容做白日梦，以此来满足自己的性幻想。这是阿尼玛粗俗而原始的层面，只有当他的情感没有获得充分满足时——当他对生命的情感态度仍停留在婴儿阶段时，灵魂才会发展为强制性的关系（pp.179—180）。

冯·弗朗茨认为，阿尼玛也具有积极的一面，能够帮助人们找到合适的配偶，探索他们的内在价值，引导他们进入自己精神领域的深层思索等。阿尼姆斯对于女性发挥着同样的功能。冯·弗朗茨认为，阿尼姆斯从本质上讲是由女性的父亲形成的，它既有积极的影响，也有消极的效果。它能够导致冷酷、固执与吹毛求疵的行为，但同时也能帮助女性发展内在力量，对生活采取进取的方式，同男性以积极的方式相处。

在埃利斯·卡什莫尔（Ellis Cashmore）与克里斯·罗杰克（Chris Rojek）的《文化理论词典》（*Dictionary of Cultural Theorists*）（1999）中总结了荣格的理论和贡献。

荣格提到，弗洛伊德的分析过程的一个基本部分是基于对梦境的分析，他在这个主题上发表了大量文章。荣格还将个体化的过程视为个体自我认识的路径。根据荣格的理论，每个人生来都具有完成自我实现的渴望，而通过外部影响（影响来自与个人联系密切的他人或社会压力）抑制这种渴望是造成个人功能障碍行为的根本原因。因此，可以用人格面具与阴影来描述一个人的性格。人格面具在个人与世界之间进行调节，阴影代表人心中压抑而没有显示出的那部分人格。个体都有男性特质和女性特质的一面，称之为阿尼姆斯与阿尼玛。对男性来说，男性特质（阿尼姆斯）留在于意识层面，而阿尼玛存在于无意识中；对女性来说，则与之相反。在后期职业生涯中，荣格对原始社会的宗教、神话和仪式产生了极大的兴趣并博学于此，因此在与弗洛伊德分裂后，他更关心去解释社会而不是个人心理学……荣格的后期作品都与之相关，并导致了近几年来荣格心理学在同类心理学中的复苏与盛行。的确，荣格心理学为"新时期"心理学和精神学提供了基础。（p.262）

荣格在漫长的职业生涯中出版了许多书，其中最值得一读的是文中多次引用的《人与他的符号》（*Man and His Symbols*）（1964）。

精神分析之于媒介：一点告诫

心理学的研究范围既广泛，内容又复杂，因此要将精神分析概念应用于媒介上，实在是问题重重。正如任何一门学科一样，这同样会存在着理论上过于简单化的问题。在本章中我想指出精神分析理论最基本的概念可以应用于媒介分析的方法——如何了解人类的动机，如何了解我们阅读、观赏与倾听媒介内容的反应。

由于精神分析思想派别林立，各有分歧，而且一般大众并不熟悉精神分析学家所阐述的概念，故而常常以敌视的态度相对待，所以精神分析批评困难重重，难以进行。然而，除了应用精神分析概念之外，对于电影《金刚》（*King Kong*）①或电视剧《星际迷航记》或舞台剧《哈姆雷特》等迷人的作品，我们怎样了解赏析呢？

西蒙·莱塞（Simon Lesser）在《小说与潜意识》（*Fiction and the Unconscious*）（1957）中指出，文学可以应用于各种媒介：

> 从运用于文学研究的角度而言，精神分析的突出特点是对人性进行深入探讨，比如，人类行为的情感、潜意识或只能部分感知的行为基础，而这正是最伟大的小说家殚精竭虑要努力的方向。精神分析与其他心理学不同，反而像索福克勒斯（Sophocles）、莎士比亚（Shakespeare）、托尔斯泰（Tolstoy）、陀思妥耶夫斯基（Dostoevsky）、梅尔维尔（Melville）和霍桑（Hawthorne）等作家一样，关注一些激动人心的、非理性的力量对于我们命运的重大影响，以及我们常常无法控制与引导的情况。精神分析让我们对这些力量有了全面与明确的认识。（p.15）

接着，莱塞说明受众对小说与一般媒介的反应，他写道：

> 我的假设是，当我们阅读时，至少无意识地**理解**了故事中的一些隐秘的意义。我们之所以感到愉悦，或多或少是这种了解的结果。但有些读者想进一步对故事的后果进行解释，表达心得体会。我相信上述批评的行为肯定与阅读经验本身极为不同，反而与精神分析的概念相关，非常有价值。如果没有精神分析的概念，读者的反应不可能进入批评理论的境界——读者得以阐释一些直觉的、即兴的、常常难以言表的反应，并且找到解释故事中这些反应的关键要素。（p.15）

最后，我要强调，本章的目的不在于详细阐述精神分析的方法，而在于运用精神分析批评理论了解和阐释媒介内容与受众反应——这是值得再三思考的建议。

---

① 《金刚》（*King Kong*）是好莱坞影史上最具代表性的怪兽形象影片。影片描述了一个电影摄制组在孤岛上发现了"金刚"——像楼房一样高大的猩猩，并把它带入闹市展出。不幸的是"金刚"爱上了女演员安·达罗，劫持她爬上帝国大厦，最后被一架飞机撞死。在片中，"金刚"爬上当时纽约最高的帝国大厦成为影史上的经典镜头。影片上映后引起极大社会反响，不仅颠覆了以往的拍摄方式，更让观众对视觉冲击有了新的认识。《金刚》的出现使科幻恐怖片进入"黄金时代"，这一影片的火爆正是因为它适应了当时人们惶惑不安的心情。《金刚》所带来的恐慌代替了现实中的失业、挨饿、死亡，在影片结尾，随着怪物的灭亡，似乎生活中的困境也一扫而光。1976年，影片被重拍。根据网络资料整理。——译者注

讨 论 题

1. 什么是潜意识?

2. 人的精神生活经常与冰山进行比较。画出冰山,指出怎样用它来理解人的精神生活。

3. 迪希特如何解释打火机的用途? 这种解释与精神有什么关联?

4. 根据弗洛伊德的理论,列出并讨论人成长的四个阶段。

5. 根据弗洛伊德的理论,什么是肛门性欲(anal eroticism)?

6. 对弗洛伊德的心形解剖假设与结构性假设进行对比分析。

7. 什么是俄狄浦斯情结? 怎样用俄狄浦斯情结解释莎士比亚的《哈姆雷特》?

8. 弗洛伊德对于象征的观点是什么? 怎样在梦境中运用象征功能?

9. 描述并解释凝缩、转移和二次校正。

10. 列出并简述六种重要的防御机制,并说出每种机制的作用。

11. 精神怎样处理罪恶感? 幽默是怎样出现的?

12. 荣格对于原始意向、集体无意识、阴影以及阿尼玛与阿尼姆斯的观点是什么?

13. 从精神分析的角度来分析媒介时,我们应该注意什么?

参 考 文 献

Appignanesi,Richard. (1979). *Freud for beginners*. New York: Pantheon.

这本漫画书解释了弗洛伊德思想的基本原理。

Berger,Arthur Asa. (2000). *The Hamlet case: The murders at the MLA*. New York: Xlibris.

在这本漫画学术小说中,一个疯狂的英国教授谋杀了他主编的莎士比亚研究杂志的所有编辑委员会成员,但在此之前,他们每个人(符号学者、精神分析理论家、马克思主义评论家、社会学批评、女性主义批评、历史评论家和文学理论家)都提供过关于哈姆雷特的不同的解释。

Bettelheim,Bruno. (1977). *The uses of enchantment: The meaning and importance of fairy tales*. New York: Vintage.

这是精神分析理论(特别是弗洛伊德理论)应用于文学流派的精彩范例。该书第二部分对西方一些重要的童话故事进行了广泛而有见地的研究。

Brenner,Charles. (1974). *An elementary textbook of psychoanalysis*. Garden City, NY: Doubleday.

这是精神分析理论的经典教材,具有权威性,易于阅读和理解。

Frued,Sigmund. (1963). *Character and culture*(Philip Rieff, Ed.). New York: Collier.

这是弗洛伊德的一部有关民间传说、神话、文学和艺术的作品集;也就是说,是弗洛伊德理论运用于文化现象的一部著作。

Freud, Sigmund. (1965). *The interpretation of dreams*. New York：Avon.

第一版出版于 1900 年。它是弗洛伊德最伟大的著作——对梦的性质及其在我们生活中的角色进行了令人入迷而又富有争议的分析。弗洛伊德对象征、凝缩、转移和二次校正的讨论对那些对视觉传媒感兴趣的人很有帮助。

Fromm, Erich. (1951). *The forgotten language*：*An introduction to the understanding of dreams, fairy tales and myths*. New York：Grove.

弗罗姆对神话和梦做了有趣的研究，并对荣格和弗洛伊德的观点进行了深入对比。

Garber, Marjorie. (1993). *Vested interests*：*Cross-dressing and cultural anxiety*. New York：Harper Perennial.

该书对装扮(cross-dressing)这一行为在平面小说、电影、电视和日常生活的各个方面进行了讨论，内容丰富，知识面广，引人入胜。

Grotjahm, Martin. (1966). *Beyond laughter*：*Humor and the subconscious*. New York：McGraw-Hill.

这项对幽默和一般大众文化的引人入胜的研究涵盖了许多领域，论述了许多有趣的话题。

Grotjahm, Martin. (1971). *The mice of the symbol*. New York：Delta.

该研究探究了象征在媒介、艺术、梦和精神分析理论中所发挥的作用，全书各章内容涉及电视、作为象征的俄狄浦斯、中世纪基督教艺术以及精神分析理论中的象征等。

Erikson, Erik. (1963). *Childhood and society*. New York：W. W. Norton.

此书涉及的是埃里克森的经典研究，关于童年的意义和儿童长大后面临的问题。

Erikson, Erik. (1968). *Identity, youth and crisis*. New York：W. W. Norton.

在此书中，埃里克森将他的注意力集中在我们成长过程中面临的危机以及在此过程中寻找一个令人满意的身份上。

Jones, Ernest. (1949). *Hamlet and Oedipus*. New York：W. W. Norton.

这是一部使用弗洛伊德理论对《哈姆雷特》进行解读的经典著作，是由弗洛伊德传记的作者写的。这是精神分许案例如何运用于重要文本的优秀案例。

Jung, Carl G., with von Franz, M. L. Henderson, Jolande Jacobi, & Jaffé Aniela. (1964). *Man and his symbols*. Garden City, NY：Doubleday.

该书由荣格提出创意并加以编辑，书里涉了荣格及其追随者关于神话、梦、英雄类型的论述，以及荣格学派精神分析学者所关注的其他问题，提出了很多创见。

Key, Wilson Bryan. (1974). *Subliminal seduction*：*Ad media's manipulation of a not so innocent America*. New York：Signet.

这部有名的(也有人说它声名狼藉)著作讨论了"有意识感觉界限以下的语言刺激"(subliminal communication)在广告业中角色的各种观点。他的论点是，广告商通过发送影响潜意识的信息来操纵人们。马歇尔·麦克卢汉为该书作序。

Klein, Melanie, & Riviere, Joan. (1964). *Love, hate and reparation*. New York：W. W. Norton.

此书讲述的是两位有影响力的精神分析理论家对人们一生中不断经历的爱、恨和补偿的经典研究。

Kolbenschlag，Madonna．（1980）．*Kiss Sleeping Beauty goodbye*：*Breaking the spell of feminine myths and models*．Garden City，NY：Doubleday．

该书认为，一些女性过于认同童话故事里的女主角，以致人格发展不健全。许多女性都像睡美人一样，等待完美的男子把自己从无聊而平凡的生活中解救出来。

Kris，Ernst．（1964）．*Psychoanalytic explorations in art*．New York：Schocken．

这是一部有关创意过程、文学批评、喜剧和艺术的重要著作。

Lesser，Simon O．（1957）．*Fiction and the unconscious*．Boston：Beacon．

该书将小说进行精神分析研究，对那些对大众文化和大众艺术有兴趣的读者很有帮助。

Mitchell，Stephen A．，& Black，Margaret J．（1996）．*Freud and beyond*：*A history of modern psychoanalytic thought*．New York：Basic Books．

这本书论述了精神分析理论和弗洛伊德去世后的几年该领域的新发展。

Phillips，William．（Ed．）．（1963）．*Art and psychoanalysis*：*Studies in the application of psychoanalytic theory to the creative process*．New York：Meridian．

这是一本关于艺术、文学、创意过程、心理学批评以及相关问题的论文集。

Rank，Otto．（1979）．*The double*：*A psychoanalytic study*．New York：Meridian．

奥托对神话、文学与艺术文本中发现的双重动机（doppelgänger）进行了有趣的研究。

Spector，Jack J．（1974）．*The aesthetics of Freud*：*A study in psychoanalysis and art*．New York：McGraw-Hill．

该书对弗洛伊德的艺术理论进行研究，侧重于传记方面，探讨了弗洛伊德对艺术和文学的影响。

Winick，Charles．（1995）．*Desexualization in American life*．New Brunswick，NJ：Transaction．

在这部具有启发性和争议性的著作里，威尼克认为，在过去30年中，美国社会出现了一个去性化（desexualization）的过程，它对时尚、体育、媒介和大众文化都产生了影响。他断言，实际上，从象征意义上来说，男性越来越衰弱，女性越来越强大。

　　在当代社会中,关于媒介的争论都涉及社会学的层面。因此,本章首先要推出对于媒介社会分析最具有直接运用价值的社会学概念,然后,讨论"使用与满足"(use and gratification)理论,列举一些人们使用大众媒介的原因。本章末讨论内容分析,并对内容分析加以简单运用,其结果将会十分有趣。

第 4 章

社会学分析

有人曾经把社会学家定义为"把人人明白的事情讲解得听不懂"的人。在此,我用最广泛的意义来解释**社会学**一词。我的重心是人们的社会关系,这与个人意识之类的心理学问题完全不同。我们探讨大众艺术,关切人类互动与个人关系,要问:"谁对谁做什么? 为什么这样做?""我们在研究资料中找到什么模式?"

将社会学同人类学、政治学、心理学等学科进行区分是很有必要的,看看这些学科的核心概念就会发现其差别。社会学的主要研究对象是组织与制度的运作方式[**制度**(institution)通常理解为社会生活构成与组织方式]。至于心理学的核心概念我前面已经提及,就是个人心理与无意识。对人类学家来说,核心概念是文化;而对政治学家来说,核心概念是权力和政府。当然,不同的学科还经常互相结合,这样我们就有了社会心理学家、政治社会学家和社会人类学家等。

表4.1（以高度简化的表格）列出以上四种社会科学的核心概念，以及对于由个体转变为社会成员，社会科学家在各自领域对此过程所使用的术语。并不是所有个体都经历了这些过程，因此，我们就可以说某些人没有正常地社会化，或因为他们没有吸纳某种文化的经历（如旅游者或者外国人），故而被称作**文化冲击**（culture shock）。

表 4.1　四种社会科学的核心概念与过程

	社会学	心理学	政治学	人类学
核心概念 过程	群体、制度 社会化	心理、意识 认同	权力、政府 教化	文化 文化适应

"社会学"一词最早由法国哲学家奥古斯特·孔德（Auguste Comte）[1]提出，他将社会学作为整个人类理论与实践知识的工具。孔德认为，社会学的目的是"为了了解并控制人类的行为"。孔德希望揭示人类生活的规律，以此建立一个理性而人性化的社会秩序。自孔德时代以来，社会学不断发展进步，我们发现社会学家开始全方位研究，从集体行为、偏离（deviance）、宗教到科层制功能（bureaucracies function）方式，以及社会变迁方式等。

埃米尔·涂尔干关于人的社会属性的看法

埃米尔·涂尔干（Émile Durkheim）是最重要的社会学理论家之一，他法国社会学奠基人之一，深刻地指出了个人与社会之间的关系。个人的智力活动远没有社会智力活动丰富和复杂，因为历史传统丰富了社会的思想。涂尔干指出，社会与个人之间存在着复杂的关系。他在著名的《宗教生活的初级形式》（*The Elementary Forms of the Religious Life*）（1915/1965）一书中提到了对这种关系的经典研究：

人身上有两重存在：一个是个人存在，它以肌体为基础，其活动范围受到很大限制；另一个是社会存在，它代表我们通过所见所闻所能习得的道德和智力方面的最高现实性——我指的是社会。我们本性存在的这种两重性会导致两种后果：在实践层面上，表

---

① 　法国哲学家孔德（Auguste Comte）（1798—1857），社会学鼻祖。他于 1822 年提出"社会学"（Sociologie）一词。他认为，社会行为与现象可用自然科学方法与模式来归纳、解释，并试图使用一种物理学的方法对所有的人文学科（包括历史、心理和经济学）进行统一，从而建立一个经得起科学规则考验的学科。原本他用"社会物理学"来称呼这个新的学科。他的贡献主要集中在他使得社会科学终于脱离了人文领域，成为一门独立的学科。根据网络资料整理。——译者注

现为道德理想与功利主义实践的不适用;在理论层面上,表现为理性与个人经验的不适应。只要个人属于社会,他就要超越自己,无论是在思考的时候,还是在行动的时候,无不如此。(p.29)

在涂尔干看来,每个人都是"双重的"。我们是社会的成员,因此我们在社会中,但是,从另一个方面来说,社会在我们中。每个人都有自己的身体和个性(也就是说,我们是个体的),但是我们作为社会成员,也是社会动物。尽管我们可能没有意识到,但实际上我们很多思想都会受到自己社会成员身份的影响。

根据涂尔干的说法,在很大程度上,我们所拥有的思想是由学校教育和同辈群体、父母、神父和我们最喜爱的流行明星共同塑造的。因此,我们的思想有着强有力的社会维度,即使我们认为的是"自我塑造"的人,认为社会只是一种抽象物,对我们的生活几乎没有影响。在我们思考大众传媒在我们生活和社会中所扮演的角色时,我们应该始终牢记涂尔干关于个人与社会关系的真知灼见。

当代社会学家、法兰西学院社会学教授皮埃尔·布迪厄(Pierre Bourdieu)也提出了类似的论点。在他的《社会学问题》(*Sociology in Questions*)(1993)一书中写道:

社会学揭示个人观点(如个人品位)的想法是错误的。由此可以得出结论,社会学是还原剂,通过拿走人们所有的幻想使人们清醒、复原。如果这是真的,个人想法本身是由社会决定的,是由教育复制的历史产物,我们的想法是既定的,那最好能意识到这点。如果我们有机会发表个人意见,可能是因为知道我们的意见不是自发的。(p.27)

我们的观点和品位是由社会决定的这个概念令许多人觉得难以置信或荒唐可笑,但这是社会理论学的核心。当我们分析文本时,我们应该把布迪厄对个人观点和品位的探讨牢记于心,因为我们的分析与我们的个人历史、我们的社会经济等级以及其他现象密切联系在一起。许多女权主义者也提出了同样的观点,他们认为性别是社会决定的,而不是自然形成的,而其他社会学家认为种族是社会建构的。

本章的后半部分,我将首先讨论社会学家在进行社会研究时所用的一些基本概念和分析工具。这些概念和工具能够让我们看到过去被忽略了的一些东西。例如,以"角色"这一概念为例。只是近些年,媒介批评家才开始大量关注女性在电影和电视节目中所扮演的角色,以及与此相关的事情,比如在这些媒介中,女性与男性在数量上的比较,女性的年龄以及在她们身上发生了什么。对一些重要社会学概念的理解,能够帮助我们用新的方法来分析大众传媒。

在对基本概念进行讨论之后,我将关注公共艺术带给人们的满足和人们通过大众传媒得以实现的需求。近些年,很多人对"使用与满足"理论(有时称为"需要与满足"理论)感兴趣。这里我关心的是人们是如何使用媒介以及媒介是如何为人们提供满足的。我会提出"公共艺术迎合了人们大量需要与满足"的观点。这一列表可能会让我们更加明白为什么某些电视节目、电影和其他媒介产品会如此流行，以及它们在社会中可能会扮演的角色。

本章将以一个标准社会学的方法——内容分析的讨论作为结尾。在实施内容分析的时候，研究者使用数据统计的方法对他们在媒体中发现的东西做进一步的推理。以儿童观看电视节目时的暴力问题为例。一旦我们给出了"**暴力**"（violence）的定义，我们就能够对一个儿童电视节目样本进行检测，测量出我们发现的暴力事件的次数。这就能够让我们将"儿童电视中有大量暴力存在"这样的说法，改成"儿童电视中，每小时出现暴力事件的次数为 X"。

通常，使用内容分析法的研究者会采用历史的参考框架。例如，他们可能会核查儿童节目早期的样本，将之与他们已经获得的样本进行比较。使用内容分析法，研究者能够看得出儿童电视中的暴力内容是否比过去增加了。如果现在的暴力内容更多，那么这意味着什么呢？

基 本 概 念

本节我要列出可以应用在大众艺术上的几个社会学的最重要的概念。我尽可能简明扼要地阐述——我希望自己解释的既清晰明了，又不至于太简略。我将把这些术语应用到电影、电视节目中的人物以及你感兴趣的文本中。蜘蛛侠是异化还是失范或两者都是？社会经济等级和刻板成见在情景喜剧或国家公共电台播出的许多英国电视连续剧中扮演什么角色？电视足球节目隐性与显性功能是什么？某些种族和民族群体在大众媒介中被过分表达或未被充分表达？在文本中女性通常被赋予什么样的角色？某些流行歌手，像麦当娜和 Lady Gaga 是否反常？《云图》（*Cloud Atlas*）这样的电影属于后现代主义吗？在读我对社会学的一些重要概念的探讨时，请牢记这些问题，并考虑如何将它们应用于各种本文。

异化

异化（alienation）的字面意思是"没有关联"（no ties），指一种疏远、隔离的感觉。被异化的人感觉自己是一个"陌生人"（异族），与社会或团体毫无关联。在很多情况下，疏离感通常与以组织形式出现的科层制密切相关。科层制以一种公正而有效的方式来批量处理人们的事件，这是很有必要的，但是他们也是没有人情味的，有产生疏离感的倾向。对那些规模较大的高校学生，行政机构只知道他们的"社会保障码"（social security numbers），我们也是以一种充满疏离感的语调谈论学生。比方说，我们把男女青年叫做"大学素材"（college material）就是一例。

我们也可以用异化概念来理解文本角色,例如《推销员之死》(*Death of a Salesman*)①中的威利·洛曼(Willy Loman),以及社会团体与亚文化中人们的行为,例如青少年、朋克摇滚乐手(punk rockers)等。当我们使用异化概念时,我们必须专门将其与各个角色的行为或团体和亚文化的行为进行关联。

失范

失范(anomie)一词源自希腊字"nomos",即规范(norms)的意思。拒绝接受社会规范的人称为失范者(anomic)。失范有别于异化。例如,一群小偷可能有强烈的伙伴情谊,因而没有被异化的感觉,但是由于他们不尊重社会法律,故而可以叫做失范者。在《古典社会学理论》(*Masters of Sociological Thought*)中,刘易斯·科赛(Lewis A. Coser)解释了埃米尔·涂尔干所描述的失范。科赛写道(1971):

当社会制度解体时,社会对个人习性的控制影响已不再有效,任由个人自行其是。涂尔干将这样的状态称之为失范。这个术语是指整个社会或其一些组成部分一种相对无害的状态。失范并不是一种精神状态而是一种社会结构属性。它描述了一种状态,个人欲望不再受共同规范的控制,因此在追求目标的过程中,个人没有道义上的指导。(pp. 132—133)

社会处理失范的一种方式是在生活中制定行为规范,为了确保行为得到实施,它们发展科层制,这是下一个重要的社会学概念。犯罪团伙的成员是失范者,但他们并没有被异化,因为他们属于成员之间联系密切的组织。帮派之所以难处理的原因之一是成员加入帮派来避免异化。

科层制

随着社会越来越庞大和复杂,管理的难度日益增加,运作效率就成了问题。科层制(bureaucracy)是或多或少匿名者的团体,它们按照定规惯例来运营组织,通常有权利等级(hierarchy of authority),处理问题时不具人情味,并充斥官样文章。

---

① 《推销员之死》是美国著名剧作家阿瑟·米勒(Arthur Miller)的成名之作,写于1949年。几十年来,这部戏剧在美国舞台上长演不衰,并在世界其他国家不断被搬上舞台。剧中主人公威利·洛曼是一个典型的美国中产阶级。他生活在纽约,有份正经工作,有车有房,两个儿子顺利长大成人,太太一辈子做家务,把家里收拾得井井有条。这部剧描写的是洛曼这位年过60岁的推销员在他人生最后24小时内发生的事情。通过一家人在头天晚上和次日发生的冲突,采用意识流的写法,穿插了大量对往事的回忆,一步步揭示出一个暮年人已经崩溃的精神状态。米勒的《推销员之死》虽然讲的是美国人的故事,但揭示的却是现代社会的通病,从而使得洛曼成为美国梦破灭的一个典型。根据网络资料整理。——译者注

MAX WEBER

伟大的德国社会学家马克斯·韦伯（Max Weber）认为，随着社会的发展和复杂化，社会从由充满魅力的个人领导转变为由政治家和官僚所领导，并被描述为"关系法律制度"。科层制的必然产物是人格解体，并导致无力感和异化。我们对科层制的担忧影响了对许多书籍、电视节目以及电影的记叙，包括卡夫卡（Kafka）的经典小说《审判》（*The Trial*）和《城堡》（*The Castle*），电视剧《囚徒》（*The Prisoner*）以及电影《黑客帝国》（*The Matrix*）和它的续集。

社会经济等级

阶级是共同性的一群人。当被用在社会学语境之中时，阶级通常指的是在社会经济学意义上的含义，表示一个人在社会等级中所处的层次或者位置。杰出的社会学家与人类学家劳埃德·沃纳（W. Lloyd Warner）认为，美国社会存在六大阶级：高端上层阶级（upper-upper）、低端上层阶级（lower-upper）、高端中产阶级（upper-middle）、低端中产阶级（lower-upper）、高端下层阶级（upper-lower）、低端下层阶级（lower-lower）。沃纳估计，这些阶级在美国的分布如下：

高端上层阶级——占全部人口的 1.4%；

低端上层阶级——占全部人口的 2.6%；

高端中产阶级——占全部人口的 10%；

低端中产阶级——占全部人口的 28%；

高端下层阶级——占全部人口的 33%；

低端下层阶级——占全部人口的 25%。

沃纳认为，低端中产阶级与高端下层阶级构成了"普通人"的层级。虽然这些数据多少已经有些过时，但它仍然非常正确地描述了美国社会阶级的构造。

社会经济学意义上的阶级是由一些要素来决定的，诸如教育、收入与职业。不同的社会阶级，在其生活方式、教育子女以及价值观等方面都大为不同。

在 20 世纪 80 年代早期，据估计，美国最富裕的家庭占全部人口的 1%，拥有全国 40% 以上的公司股份，而排名前 10% 的公司几乎控制全部财富的 70%。这 10% 的公司几乎拥有一半的房地产，以及 90% 以上的公司股权、商业资产与证券。与此同时，美国约有 1000 万的家庭，其中仅 40 万家庭占有国家 27% 的财富。自这些数据公布以来，财富的集中仍在继续。从经济学角度来看，美国 25% 的最下层家庭已经失去地位了。

所以,尽管许多美国人倾向于美国本质是"无阶级的""全中产阶级的"(all-middle-class)社会,但实际上它完全是一个以阶级为基础的社会。美国的确有数量很大的中产阶级,但却由为数不多的经济精英控制着庞大的政治权力。

英国社会阶级

英国广播公司最近发布了一项调查结果,截至 2013 年 4 月,英国的 160000 人中存在七个社会阶级。在此次调查之前,英国被公认为有三个社会阶级:上层阶级、中产阶级、下层阶级。《卫报》一篇文章列出了这七个社会阶级。进行此项调查的社会学家麦克·萨维奇(Mike Savage)与费欧娜·迪婉(Fiona Devine)解释道,英国用三种他们所谓的"资本"帮助划分阶级。

经济资本:收入、房产价值、存款

社会资本:结交的社会圈子

文化资本:爱好及日常活动

七个社会阶级如下。我附加了各个阶级所代表的人口百分比,数据来自其他资源。

精英阶级:英国社会最富有和地位最高的阶级,拥有高水平的经济、社会、文化资本。因其经济资本和社会资本远超出其他六个阶级而高高在上。(6%)

成熟的中产阶级:这个阶级的成员拥有较多的经济、社会、文化资本,虽然不及精英阶级,但该阶级的人乐于社交,喜欢参与文化活动。(25%)

技术型中产阶级:规模不大却特色明显的新兴阶级类型,经济资本相对富有但同时社会和文化资本积分略有不足。这一阶级的人社交层面相对有局限并对文化生活也追求有限。(6%)

新型富有工作者:这是一个年轻的,在社会、文化上活跃的新阶级,拥有中等收入和经济资本水平。(15%)

新兴服务业工作者:这是一个新的阶级分类,多数是居住在城郊的年轻服务业工作人员,经济资本不多但是拥有一定程度的文化和社会资本。(19%)

传统型劳动阶级:各类资本均积分不高,但是一般拥有自家房产,因此一般衣食住行不愁。(14%)

不稳定型无产者:这是英国社会最贫穷、各类资本均最少的阶级。(15%)

文化

近些年来,学者们对"文化"这一概念的兴趣日渐浓厚。例如,"文化研究"这一领域已经成为一些大学,尤其是媒介研究系、传播学系和文学系非常重要的课程。英国传播学者斯图亚特·霍尔(Stuart Hall),在他的《表征:文化表象与意指实践》(1997)

（*Representation：Cultural Representation and Signifying Practices*）一书的再版序言中解释了为什么我们对文化如此感兴趣：

> 在人文社会科学，尤其是文化研究和文化社会学中，被称为"文化趋势"的研究领域开始强调"意义"（meaning）一词对于文化定义的重要性。有人认为，文化不是一系列的东西（小说和绘画或者电视节目和喜剧），而是一种过程，一系列的**实践**（practice）。首先，文化与一个社会或者群体成员之间意义的生产和交换相关（也就是"意义的赋予和获得"）。称两个人来自同一种文化，也就是说，他们几乎是用同一种方式来解释世界，并且能够用它们互相理解的方式表达自我、表达他们关于世界的想法和感觉……它指的是一种文化中给人、事物和事件赋予意义的参与者。事物几乎不会自身拥有固定不变的意义。（pp. 2—3）

这意味着，学着如何解释和分析我们自己文化中的大众媒介文本、大众媒介内容，是一种了解我们自己的文化以及间接了解我们自身的一种方式（因为我们是这种文化中的成员）。我们可以注意到，霍尔关心的实际上是符号学，焦点在于符号化的过程和意义的重要性。霍尔讨论了文化的人类学定义，这涉及人们如何生活和交换他们关于世界的图景以及如何在代际之间传递他们的行为方式。

关于文化的另外一个定义涉及到艺术。后现代主义者认为"精英文化"和"流行文化"之间没有什么区别，但是大多数学者认为是有区别的。**精英文化**是指歌剧、芭蕾、交响乐、诗歌、那些称为"严肃"的小说和其他文学作品等艺术形式；**流行文化**是指情景喜剧、广播和电视广告、印刷广告、类型小说（科幻小说、爱情小说、西方小说、侦探小说）、不同类型的流行音乐（西部乡村音乐、摇滚音乐、hip-hop）等大众传媒文本。我认为要想理解社会中基本的信念和价值观，理解这两种文化都是非常重要的。

近几十年来，文化研究领域已经发展起来，学者们利用许多学科来分析媒介、文化以及他们感兴趣的东西。《媒介分析技巧》可以看做是这个领域的贡献，因为它使用人文社会科学学科来分析文本和大众媒介文化。

偏离

偏离指的是不同于典型或传统的行为模式（迥异于正常的行为模式）。长期以来，人们对偏离行为的态度变化不定。例如，同性恋一度被认为是犯罪，但如今被定义为偏离，被大多数人认为是一种自然现象。偏离使人产生焦虑，因为我们被迫怀疑自己的做法，重新评估自己对于规范的态度是否正确。

精英

精英（elites）指的是社会金字塔上层的人，即上层阶级与低端上层阶级的人士，他们拥有权力、地位和财富,通常从事专业或主管的职务。与精英相对应的则是普通的男男女女。研究结果显示,电视的主角经常是年轻、受过良好教育和白皮肤的专业人士;工人阶级做主角的娱乐媒介则十分罕见。我们或许可以想象,这种过分表现精英的状况对于观众会造成什么样的影响。

族裔性

族裔性(ethnicity)就是我们通常所说的社会中与各种其他团体有别的某种文化特性、宗教信仰与传统。因此,意大利人、波兰人、德国人、芬兰人、犹太人(犹太人是个特例)、中国人、越南人、墨西哥人及很多其他族群,在美国都被视为少数族裔(ethnics)。过去,一些少数族裔在美国想掩饰其身份,可现如今少数族裔却以其传统价值为荣,不再以根源为耻。在媒介中,少数族裔经常被表现为刻板成见,但这种做法现在受到了抨击。

功能主义

社会学家认为某物发挥了**功能**(functional),是指它对所属实体的维系与稳定发挥了作用。同理,如果某物具有不稳定或破坏性的因素,就被称为**破坏性功能**(dysfunctional)。如果某物对于它所属的实体毫无影响则称为**无功能**(nonfunctional)。更为复杂的情况是某物可能同时在某些方面发挥功能,但却在其他方面发挥破坏性功能。因此,一般来说,电视可能具有功能,因为它给人们提供了大量的信息,有助于促进消费,凸显某些价值,但它同时也可能具有破坏性功能,这是因为它播放了很多负面角色的人物,夸大了世界的暴力,给没有能力购买电视广告产品的观众带来了焦虑与不满的情绪。在功能分析中存在一种保守的偏向,即它强调的是社会的维系与稳定,而不是以可能的变革为重点。

我们探讨社会现象,可以考察其功能是有意的或是无意的,是有意识的还是潜意识的。因此,新闻节目的"显性功能"(manifest function)是提供信息,而其"隐性功能"(latent function)可能是灌输某些政治价值观或信念。我要指出,记者与新闻播报员可能没有意识到自己灌输的作用,他们相信自己所做的一切都是在进行新闻报道。

媒介分析家对于单个演员在文本中的角色很有兴趣,对于女性、少数族裔、有色人种、老年人、年轻人,以及其他团体(性别的、政治的、宗教的和社会经济的)的典型代表同样有研究兴趣。电影与电视节目的观众通常对于这些文本中的角色产生认同感,结合他们所观看的内容创造自己的身份。许多人都相信大众媒介还发挥了巨大的"社会教育"(social teaching)作用。

许多批评家认为，女性在媒介中的角色经常遭到贬抑。在媒介中，女性更多时候是作为性对象、展示对象或喜欢某品牌手机的粉丝而出现的。她们很少作为应当严肃对待的职业工作者或者是有生产价值的公民。女性经常作为对别人，尤其是男性的创新做出消极反应的对象。这类角色为观众塑造了女性行为及其应当被对待的方式，这种形象不仅给女性带来了负面效果，同样也对男性产生了消极影响。我还要指出，媒介同样以负面的方式报道非洲人、亚洲人、拉丁美洲人，犹太人，残障人士，以及无数其他群体的形象。

当媒介分析家从社会学的角度分析媒介中的角色时，他们必须考虑到人们在其中被分派的角色（某些人必须被看作是某些社会团体的典型代表），以及媒介的这种角色分派可能对个人和社会所产生的影响。

功能主义领域内还有一个有趣的概念，称之为**功能替代**（functional alternatives）。社会学家用它来解释这种情景：某种最初的制度失去了它的生存能力（某种程度上），被一种替代制度所取代。按照功能理论，制度之所以被创立并演化，是因为必须需要某种事物来保持社会的正常运作。如果某种制度不再运作，那么必须有其他事物取而代之。例如，假设人们需要某种宗教体验，希望与人类以外的力量取得某种联系。在美国，这种需求在传统上由有组织的宗教来实现，但是当主流宗教不再流行的时候，其他的事物就要求取代其位置，职业橄榄球在很大程度上就满足了这种功能。因此，从个人角度来说，职业橄榄球是有组织宗教的功能化选择（这一点在本书第 6 章详细阐述）。

功能分析方法的不同层面可以摘要如下：

- **功能性的**：维系某组织、社会等的运作；
- **破坏功能性的**：破坏某组织、社会等的平衡；
- **无功能的**：不扮演角色；
- **显性功能**：人们有意的、认可的；
- **潜性功能**：人们无意的、不认可的；
- **功能替代**：替代最初的制度、惯例。

生活方式

生活方式（lifestyle）一词包罗万象，包括一个人在服饰、车子、娱乐和文学等方面的品位。"方式"表示格调，"生活方式"一词描述一个人的生活格调。生活方式经常与社会经济等级相关，并且体现在个人的"形象"上。玛丽·道格拉斯（Mary Douglas）在其《购物》（*Shopping*）（1997）以及其他著作中，用这个概述来区分四个相互竞争的生活方式——个人主义者、等级主义者、平等主义者和宿命论者——这些都在生活中的各个领域影响着我们的行为。

人们的生活方式反映在他们各式各样的品位选择上：驾驭的轿车种类、宠物狗或猫的喂养、阅读的杂志（或至少咖啡桌上摆放的杂志）、居住的位置、家的样子（多大、墙壁的颜色、家具的品种)、职业、食品种类、常去餐馆的类别、度假的类型等等。所有这些现象都表现出某个阶级的倾向,是个人的阶级和所谓"成熟度"(level of sophistication)的体现。这类事情的指导者就是广告,其基本功能之一就是尽其所能地确保"支出总是赶上需求,如果不超出的话"。

边缘化

边缘化(marginalization)指带有(在某些情况下偏离的)有别于社会规范的价值观与信仰的个人和群体被降为次等地位的过程。它可能被忽略,或被迫害,或二者兼而有之。由于存在无数语言的、种族的、性别的等亚文化,美国社会正变得越来越多样化和细分化,统治精英与主流成员是否会继续使用不同的人口统计学描述来边缘化"外群体"(out-groups)与亚文化的成员,那就不得而知了。

大众传播与大众媒介

社会学家与传播学家对大众传播与大众媒介进行了区分。我们生活在一个大众传播占重要地位的时代。大众传播指使用大众媒介——印刷媒介有报纸与杂志等,电子媒介有广播、电视和电影等(现在还有因特网)——同时与许多人进行交流。这些媒介有时覆盖整群的人,有时覆盖单个的人。

社会学家已经提出很多模式来阐述大众媒介的运作方式。这些模式是对传播过程、媒介在传播中所发挥的作用以及相关问题的高度抽象。最著名的模式就是哈罗德·拉斯韦尔(Harold Lasswell)[1]的理论,即"谁? 说了什么? 通过什么渠道? 对谁说? 产生了什么效果?"(引自 McQuail & Windahl,1993,p. 13)。传播学研究者对许多问题都存在重大分歧,例如,大众媒介是虚弱的还是强大的,媒介对于个人与社会产生了什么影响等等。

---

① 哈罗德·拉斯韦尔(Harold Lasswell,1902—1977),宣传分析的创始人、传播学的奠基人之一。在《社会传播的结构与功能》中,拉斯韦尔明确提出了传播过程及五个基本的构成要素,即谁(who)? 说了什么(what)? 对谁(whom)说? 通过什么渠道(what channel)? 取得什么效果(what effect)? 这就是著名的拉斯韦尔5W模式,这个模式简明而清晰,是传播过程模式中的经典,后来的很多学者都对此进行过各种修订、补充和发展,但大都保留了它的本质特点。这一模式还奠定了传播学研究的五大基本内容,即"控制分析""内容分析""媒介分析""受众分析""效果分析"。这五种分析涵盖了传播研究的主要领域。另外,它还导致了传播学对于确定效果的重视。根据网络资料整理。——译者注

大众社会

多年前，一些社会学家指出，美国已经变成了他们所描述的大众社会（mass society），即一大批人生活在某个区域，可是彼此之间交往甚少，因而易受操纵。著名社会学家赫伯特·布鲁默（Herbert Blumer）[1]于 1936 年写道：

（大众）没有社会组织，没有风俗习惯，没有既定的法规和意识，没有有组织的情感团体，没有组织或身份，没有现成的领导者。它仅仅是一些独立的、分类的、不知名的个体的集合。（引自 Friedson，1953，p. 314）

许多社会学家并不同意大众社会的观点，因为它是以理论为基础，而不是以当代社会人们的行为方式为基础的。根据研究，我举一个例子来说明大众社会理论是不正确的，即詹尼斯·拉德威（Janice Radway）关于浪漫小说读者的作品。

拉德威的《阅读浪漫小说：女性、父权制与通俗文学》（*Reading the Romance*：*Women*，*Patriarchy*，*and Popular Literature*）（1991）是对浪漫小说读者的研究，她开始

发现浪漫小说为读者提供需要和满足的方式。在浪漫小说的读者身上进行一段研究后，拉德威改变了关注点：

后来这本书逐渐变成，不再描述浪漫文本的解读方式，而是描述浪漫阅读作为一种行为方式，对现实社会主体的社会生活起复杂干预作用，女性首先将自己视为妻子和母亲。（p. 7）

拉德威写道，她的研究受到伯明翰大学当代文化研究中心的文化研究运动的影响，该研究使用人种志领域的研究来发现人们如何使用并受到大众媒介的影响。

她对个体读者和群体读者对媒介控制者的控制力的抵抗进行了观察：

---

① 赫伯特·布鲁默（Herbert Blumer，1900—1987），美国社会学家，符号互动理论的主要倡导者和定名人，著有《工业化与传统秩序》《符号互动理论：观点和方法》等作品。他从社会互动的理论出发，将社会群体划分为三种形态，即聚众（crowd）、公众（public）、大众（mass）。所谓"聚众"是很多个体受某一共同事物吸引而形成的临时群体，个体间互不认识，群体内没有任何组织，吸引他们的临时性事物一消失，这个群体也随之消失。"公众"则是一个相对严密的组织，有共同的议题，对这个议题充满争议，就议题如何解决展开讨论，谈论是相对理性的。"大众"则又不同，它是由很多差异很大、相互匿名、很少交往、分散在一个有可能很广大的地域内的个体的集合，内部没有组织，也不具备采取集体行动的能力。根据网络资料整理。——译者注

如果我们能够看到不同群体的人占有和使用大批量生产文化的方式，我猜想我们可能会开始理解，尽管当代文化形式的意识形态力量非常巨大，实际上有时候甚至是可怕的，然而这种力量也并不是全面侵入的、完全有意的或彻底的。社会结构中仍然存在空隙，这种反抗来自于那些对自己在社会中的地位、对受到限制的物质条件和与之相伴随的情感回报感到不满的人。(p. 222)

FREDRIC JAMESON

通过对一个浪漫小说读者群体的研究，拉德威发现，人们能够抗拒大众媒体塑造他们意识的力量，这是可能的，并且可能是经常发生的。在这一点上，想想苏联解体的时候东欧国家发生了什么就非常清楚了。即使那些在持续近 40 年的媒介宣传中生活的人们，当他们发现自己可以不必担心会有苏联红军入侵的时候，他们就抛弃了统治他们的共产主义领袖，建立了民主政府。

后现代主义

后现代主义(postmodernism)有如此众多的定义，以至于有些学者认为它可能包罗万象。一些批评家认为，后现代主义给美国文化与社会带来了深远的影响，为塑造人们的意识发挥了重大作用。杜克大学文学教授弗雷德里克·詹姆森(Fredric Jameson)(1991)指出，后现代是一种义化统治，代表资本主义的最新阶段。但是另外一些学者却对此持有异议。

对后现代主义的最为出色的描述之一出自社会学家托德·吉特林(Todd Gitlin)(1989)笔下：

它自觉整合各种流派、主张与风格。它推崇形式(虚构—非虚构)、立场(率直—讽刺)、语气(猛烈的—滑稽的)、文化层次(高级的—低级的)等界线的模糊或并置。

一份清单可以作为何为后现代主义的比喻。如果文化是一个车库销售市场的话(garage sale)①，那么通过它所销售商品的清单，不管这些东西是好是坏，或可以从中管窥何为后现代主义。例如迈克尔·格雷夫斯(Michael Graves)的波特兰大楼(Portland Building)，菲利普·约翰逊(Philip Johnson)的美国电报公司(AT & T)以及数以百计的

---

① 所谓车库销售，指的是处理家庭旧货的一种方式，销售者把家中多余不用的物品整理出来，一般放到自家的车库门口廉价出售，因此被称为"车库销售"，有时也被放在前院里，所以也被称为是"庭院销售"(Yard Sale)。这种销售方式不以盈利为目的，而是一种生活方式，北美特有的文化。这种售卖一般在周末或节假日举行。因国内极少出现，所以很难找到准确的中文译名。根据网络资料整理。——译者注

精巧的派生物；罗伯特·劳申伯格（Robert Rauschenberg）的丝漏版画法（silk screens）；安迪·沃霍尔（Andy Warhol）的复像（multiple-image）、超现实主义……；迪斯尼乐园、拉斯维加斯、郊区地带、购物中心、玻璃写字楼正面；威廉·博勒斯（William Burroughs）、汤姆·沃尔夫（Tom Wolfe）、唐纳德·巴塞尔姆（Donald Barthelme）、蒙蒂·皮松（Monty Python）、唐·得利洛（Don DeLillo）、乔·五十铃（Joe Isuzu）"他正说谎"的广告、菲利普·格拉斯（Philip Glass）、《星球大战》、斯波尔丁·格雷（Spalding Gray）、戴维·霍克尼（David Hockney）……马克斯·黑得鲁姆（Max Headroom）、戴维·伯恩（David Byrne）、特怀拉·萨普（Twyla Tharpe）[设计《海滩男孩》（Beach Boys）和弗兰克·西纳特拉（Frank Sinatra）歌曲的舞蹈动作]、伊塔洛·卡尔维诺（Italo Calvino）等。(pp.52—53)

以上举的例子指出了我们的意识被后现代主义塑造的程度。如果后现代主义理论家是正确的话，那么许多从未听说过"后现代主义"（尽管如今它在通俗杂志和报纸上频频闪亮登场）一词的美国人仍大有人在，即便他们没有意识到这个东西，后现代依然是存在的。用一个医学比喻来说，吉特林所举的例子是症状，而后现代主义则是疾病本身。

后现代主义对我们的媒介研究有启发作用。后现代主义者不能接受现代主义者关于艺术等级的说法，并且反对精英文化和流行文化之间是有区别的这一观点。后现代主义者认为，无论我们论及的是歌剧、交响乐、古典小说、爱情小说，还是漫画书，它们都是同样优秀的。这就意味着，原创性不再被认为是重要的。

模仿是后现代主义和折中主义（Eclecticism）的主导规则。这种观点在让-弗朗索瓦·利奥塔（Jean-Francois Lyotard）的《后现代状况》（The Postmodern Condition）(1984)一书中有所体现：

折中主义是当代一般文化的基础：一个人听雷鬼音乐（reggae），看西部片，中午吃麦当劳，晚饭吃当地菜肴，在东京喷巴黎的香水，在香港穿"再度流行"的服装；关于电视游戏的知识等。(p.76)

如果没有重要的宗教和哲学信仰来约束人的行为，那么人们就可以为所欲为了。做任何你想做的事情的自由与相信任何你想相信的事情的自由，尽管可以让你感到满意，但是人类借以建立一个体面的社会则是另外一回事。

利奥塔指出，由于审美标准的缺失，艺术作品唯一重要的事情就是利益了，这意味着，虽然后现代主义者看上去与众不同，但他们在用来生活和工作的无所不能的美元或者欧元或者任何一种货币的价值面前却并不存在区别。

种族

种族是有争议的。它一度曾被定义为是具有共同遗传性质的人,并被区分为三大种族:黑种人、白种人、黄种人。近年来,我们已经抛弃了这种思想。必须补充的是,种族不同于族裔性,后者与民族性而不是基因构造有关。我之所以提到种族的主题,是因为从历史上看,种族主义(racism)在公共艺术中比比皆是,至今它仍然是一个尚未解决的问题。

近些年,很多学者认为种族是社会建构的结果。也就是说,种族不是一个生物学类别(从基因方面来说,人类都是没有区别的),而是一个社会的和意识形态的问题。这些学者也指出,基因的不同使得我们很难将一个人界定为特定种族内的成员,并且种族身份由于移民和种族间的通婚等现象变得越来越复杂了。

从符号学的视角来看,可以说我们用种族的概念来处理"差异性"(otherness),将其作为一种透镜来看待不同于我们的人和来自不同文化中的人。太多的时候,我们把那些不同于我们的人过度概括化,也就是模式化。在美国的大众媒介文本中,非洲裔美国人以及很多其他种族族群都未获得充分展示的机会。每当有这些族群中的人在电影和电视节目中出现的时候,他们的角色往往是模式化的。因此,媒介可能最终会增强观众中的种族主义态度。

在社会批评家贝尔·胡克斯(Bell Hooks)(她的原名为 Gloria Watkins)的《黑色面孔:种族与再现》(*Black Looks: Race and Representation*)(1992)一书中,指出了非洲裔美国人在媒介中被塑造的方式:

> 如果我们将非洲裔美国人在教育和就业方面所取得的成就与我们努力控制自己如何被塑造(尤其是在大众传媒中)的方面进行比较,我们就会看到,在形象的表现方面,几乎没有任何改变。打开杂志或书籍,打开电视机,看电影或者环顾公共领域的照片,我们很可能看到衬托白人尊贵地位的黑人形象。这些形象可能是由那些尚未摆脱种族主义思想的白人或者通过白人尊贵地位的透镜看世界的有色/黑色人种的人们(内在的种族主义)构建的。(p.1)

因此胡克斯强调,媒介通常会通过两种方式对黑人进行不恰当的塑造:一种是被那些持有种族主义观点的白人所塑造的,一种是被黑人自己所塑造,这些黑人将白人的种族主义观点吸收消化为自己的观点。然而,在这两种情况中,种族主义都是无意识的,因此也就未被认识到。胡克斯认为,大多数白人通过大众媒介文本获得了与现实不符的黑人形象,例如电影和电视节目中黑人总是扮演特定的角色。另外,黑人也因此对自己的形象认知造成了扭曲。

因此,尽管我们可能认识不到,媒介形象具有潜在的社会和意识形态方面的影响。

这就是为什么要审视媒体对种族群体（人种、性别和其他群体）的塑造以及理解这背后的意识形态内容重要性的原因。

社会角色

我们都明白"角色"（role）一词在戏剧中的含义，而社会角色的概念也颇为类似。社会角色是后天习得的行为，与他人对我们的期望相关，也与具体情况相结合。角色还部分地由个人的社会地位所决定。一般人每天要扮演很多角色：父母、工作者和朋友等。随着我们慢慢长大，我们从父母、媒介以及其他来源学习如何扮演各种角色。这是社会化进程的一部分。在美国（以及许多其他国家），青春期通常是"角色实验"期，在这段时期，年轻人会用多种角色定义自己。

性别

当性别和角色相关时，它便成为社会学重要的概念。许多媒介批评家认为，媒介扮演性别歧视的角色，对女性角色与形象具有破坏性。在进行媒介分析时，这当然是重要的事项，需要牢记于心。

社会学家芭芭拉·菲利普斯（E. Barbara Phillips）提出了一种对本领域具有指导性的内容分析方法。她对两家杂志——《女性》（*Ms.*）[①]与《家庭圈》（*Family Circle*）[②]随机挑选的内容加以分析，发现二者存在极大的差异。例如，《家庭圈》文中的女性都是家庭主妇，这些女性不怎么关心社会与政治问题；而《女性》没有把任何女性作为家庭主妇来对待（尽管许多目标读者都已婚并且有家庭），相反，它只关注女性对待社会、文化、政治生活以及公共服务的方式。两种杂志为女性投射了不同的角色，毫无疑问，每种杂志都

[①] 《女性》（*Ms.*）是由美国一群女权工作者于 1971 年 12 月创立于纽约，以服务女性朋友为主的刊物。这是第一家提出要求男女平等权利的美国女性杂志，也是第一家反对妇女堕胎的杂志，还是第一家公开批评美国总统候选人关于妇女问题的杂志。在当时，这可算是划时代的创举。杂志以深度调查性报道为主，主要关注女性政治与权力、女性社会地位与文化等内容，拥有非常广泛的读者。其网址为 www.msmagazine.com。根据网络资料整理。——译者注

[②] 《家庭圈》（*Family Circle*）是美国著名的家庭杂志。与《女性》杂志不同，它更关注女性的健康、饮食、服装、化妆等服务性内容。读者对象主要为 25—40 岁的美国家庭主妇。每到美国总统选举年，《家庭圈》都会举办美国第一夫人"最佳甜饼"比赛，为了赢得"最佳甜饼"称号，两位总统候选人夫人会挽起袖子，走进厨房，亮出看家本领。她们不但现场表演，而且还要在这份杂志上详细公布制作甜饼的配料、烘焙过程和各步骤所需要的时间。这样读者就可按部就班地自己烘焙、品尝，由此来判定到底孰优孰劣，然后选出最后的胜利者。由此可见，较之《女性》，《家庭圈》的风格更为轻松，更为家庭化，而非以政治、社会、文化类内容为主。《家庭圈》为欧洲最大的杂志出版集团——吉纳亚尔集团所有。网址为 www.familycircle.com。根据网络资料整理。——译者注

支持并强化了读者既有的价值体系。

朱迪斯·巴特勒(Judith Butler)的《性别麻烦：女性主义与身份的颠覆》(*Gender Trouble：Feminism and the Subversion of Identity*)(1990)为我们了解性别做出了重要贡献。在序言中，她认为我们的性别观念不再像以前那样固定。她写道：

> 正是因为"女性"不再是一个确定的概念，其含义就像"女人"一样令人困扰和不确定，而且由于这两个术语只有作为关系术语时才有困扰的意义，这项调查以性别和关系分析为重点。此外，女性主义理论应试图解决主体身份问题以适应尚不明朗的政治任务。(p. xxix)

Judith Butler

巴特勒的书并不容易理解，但它提供了极详细的性别研究，正如巴特勒在这本书的讨论中指出，"这本书被称为'酷儿理论'(queer theory)的创始文本之一"(p. vii)。

社会化

社会化(socialization)是人们习得社会规则、角色与价值的过程。社会化是一种教条灌输，一方面由家庭、学校、教会等机构正式进行，另一方面透过媒介非正式地进行。非正式的社会化之所以重要，是因为它让一般人在不知不觉中学会(有人可能会说被规划)所扮演的角色、扮演角色的方法以及所应保持的价值观与态度、奋斗目标等。

有两种方式可以让人们做他们应该做的事情(也就是说，按照社会期望的方式行事)。一种就是使用暴力，但是这种方式很困难并且需要付出高昂的代价。如果你能够让孩子们将你希望他们拥有的价值观内化，他们就会按照你所希望的方式来行事，那么要创造一个稳定的社会就容易得多了。随着我们的成长，我们会在很多不同影响因素的基础上内化不同的规则和禁忌，这些影响因素包括我们出生的社会环境阶层，父母的教育，我们的种族、宗族、性别和我们的心理结构。

我们的身份是在社会学家称之为"重要他者"(significant others)的影响下形成的，例如我们的父母、兄弟姐妹、老师和朋友。我们从这些人身上得到的反馈与我们所在的文化或者亚文化联系在一起。随着我们的成长，我们会内化社会以及对我们非常重要的社会主要群体的主流价值观，并且寻找模仿的榜样。

Clotaire Rapaiko

这就是媒介影响我们的地方所在。当我们看电视节目、漫画书、电影以及其他的媒介消费内容（暂且估计每天我们有 8 小时左右的媒介接触行为），我们无意识地做的一件事情就是寻找模仿的榜样。我们会内化他们的价值观，不同程度地模仿他们的行为。很多媒介批评家认为，我们从媒介中寻找的大多不是好榜样。他们强调媒介在良好行为和社会需要的秩序方面对我们的影响首先是消极的。

如果我们的确通过媒介"社会化"，那么必须要问的就是，充斥大众传媒文本中的所有暴力、诸多说唱音乐中憎恨女性的歌词、电视广告和印刷广告中的性暴露等对我们的影响是什么？我们可能意识不到这种社会化方式，只是把媒介内容看作是一种娱乐，但是可能会有人认为，这种轻视的看法会使我们更容易受到媒介的影响。我们可以认为，媒介反映了电影、电视节目以及其他类型媒介观众产生共鸣的基本价值观和信仰。

法国文化人类学家兼营销专家克罗泰尔·拉派尔（Clotaire Rapaille）（2006），在《文化符码》（The Culture Code）一书中写道，各国将不同的符码印在儿童身上，塑造了他们成年生活中的行为。他解释道，"我们大多数人在 7 岁的时候就记住生活中最重要东西的意义。这是因为对 7 岁以下的孩子来说情感是中心力量"（p.21）。他认为三种潜意识塑造了我们的行为：弗洛伊德个体潜意识、荣格集体潜意识和文化潜意识。它们代表了塑造行为印在我们身上的符码。他将符码之间的关系解释为印记：

一个印记和它的符码就像一个锁与它的组合。如果你有正确的数字并而且顺序正确，你就可以打开锁。而大量的印记有重要作用。这帮助我们回答了一个基本问题：为什么我们以自己的方式行事？了解文化符码为我们提供了一个有用的工具——一副新的眼镜，如果你愿意的话，你可以戴上它来审视我们自己和我们的行为。它改变了我们看待周围事物的方式。此外，它证实了我们的猜想是正确的，即尽管我们有共同的人性，但世界各地的人却是不同的，文化符码为我们了解如何不同提供了方法。（p.11）

他的书中讨论了美国人与其他文化的人之间的差异。其中最有趣的差异之一体现在美国人和法国人与奶酪的关系上。他解释道，美国的奶酪符码是"死的"，所以他们将奶酪包裹在塑料中并将其存储在冰箱中。法国人的奶酪符码是"活的"，所以他们将奶酪存储在容器中，并不需要冷藏。每种文化都有其符码，揭示不同文化的符码可以帮助我们理解为什么在不同文化中人们按照自己的方式行事。

地位

地位（status）通常与角色相混淆。虽然两者互相关联，但实际上却大有不同。地位指某人在团体或组织中的地位，以及与该位置相称的权利。因此地位与个人角色无关。例如，在大学中教授的地位高于助理教授，所扮演的角色也不同。一般而言，在社会中，某些职业（医生、律师、教授、银行家）的地位很高，而其他职业则地位卑贱（矿工）。地位是社会中的强大力量，它被用来以微妙的方式控制人们。

刻板成见

奥沙利文、哈特利、桑德斯、蒙哥马利和菲斯克（1994）在《传播及文化研究主要概念》（*Key Concepts in Communication and Cultural Studies*）一书中将刻板成见定义为：

> 对特定人群的社会分类，通常是过于简化和概化的符号，往往直接或间接地代表对他们行为、特征和历史的判断及假设。（pp. 299—300）

刻板成见可以是正面的，也可以是负面的，或者是兼而有之的。刻板成见不论是正面的还是负面的，都非常危险。它们向无数人提供了关于黑人、犹太人、法国人、医生、警察、女性等的过于简单化的，有时甚至是恶毒的刻板印象。刻板成见不论采取什么形式——种族刻板成见、职业刻板成见、性别角色刻板成见等——都过于简化和过于概化，将个体差异降至最低，它们极具破坏力。媒介广泛使用这些刻板成见，因此更助长了人们对这些群体的刻板成见。正如我们在探讨幽默和刻板成见时所看到的，幽默和刻板成见非常令人厌恶，而且常常被用来掩盖侵犯。

价值观

价值观指人们关于他们所相信的可欲和不可欲的以及善和恶的东西的态度。其范围涵盖广泛的社会现象，诸如性、政治和教育等。人们的价值观直接影响其行为。媒介批评家必须关注大众媒介产品中人物的价值观，并审视这些价值观对于社会的暗示。

以上有关社会学概念的简易课程目的在于，让你注意一些社会学家以及其他社会科学家已经关注的问题，以及他们研究大众艺术时所关心的方面。我已经说过，整合概念会对研究有所帮助，因此，我们可以思考这些主题，诸如性别角色刻板成见的形成，社会经济阶级与地位、种族主义与性别歧视（以及所有其他的歧视）以及偏离者的价值观等。对社会学概念与一般社会学理论结构感兴趣的读者，可以查阅任何一本权威的社会学入门教材。同时，本章末尾的参考文献也列出了一些采用"媒介社会学"路径的重要书籍。

我要指出，在审视情景喜剧（sitcoms）、肥皂剧、电视广告以及所有其他公共艺术形态时，媒介分析家需要牢记的是，他们所处理的是艺术作品，不应该将这些文本仅仅作为文件来对待，只探讨其社会学内容。其他因素也应当考虑，例如艺术传统以及在处理一些艺术的或创作出来的人物时所遇到的困难等。

赫伯特·甘斯对品位文化的看法

赫伯特·甘斯（Herbert Gans），一位对大众文化感兴趣的社会学家描述了美国的五种"品位文化"（taste cultures）。正如在他的《流行文化与高雅文化：品位分析和评估》（*Popular Culture and High Culture：An Analysis and Evaluation of Taste*)(1974)一书中写道：

我认为实际上美国由多种品位文化构成，各种品位文化都有其各自的艺术、文学、音乐等，区别主要在于它们表达了不同的审美标准……这种分析的基本假设是所有品位文化都有同等价值。因为品位文化反映了公众的阶级属性，特别是教育属性，下层文化对受教育不多的美国人是有效的，正如精英文化对受过良好教育的人也是有效的。即使理论上来说高等文化比低等文化更优越更全面。(pp. x—xi)

五种品位文化如下：
精英文化
中上层文化
中下层文化
下层文化
半民间低层文化
这种分类制度在许多方面与劳埃德·沃纳在分析美国社会时发现的六个社会经济学阶层相似。

在他的书中，甘斯列出了每种品位文化倾向于选择的文本。请牢记这本书是在1974年出版的，因此，此书中提及的是在60年代和70年代早期受人们欢迎的文本。甘斯捍卫了不同品位文化成员的媒介和流行文化偏好，并建议我们不要轻视他们的任何选择，因为不同文本适用于不同文化的人。以下是不同品位文化的例子。

精英文化

（由上层、中上层文化阶层中的严肃作家、艺术家、创作者以及受过高等教育的人组成。）
形式主义的现代音乐
原始艺术

抽象表现主义

詹姆斯·乔伊斯的《芬尼根的守灵夜》

严肃文章

中上层文化

（由中上层阶级成员组成，包括名牌大学的专家和管理人员。）

《时代周刊》

《新闻周刊》

《今日心理学杂志》

名人传记

女性主义书籍

《纽约客》

《哈泼斯》（Harper's）

《时尚》（Vogue）

《花花公子》

中下层文化

（对甘斯来说，这是占美国主导地位的品位文化。由下层中产阶级和下层阶级中职业地位低下或最低级别的白领人员组成。）

《生活》

《展望周刊》

《读者文摘》

《周六晚报》

哈罗德·罗宾斯、杰奎琳·苏珊的小说

《伯南扎的牛仔》

《全家福》

《莫德》

《玛丽·泰勒·摩尔秀》

下层文化

（由下层中产阶级的熟练和半熟练的工厂和服务人员，高中学历及高中辍学人员组成。）

西部片

露西尔·鲍尔

劳伦斯·威尔克

《艾德·沙利文秀》

《贝利弗山人》

通俗小报

半民间低层文化

（在这里我们会看到未接受专门训练的蓝领和服务人员，他们的受教育程度只有小学学历，通常是农村人和有色人种。）

漫画书

老西部片

墨西哥制作的简单动作电影和肥皂剧

教堂和街头节目

通常是涂鸦艺术家的青年人

甘斯（1974）在书中仅用了几页来描述青年文化、黑人文化和民族文化，并没有详细说明其中任何一种文化，因为他认为这些文化只是"先前描述的品位文化的临时分支"（p.94）。在此我们可能会考虑几个问题。第一个问题涉及在当代美国，甘斯所说的各个品位文化的成员会喜欢什么类型的文本。第二个问题是，甘斯的类型学或五种品位文化是否是描述美国媒介公众或任何媒介公众的最佳方式。甘斯的理论是否过分简单化？在美国有五种品位文化之外的文化吗？如果有的话，是哪些？我们也要考虑到后现代主义的立场，即只有一种品位文化，因为后现代主义者并没有认识到精英文化与大众文化之间的区别。

使用与满足

使用与满足理论备受争议，不过与媒介有关的其他理论也是如此。虽然许多大众媒介研究一直具有经验性质，探讨媒介对态度（以及其他诸方面）的效果，然而有相当多的研究以人们使用媒介以及媒介给予人们满足的方式为对象。卡茨（Katz）[①]、布鲁默与古列维奇（Gurevitch）（1979）提及了一些关于这个主题的早期作品：

赫佐格（Herzog）（1942）研究竞猜节目与源于收听肥皂剧的满足；萨其曼（Suchman）（1942）研究有兴趣收听电台严肃音乐的动机；沃尔夫（Wolfe）与菲斯克（Fiske）（1949）研

---

① 伊莱休·卡茨（Elihu Katz，1926—），美国社会学者、传播学者。1959 年，卡茨首次提出了"使用与满足研究"学说。卡茨是"使用与满足研究"的集大成者，他的突出贡献在于，强调了社会情况与受众对大众传媒的需求和使用的影响之间的关系。根据网络资料整理。——译者注

究儿童对于连环动漫兴趣的发展；贝雷尔森（Berelson）（1949）研究读报的功能等等。这些研究各有所得，给出了一系列或由某些特定内容或由所研究的媒介所发挥的功能：与别人斗智，获得日常生活所需的信息或建议，提供个人生活准则，培养文化上进心，或确保个人角色的尊严与用处等。（p.215）

无论你是否认为肥皂剧或者情景喜剧愚笨不堪，但是诸如此类的节目对人所发挥的功能在某些时候可能是相当重要的。

媒介给人们以满足感，且舒缓人们的某些需求，我将简要列举如下。虽然对于人们的需求、个体所寻求的满足感以及大众媒介在满足需求方面的角色尚需进一步的研究，但很明显，人们在用各种不同的方式使用着媒介（虽然受众并没有意识到这些）。

以下材料源自多个不同渠道，但在此我要特别向同事斯图尔特·海德（Stuart Hyde）致谢。他在著作中指出了人们的各种需求与欲望，以及处理公共艺术的方式。有时我们很难判断某人使用媒介时究竟是为了需求、用处、满足还是欲望。因此，在下面我将避免使用这些术语。下面所列并不是十分完整，你可以自己添加一些内容，以帮助自己更充分地理解媒介的功能。

（1）被愉悦。我们似乎希望得到娱乐，想找到发笑的东西，想置身于欢乐气氛中。媒介是正当娱乐的一个来源。

（2）发现权威人物得意或者失意。美国社会平等价值观根深蒂固，许多美国人倾向于认为权威就是无用。因此，我们喜欢看到权威人物失意和被嘲弄，尤其是政客、军官、教授和精神病学家。然而，我们经常推崇神职人员、外科医生、侦探等。在教导我们对待权威和权威人物方面，媒介扮演了重要角色。

（3）体验美丽。我们追捧美的音乐、美的艺术和身材姣好者，尤其是美女。然而，什么是美当属另一回事，因为美的定义因时而变。

（4）与他人（社群）分享体验。大众媒介更重要的功能之一，是向人们提供一个共同文化（或通俗文化）的参考架构（frame of reference）。在某些情况下，例如当我们在大型体育场观看橄榄球赛时，实际上就与其他观赏者融为一个瞬间的群体了。这种体验经常与通过广播收听、通过电视观看比赛的数百万人一起分享。在其他情况下，我们只是"随着"几百万人一起观看一个电视节目。有人发现，媒介的内容是美国人最重要的话题之一，因而共同观赏节目或电影可能有助于人们互相联系。

（5）满足好奇心和消息灵通。这与我们想了解事态最新发展和跟踪其演变有关。满足好奇心可能与人类追根究底的天性有关，而了解时事和获得消息的欲望则与监视、"情况不明"的焦虑感有关。有一点可以肯定，我们直接或间接地从媒介中学习到了很多东西。

（6）认同神性和神意。很多人坚持认为存在某种或许可以称之为"**上帝概念**"（the

God concept)的东西,而媒介常常帮助人们获得一种关于生命本质、精神力量等的感觉。

（7）找乐消遣。很多人发现,公共艺术有助于他们摆脱忧愁与焦虑(哪怕是暂时的),打发无聊时间。有时候,那些认为公共艺术没有思想和具有破坏性的人将这种行为称为消磨时间(killing time)。然而,从使用与满足视角来看,公共艺术绝不仅仅是消磨时间。我们看电视或听摇滚乐的时候可能看起来什么都没有做(甚至觉得我们什么都没有做),而实际上很多事情正在进行之中。

（8）体验移情作用(empathy)。通过媒介,我们分享他人的欢乐与悲伤,进而产生心理愉悦——通常是宣泄或"宽慰"。虽然我们欣赏的是我们通过媒介间接看到的替代性人物,但是,我们仍然能够从中分享到他们的喜怒哀乐,而这极大地丰富了我们的内心世界。它帮助我们从容面对现实生活中的重重困难。

（9）在内心无愧和有节制的情形下体验极端情绪,诸如爱与恨、骇人听闻等类似现象。这与体验移情稍有不同,后者牵涉了对角色的认同。此处的体验指的是体验情绪波动的欲望,却不为情绪波动所左右,或由于情绪变动而内疚。媒介使我们体验强烈的情感而不需要付出代价,使我们能够冒险而不必担心受到惩罚。不过,问题在于,所有受众是否能够免于受到媒介经验的影响。即便我们有"自制力",结果却带有各种不良的后遗症,引发暴力或某些并没有意识到的影响等。

（10）发现楷模。这些模范人物有助于我们取得认同感,指导我们怎样应对情况,让我们非正式地实现社会化。这里引发的问题是,我们认同的可能是恶棍而不是英雄,所吸取的观念、态度与行为模式也可能是有害的。例如,许多人担心儿童观赏充满暴力的节目会学习暴力,将暴力作为解决问题的手段。

（11）获得身份认同。身份认同(identity)可以定义为一种清晰的自我意识、一种个人风格、一种"被界定"的人格。美国不再是一个传统社会,随着传统的消逝,随着我们变得更流动、更现代与更物质化,我们发现越难以形成身份认同。这时媒介就开始发挥作用——尤其是连环漫画、电视与畅销小说中的各种英雄与非英雄人物。这些媒介角色帮助我们制造自我认同。不过,这些制造的自我认同是否合适、能否持久、是否有益都有待进一步探讨。

（12）了解世事。在媒介中,我们听到经济学家谈论经济问题;教授应邀向我们阐释问题;纪录片报道时事;有些台还播放大学课程。我们就在"不经意间"学到很多事。这种不经意的学习包括怎样进退自如、仿效英雄人物、强调某些价值。纵使媒介无意教导受众,纵使受众不自觉,但媒介永远会传授某些知识。那么,我们长存于心的大问题就是我们从媒介中学到了什么?

（13）增强正义感。一般来说,我们愿意看到英雄打败恶棍,愿意看到恶有恶报、善有善报,换句话说,我们愿意相信世间是有道德的,罪恶终将受到惩罚。

（14）更加相信浪漫爱情。虽然我们对爱情力量的信念正日渐消失,但我们仍然认为浪漫的爱情是一件美好的事物,是各种关系的主要推动力。我们对浪漫爱情的信仰隐含了一个观点,即我们的情感力大无比,有时候远远超过逻辑、理性、阶级差别、年龄差别、种族差异等,不过我们有时候也明白,浪漫爱情并不总会走向幸福。

(15) 更加相信魔法、奇迹和超自然的事物。这个信念可能主要源于童年(童话、魔术表演等),是我们喜欢恐怖小说和科幻小说的主要原因。这个信念也代表了人类对付恶魔的一种方式。

(16) 看到别人犯错误。俗话说:"人人都会犯错误"。确实,我们每个人都会犯错误。当看到别人犯了和我们一样或类似的错误时,我们感到内疚或沮丧的心情会有所缓解,这是因为我们可以这样总结说:犯错是人类的天性。在有些情况下,我们也有优越感,因为我们不至于"笨"到犯那些错误。而且,我们也可以从别人犯错、付出代价那里学到教训——从而避免犯错。

(17) 看到世界井然有序。我们愿意相信:世界是有天理的,万事万物有其原因,我们能够提前做计划。媒介交给我们自然法则、人类心理与动机、社会现象等,并用这些帮助我们得到世界的秩序感。

(18) (想象地)参与历史。重大事件发生时,我们都希望出现在现场,诸如现场观看大型球赛,在历史重大时刻听到政治家的讲话,媒介帮我们实现了这一点。我们甚至可以花整个晚上来倾听名人闲谈情感生活。我认为,这种"参与"历史的愿望是我们生活的巨大推动力,是异化与无聊情绪的反映。电视让平庸者挤在电视机前,看名人在节目中夸夸其谈。

(19) 消除烦闷情绪。媒介经常用艺术宣泄或净化人们的情感。我们可以欣赏戏剧、橄榄球赛、电影、音乐等发泄愤怒、焦虑、仇恨以及许多其他消极情感。有些大众艺术形态,例如肥皂剧与职业摔跤等节目,提供"令人痛恨的"人物,正是发挥净化的功能。

(20) 合法获得发泄性欲的渠道。近年来,许多团体抨击电视节目充满暴力,这导致电视(和其他的媒介)从其他的途径寻找吸引并保持观众的途径。方法之一是幽默,之二就是性。电影中对性的处理比电视更加开放,电视处理性的主题有含蓄的倾向,但是"扭捏作态"或"袒胸露背"目前是电视节目制作的主要因素。在媒介中,我们的性经验永远都是想象而来的。这些想象的经验是缓解抑或促发焦虑或消极情绪就不得而知了(例如,因为我们的妻子或女友并非美女,也不是性感尤物)。

(21) 既不受惩罚也无冒险地探讨禁忌物。因为新闻与娱乐媒介让我们"在远处"审视禁忌事物,从而可以获得双重好处。我们可以探索某些主题,从中得到亢奋或刺激。我们或谴责某些行为,或得出某种结论,从而获得一种道德上的满足感。当媒介以戏剧或纪录片的形式探讨乱伦、同性恋、强奸、吸毒或虐待儿童等主题时，我们在知晓这些罪行后会深感"兴奋"，并进行谴责声讨，从而感到心满意足。

（22）体验丑恶。这与体验美丽的愿望恰好相反，人们总是为丑恶与恶魔所迷惑。我们受丑恶吸引，也排斥丑陋的事情。还应当指出的是，人们对于美丑的态度多年来一直都在变化，这使得情况更为复杂化。

（23）肯定道德的、精神的与文化的价值观。价值观就是我们对善与恶、可欲与不可欲、正义与非正义的信念（我们从家人、朋友、宗教或其他设置中学到这些信念）。我们的行为与举动以价值观为基础，具有"绝对真理"的倾向。也就是说，价值观是我们塑造生命与社会的基石。美国社会有两种最重要的价值观：平等与成就。我们也许永远不会实现这些价值观，但它们却是奋斗的目标。媒介常常强调某些价值观，考量其价值观是正面的还是负面的，为什么被提倡鼓励，以及对社会秩序提出了哪些看法。

（24）看到恶人恶行。恶棍通常比英雄更有趣，后者必须是好的、善的并时时替他人着想——至少大部分时间如此（如今情况变得更为复杂，我们经常发现"善—恶"英雄与"善—恶"恶棍）。歹徒无恶不作，更能施展阴谋诡计，类型与性格更是变化多端。我们愿意看到恶棍恶迹昭著，但我们也要看到恶棍罪有应得。一箭双雕，我们可以获得两方面的满足。

简而言之，人们利用大众媒介的原因如下：

（1）被愉悦。

（2）发现权威人物得意或失意。

（3）体验美丽。

（4）与他人（社群）分享体验。

（5）满足好奇心和消息灵通。

（6）认同神性和神意。

（7）找乐消遣。

（8）体验移情作用。

（9）在内心无愧和有节制的情形下体验极端情绪。

（10）发现楷模。

（11）获得身份认同。

（12）了解世事。

（13）增强正义感。

（14）更加相信浪漫爱情。

（15）更加相信魔法、奇迹和超自然的事情。

（16）看到别人犯错误。

（17）看到世界井然有序。

（18）（想象地）参与历史。

（19）消除烦闷情绪。

（20）合法获得发泄性欲的渠道。

（21）既不受罚也无冒险地探讨禁忌物。

（22）体验丑恶。

（23）肯定道德的、精神的与文化的价值观。

（24）看到恶人恶行。

用使用与满足理论解读文本时，你必须判断哪种使用与满足是最重要的，哪种是次要的。而且，你应当能引用文本中的事件（电影、情景喜剧、肥皂剧、连环漫画等中的某些事件）作为使用与满足的分析依据。

使用与满足这种方法存在的问题是，不同的批评家对同一件事情（例如，在电影中）有不同的看法，或是对其提供的满足有不同的观点。这是因为使用与满足学说多少有些模棱两可。无论如何，使用与满足这种方法帮助我们了解大众媒介的力量。媒介分析家每当想起公共艺术时，应当永远思考这个问题：公共艺术"为"我们贡献了这么多，可是它们"对"我们产生了什么影响作用呢？

类型与公式

我在表 4.2 中列出了各种（文本）类型提供的使用与满足感——一种类型即一种文本，例如谋杀之谜、肥皂剧、广告、纪录片等。

表格表明，某些类型文本受欢迎的原因是它们满足了那些喜欢和出于不同目的使用它们的人的需求。在某种程度上，这些文本类型之所以普及是因为它们为人们提供满足感的功能。

表 4.3 涵盖了许多重要文本的公式化方面的问题：我们找到的角色种类，它们的情节和主题等。从公式化的角度来考虑故事，可以帮助我们了解故事的吸引力所在。当然，在给定类型中，一些作品公式化的层面更多。可以自由选择用来实验的类型，但大多大众媒介文本都倾向于公式化的方面，即有固定的角色和常规的情节。我认为，在接触一种类型时，人们可以先了解它的套路。

类型变化不定。在20世纪70年代美国，每周有超过30部西部片在电视台播出，在那时西部片很受欢迎。在当代美国，很少有西部小说被拍成电视或电影。这大概是因为类型的常规构成元素无法引起美国人的共鸣，也因为其他逐渐发展的类型能更好地提供人们从媒介中寻求的满足感。

表 4.2　类型的使用与满足

使用与满足	类　型
满足好奇心和消息灵通	纪录片、新闻节目、脱口秀、智力竞赛节目
娱乐	情景喜剧、喜剧影片
认同神性和神意	宗教节目
加强正义信念	公安剧、律政剧
更加相信浪漫爱情	浪漫小说、肥皂剧
（想象地）参与历史	媒体事件、体育节目
观看罪犯行动	公安剧、动作冒险节目
合法获得发泄性欲的渠道	色情作品、时尚秀、挑逗性商业广告、肥皂剧
体验恐怖	恐怖节目
模仿模特	脱口秀、动作秀、颁奖节目、体育节目、商业广告
体验美丽	旅游节目、艺术展、文化展示（交响音乐会、歌剧、芭蕾舞剧）

表 4.3　类型的公式化方面

方面 ＼ 类型	传奇故事	西部片	科幻小说	间谍
时间	20世纪初	19世纪	未来	现在
地点	英格兰乡村	文明边缘	外太空	世界
男主人公	贵族、上层阶级类型	牛仔	男宇航员	男特务
女主人公	典型的受难少女	古板严厉的女人	女宇航员	女特务
次要人物	女主人公的朋友	城镇居民、印第安人	技术人员	助理代理
主要反面人物	所谓的朋友	不法之徒	外星人	内奸
情节	女主人公寻找爱情	恢复法律秩序	击退外星人	找到内奸
主题	爱战胜一切	正义与进步	拯救人类	拯救自由世界
服装	华丽的服装	牛仔帽	太空舱	军服式雨衣
交通工具	汽车、马、马车	马	火箭飞船	跑车
武器	拳头	六发式手枪	射线枪、激光枪	无声手枪

内 容 分 析

内容分析是一种研究方法,指测量某种传播形态(例如漫画、情景喜剧、肥皂剧、新闻节目)的随机样本的某些数据(例如暴力、黑人、女性、职业类别的百分比等)。内容分析隐含的假设是,对于信息与传播的调查能够更好地了解接收这些信息的人。

利奥·洛温塔尔的内容分析

对早期杂志中的故事进行内容分析可以带来很大的启发性。社会学家利奥·洛温塔尔(Leo Lowenthal)(1944)[①]在《柯里尔》(*Collier's*)和《星期六晚间邮报》(*Saturday Evening Post*)[②]这两种杂志里找到了著名人物的传记。他看这些人是否与政治生活、商业、教学或娱乐相关,以此加以分类。于是,洛温塔尔发现了几个有趣的情况:①传记的数量逐年增加;②有关政治家、商人、教授的传记在逐渐减少,而有关艺人的传记正在逐渐增加;③有关演艺人员的文章从严肃的艺术家与作家转向某类流行的艺人。他在《流行刊物中的人物传记》(*Biographies in Popular Magazines*)(1944)中写道:

内容分析实验的对象涵盖了 1940 年 4 月至 1941 年 3 月期间出版的《星期六晚间邮报》和《柯里尔》。遗憾的是,实验无法对最新材料进行全面调查,但随机抽取的样本显示,自国家参与战争以来,人物传记的选材或内容结构没有发生本质性变化……我们根据主题将传记分为三组:政治生活、商业和职业领域,以及娱乐领域(最广义的娱乐领域)。从表格可以看出,第一次世界大战前,人物传记对政治人物有着非常大的兴趣,而商人、学者和艺人题材的传记比例相差无几。战争结束后,情况完全改变。政治人物传记数量减少了 40%,商人和学者传记数量减少了 30%,而艺人传记数量增加了 50%。从 1922 年到现在,这一数值比例几乎没有改变……过去,人们将英雄称作"生产偶像"(idols of production),而现在,杂志中的人物都是"消费偶像"(idols of consumption)。事实上,几乎每一个传记人物都直接或间接地与休闲娱乐相关,要么他不从事满足社会基本需求的职业(例如,娱乐和体育界的英雄),要么他或多或少是社会生产部门的代表。(pp.508,510,516)

洛温塔尔发现,早期的传记文章关注的焦点是"**生产偶像**"(idols of production)(提

---

① 利奥·洛温塔尔(Leo Lowenthal,1900—1993),德国社会学家,德国法兰克福学派的核心成员之一。其研究领域主要集中在通俗文学、杂志、政治领袖等。根据网络资料整理。——译者注

② 《柯里尔》(*Collier's*)和《星期六晚间邮报》(*Saturday Evening Post*)杂志,经常刊登一些关于事业迅速成功致富的男人的报道。根据网络资料整理。——译者注

供教育与方向），后期文章的焦点是**"消费偶像"**（idols of consumption），如电影明星和其他娱乐明星等。这些文章关注明星们生活方式的嗜好与消费模式。洛温塔尔讨论了传记里的这些"消费偶像"如何影响到诸如对待童年、成功、调节以及社会化功能等问题。他那 40 页的专题论文经常被社会学家引用。

内容分析的优点是：

- 它花费不多。
- 通常很容易找到资料。
- 不会妨碍他人（因此不影响他人）。
- 产生量化数据。
- 可以处理当今或过往的时间，或二者兼而有之。

内容分析面临的问题是：

- 很难确定所研究的样本具有代表性。
- 对于所研究的主题通常很难给予好的工作定义（例如，什么是暴力？）。
- 不容易找到可测量的单位，例如一个连环漫画的框架、电影或杂志文章如何进行测量等。
- 基于内容分析的推论无法得到证明。

虽然内容分析面临一些困难，但是，使用内容分析研究方法可以从事相当有趣和有益的实验。刚开始运用此方法的分析家会发现，最好的办法是选择一个相对容易研究的媒介作为对象。这就是接下来分析连环漫画的原因。就内容分析家而言，连环漫画有几大好处：大多数人都熟悉连环漫画；连环漫画的角色容易归类；而且漫画随手可得，易于处理；连环漫画固定在纸面上，不像电子媒介上的文本，稍纵即逝；分析家可以随意决定研究漫画的时间。

你选择的分析范畴应当以你想研究的事物作为基础。我列出可能的主题：

男女主角、男女恶棍的身体特征

- 头发的颜色
- 眼睛的颜色
- 身高
- 体重
- 年龄
- 体型
- 性别
- 种族

人物的社会特征

- 职业

- 教育
- 宗教
- 社会经济学意义上的阶级
- 地位
- 角色
- 族裔背景（国籍）

人物的感情性质

- 热情或冷漠
- 焦急或安详
- 沉着或不稳重
- 威严或依赖
- 敌意或友善
- 坚强或软弱
- 可爱或可恨
- 个人主义的或墨守成规的
- 爽朗的或默然的

以上只是列出你对连环漫画进行内容分析时可能会关注的任务的几个方面，你还应当关心这些主题，例如暴力的数量（及其使用）、人物的价值观、社会与政治事件的暗示、文化内容的反映等等。

在此我还要指出内容分析的另一个层面，即内容分析具备历史的或比较的因素是最有用的。举例来说，日报连环漫画出现多少暴力值得研究。但是，10 年前、20 年前、30 年前日报连环漫画中出现的暴力次数更加值得研究。通过采用历史的视角，分析家可以判断趋势，了解人们对女性、黑人、族裔群体态度上的重大转变。我们采取比较的观点可以看出不同的文化与社会价值之间价值观与信念的差异。

你可以选择某种报纸的连环漫画版练习内容分析，以上列出的主题可以用平均数、男女人物的百分比、男女人物说话的次数，以及暴力动作的次数进行分析。对同一种报纸现在的连环漫画版与 20 年前、30 年前或 40 年前的连环漫画版加以比较。

讨论了内容分析后，我要总结社会学的媒介分析方法。本章的介绍最多也就只是一个起点，说明了社会学家研究媒介与大众艺术所要寻找的感觉。社会学研究方法与马克思主义研究方法有重叠之处，因为马克思主义的概念对于社会学思想很有启发。同样，使用与满足学说也具有心理学的维度。

讨 论 题

1. 解释以下社会学基本概念：科层制、角色、异化、失范、阶级、功能主义、边缘化、大众传播、大众媒介、后现代主义、生理性别（社会性别）、社会化、地位、原型。

2. 什么是**使用**与**满足**？

3. 你认为今天使用大众媒介的人们与 10 年前或 20 年前的人有什么不同？

4. 内容分析的利弊是什么？

5. 列出并简要描述与媒介相关的六种使用与满足，并将其运用到某部著名电影或其他文本分析中。

6. 如何界定性别？性别是自然的还是社会建构的，如果是社会建构的，那是否意味着性别可以是人们想要的？

7. 你在新的电视节目中发现了哪些公式化的东西？作者在更有趣和创新的节目中，是如何使用和修改传统公式化的东西的？吸血鬼表演是公式化的吗？解释你的答案。

参 考 文 献

Arens,William. & Montague,Susan P. (Eds.). (1976). *The American dimension：Cultural myths and social realities*. Sherman Oaks,CA：Alfred.

该文集涉及食品、电影、橄榄球、快餐、肥皂剧等主题，大部分文章都是从人类学的角度进行探讨。

Berger Arthur Asa. (1976). *The TV-guided American*. New York：Waker.

该书分析了大量电视节目（*All in the Family*,*Kung Fu*,*Mission Impossible* 等），研究它们对美国文化与社会的影响。

Berger Arthur Asa. (1987). *Television in society*. New Brunswick,NJ：Transaction.

这是一部随笔集，最初出版于《社会》（*Society*）杂志，探讨电视节目、媒介事件和电视的各种社会层面。

Berger Arthur Asa. (1995). *Essentials of mass communication theory*. Thousand Oaks,CA：Sage.

该书对大众媒介理论提出一般看法，讨论焦点是艺术作品、艺术家、受众、社会和媒介，以及这些主题相互关联的方式。

Berger,Arthur Asa. (1997). *Postmortem for a postmodernist*. Walnut Creek,CA：AltaMira.

这是一部喜剧性小说，由一群滑稽的角色组成国际化的演员阵容，它在虚构类型、讽刺学术界的同时，解释了后现代主义的基本原理，配以作者所画的许多连环漫画风格的插图。

Berger,Arthur Asa. (1998). *Media research techniques* (2nd ed.). Thousand Oaks,CA：Sage.

该书描述并帮助读者展开与媒介相关的大量研究项目，包括内容分析、焦点群体和杂志广告的修辞学研究等。

Berger, Arthur Asa. （Ed.）. (1998). *The postmodern presence：Readings on postmodernism in American culture and society*. Walnut Creek, CA：AltaMira.

这是一部随笔集,其中许多文章没有发表过,主要讨论后现代主义对当代美国文化和社会的影响。研究主题包括 MTV、电影、时尚、《X 档案》、《终结者》、《韦恩的世界》、博物馆和建筑等。

Berger, Arthur Asa. (2003). *Durkheim is dead：Sherlock Holmes is introduced to sociological theory*. Walnut Creek, CA：AltaMira.

这本书虽然表面上看起来很神秘,但实际上是关于社会学理论的。它尤其关注马克斯·韦伯、埃米尔·涂尔干、格奥尔格·齐美尔、西格蒙特·弗洛伊德、弗拉基米尔·列宁、杜波依斯和比阿里特斯·韦伯的观点。

Berger, Arthur Asa. (2003). *Media and society：A critical perspective*. Lanham, MD：Rowman & Littlefield.

这本书关注的是媒介对社会的影响,涉及诸如受众、媒介影响、媒体与暴力和大众传媒/大众社会假说。

Berger Peter L. , & Berger Brigitte. (1972). *Sociology：A biographical approach*. New York：Basic Books.

这部创新的社会学教材主要介绍该领域的主要思想家及其基本观点。

Burns, Elizabeth, & Burns, Tom. （Eds.）. (1973). *Sociology of literature and drama*. New York：Penguin.

这是一部随笔集,选编了当今几位著名思想家的文章。文章都采用社会学的角度,但书中没有收录马克思主义和结构主义思想家的文章。

Butler Judith. (1999). *Gender trouble：Feminism and the subversion of identity*. New York：Routledge.

这是一本关于性别本质的开创性著作,在同性恋理论的发展中也起到了重要作用。

Coser, Lewis. (1971). *Masters of sociological thought：Ideas in historical and sodal context*. New York：Harcourt Brace Jovanovich.

这一经典文本涉及许多重要的社会学家的理论,如马克斯·韦伯和埃米尔·涂尔干。

Danesi Marcel. (2009). *X-rated！The power of mythic symbolism in popular culture*. New York：Palgrave Macmillan.

这本书涉及的主题主要包括：品牌和广告,神秘的流行文化,流行文化和女性形式,以及流行文化的其他方面。

Danesi, Marcel (2012). *Popular culture：Introductory perspectives* (2nd ed.). Lanham, MD：Rowman & Littlefield.

在这本书中,丹尼斯定义了流行文化及其在印刷、广播、电视、电影和视频等媒体中的角色。

Hook, Bell. (1992). *Black looks：Race and representation*. Boston：South End.

这是一本关于媒体对待黑人所采取方式的充满激情的研究,作者是一位重要的非洲裔美国批评家。

Jones, Steven G. （Ed.）. (1997). *Cyber Society：Computer-mediated communication and community*. Thousand Oaks, CA：Sage.

从虚拟现实和虚拟世界到任天堂、电脑游戏和因特网产品标准，无一不包括在这部激动人心的随笔集中。

Lyotard，Jens-François. （1984）. *The postmodern condition*：*A report on knowledge* （Geoff Bennington & Brian Massumi，Trans.）. Minneapolis：University of Minnesota Press.

这本小册子是法国学者利奥塔所作，是一本有影响力的后现代主义分析著作。它包括后现代主义理论先驱弗雷德里克·詹姆逊的介绍。

McLuhan，Marshall. （1967）. *The mechanical bride*：*Folklore of industrial man*. Boston：Beacon.

麦克卢汉对美国广告和连环漫画的社会学意义进行了精彩的研究。他的这种开创性的努力现在仍然值得认真注意。

Rapaille，Clotaire. （2006）. *The culture code*：*An ingenious way to understand why people around the world buy and live as they do*. New York：Broadway Books.

拉派尔的书专门论述了塑造行为的社会规范和准则。

Real，Michael R. （1977）. *Mass-mediated culture*. Englewood Cliffs，NJ：Prentice Hall.

里尔对迪斯尼、超级杯橄榄球赛（Super Bowl）、马库斯·韦耳伯（Marcus Welby）和比利·格雷厄姆（Billy Graham）进行研究，并提供了一些重要的理论资料。

Rosenberg，Bernard，& White，David Manning. （Eds.）.（1957）. *Mass culture*：*The popular arts in America*. New York：Free Press.

它是有关大众文化最早同时也是最重要的论文集之一。

Tuchman，Gaye，Daniels，Arlene kaplan，& Benét，James. （Eds）.（1978）. *Hearth and home*：*Images of women in the mass media*. New York：Oxford University Press.

该书涉及女性在电视与杂志中形象的问题，并为该主题提供了相关参考文献目录。

Weibel，Kathryn. （1977）. *Mirror-mirror*：*Images of women reflected in popular culture*. Garden City，NY：Anchor.

该书探讨了小说、电视、电影、妇女杂志、平面广告以及时尚服饰里的女性形象。

Wilson Robert N. （Ed.）.（1964）. *The arts in society*. Englewood Cliffs，NJ：Prentice Hall.

该书以高雅文化为核心，不过书中还有几篇涉及媒介分析的优秀文章，还有伊恩·华特（Ian Watt）的两篇文章（关于鲁宾逊以及文学与社会的两篇文章）。

第二部分

应 用 篇

　　本章用符号学和马克思主义的观点探讨《东方快车谋杀案》(*Murder on the Orient Express*)与经典谋杀悬念小说。首先,我们讨论作者阿加莎·克里斯蒂(Agatha Christie)如何"违反"单一凶手的"符码",并指出,悬念小说实际上是应用符号学的问题,读者或观众不能解决的原因在于他们或者是忽略,或者是误解了能指(线索)。然后,我们讨论悬念小说中阶级冲突的因素,以及这些因素在转移读者注意、迷惑读者方面可能扮演的角色。最后我要指出,悬念小说结构中隐含着革命性的因素,实在出乎人们的意料。

第 5 章

东方快车谋杀案

　　《东方快车谋杀案》普遍被认为是阿加莎·克里斯蒂最好的作品之一,也是分析性侦探悬念小说的经典之作。小说被拍成一部非常成功的电影,以悬念故事衬托劳伦·巴考尔(Lauren Bacall)和英格丽·褒曼(Ingrid Bergman)等大明星的角色,演员表演到位,引人入胜。

　　这个故事最突出的地方在于故事里面所有的嫌疑犯都是凶手。一旦赫里克里·波洛(Hercule Poirot)发现这个关键,其他问题也就迎刃而解了——任何好情节的悬念小说必定如此。从符号学的角度来说,一部悬念小说就像符码信息,所有的符号与含义都可以被察觉到,但是符号彼此之间的联系却不明显。一旦我们明了其相互关联的方式,犹如"破解符码"一样,案情就水落石出了。因此,线索就是能指,表达不同的所指。我们必须将线索汇集,适当地加以解释,明白案情,查出凶手。

　　在《东方快车谋杀案》里,克里斯蒂决定创造十几个嫌疑犯个个都有罪的悬念，这是一种杰出的、聪明的结构创新，是对传统推理小说只有一个嫌疑犯的颠覆。观看电影或阅读小说的乐趣在于看波洛怎样组合线索。许多人在观看电影之前可能已经读过该小说，通常读者希望自己喜欢的书在电影上真实演出——想看其"栩栩如生"，重新阐释，这也是电影观众所获得的体验。

设 置 悬 念

如果我们忘记实际的情节，根据人物及其关系探讨该故事就会发现，《东方快车谋杀案》具有非常对称的结构。故事里有三个主要人物，或者说两个对立人物和一群其他相互关联的人物，这一群角色组成第三个角色，介于前两者之间。我们发现：一方是侦探波洛；另一方是雷切特（Ratchett）[绑架者卡塞蒂（Cassetti）的化名]。一个偶然的机会，波洛碰巧搭乘东方快车返回法国，同行的有雷切特和一群其他人。雷切特认出了大侦探波洛，愿意支付 2 万元请波洛保护，因为雷切特受到了带有威胁性的警告。但是波洛对雷切特深感厌恶，当场予以拒绝。

克里斯蒂告诉我们，雷切特看起来很"邪恶"，而波洛的样子很滑稽。波洛被描绘成"样子可笑的小个子男人"（p. 14）。除了这两个人物之外，火车上还有几个不同阶级与国籍的人物。

小说开头，旅行第一天，波洛与朋友波克先生（Monsieur Bouc）共进午餐，推测乘客。波克已经"研究"了火车上的乘客：

"唉，"他叹了一口气，"但愿我有巴尔扎克的手笔！这样我就能描绘现在的场景。"他挥舞着手。

"好主意。"波洛说。

"啊，你同意？还没有人写过，是吧？不过——我的朋友，此情此景激发了我的浪漫情绪。围绕在我们周围的人来自各个阶级、各个国籍以及各个年龄段。在这三天，这些人——这些陌生人将一起度过。他们同在车里吃饭，无法分离。三天之后各自离去，彼此也许永不见面。"

"不过，"波洛说，"如果发生意外事件——"

"哦，不，我的朋友——"

"从你的观点来说，意外事件将令人遗憾，我同意。不过，让我们只是暂时设想一下意外事件的发生。那么，也许车上所有的人都会联系在一起——由于死亡的原因。"（pp. 29—30）

因此，波洛极其仔细地观察了列车上其他 13 位正在用餐的乘客，揣摩他们的心理。事实上，所有角色由于死亡事件而联系在一起——由于卡塞蒂/雷切特从前在美国绑架小孩戴西·阿姆斯特朗(Daisy Armstrong)所引发的悲剧。这种关系在故事里出现了好几次,时隐时现,是破案的关键。

让我们看看人物之间的关系。表 5.1 列出了几项有趣的典型对立:

表 5.1　《东方快车谋杀案》中的人物关系

波洛	火车上的 12 位凶手	雷切特
查出凶手 拒绝为雷切特工作 样子滑稽	都参与杀(刺)雷切特 都与雷切特有联系,并且牵涉波洛 模样各不相同	被杀 请求波洛担任保镖 面相邪恶

故事的谜团是,怎样发现火车上看似毫无瓜葛的 12 位乘客实际上是相互联系的。如果雷切特发现他们是相互关联的,那他可能死不了。当波洛发现 12 位乘客互有关联时,他想到了凶手——不过,令人好奇的是,他放走了凶手。他之所以这样做,是因为他接受(凶手)对命案的解释,即有一个神秘的陌生人在谋杀雷切特之后离开了火车。

一旦波洛发觉火车上好几位乘客与阿姆斯特朗绑架案有关,他就能够最终找到 12 个人物之间的关系。在接近小说末尾,但在透露 12 位乘客互相"有关"之前,我们发现有如下一段对话:

"我现在一点也不惊讶。"

"一点也不惊讶! 即便火车上每位乘客都与阿姆斯特朗家族有关系,我也毫不为奇。"

"这个说法非常深刻。"波洛说。(p.234)

这时我们还没有认识到这句话的重要性,但是波克偶然撞上了案情的关键,作者克里斯蒂明知我们不会注意这个细节,却安排这句话从波克嘴里说出。当我们在故事结尾回想起来,发现克里斯蒂早就提供了破案线索,可我们不是忽略就是误解了这些线索。也就是说,我们忽略或误解了重要的能指,最后得到的只能是错误的所指。

作为符号学家的侦探

谋杀推理小说之所以吸引我们,是因为最后要对一系列线索进行解码——许多符号与意义(动作、话语、物体)看似偶然、毫不重要或兼而有之,直到我们找到将每项事物联系在一起的符码为止。分析性推理小说里的大侦探都是符号学家。我们喜欢阅读推理小说,其原因部分来自于符号学家提出的问题——我们要努力解答的谜题。福尔摩斯系列如此受欢迎的一个原因是,福尔摩斯是一位了不起的符号学家,一位敏锐的符号分析家——而故事读者没有意识到这些符号的重要性。推理小说作者隐藏线索的最常见方式之一是对角色、地点和事件进行长篇叙述。读者没有意识到作者已经提供了解决问题所需的全部信息，因为读者在遇到重要线索（符号）时识别不出来。推理小说的不成文规则之一是作者必须为明眼人提供足够的信息来解决犯罪问题。

《东方快车谋杀案》的解决办法是，波洛通缉虚构的凶手，而让真正的凶手逃避法律的制裁。这种解决办法本身就与某种道德准则相关，例如，"善有善报，恶有恶报"，在正当情况下，某个穷凶极恶的坏蛋应当被杀。这一群非同寻常的"义务治安员"（vigilantes）（因为正是他们履行了这一职能，尽管有些人以欧洲的华丽服装为掩饰）所面临的困境是所有这类人群共同面对的：如何借助法律与秩序的名义为非法行为——本案是谋杀——辩护？波洛的反映是情绪化的，就像心理分析书籍所揭示的那样：人人都受到"非理性"力量的驱使。

经典谋杀推理小说是谋杀推理艺术类型的分支，它们强调理性与逻辑，在情感、非理性、对谋杀者的憎恨以及侦探者的思维之间存在着完全的对立。这类小说高度公式化，必须合乎许多传统做法，才算是正统的推理小说。也就是说，好的推理小说是两种心灵的对抗冲突。

有些弗洛伊德门派的分析家指出，对谋杀推理小说的迷恋与我们年轻时的欲望有关，那时我们想知道父母卧室里的情形，这个问题困扰了我们，于是成年后将这种欲望转向深锁的房门以及半夜传来的神秘声音。弗洛伊德分析家马丁·格罗特雅恩（Martin Grotjahn）在他的《超越笑声：幽默与潜意识》（*Beyond Laughter: Humor and the Subconscious*）（1966）一书中探讨了推理小说。关于人们为什么喜欢推理小说以及它们代表什么，他提供了许多有趣的见解。他写道：

> 谋杀推理小说受欢迎的部分原因是无意识谋杀的欲望。情节是不断重复的几个主题的变体。当一名参与者被发现死亡时，两人之间的密谋不法行为被发现。行动的秘密，包括动机成了一个令人困惑的迷。这个不法行动必须被揭露，然后小说进行了冗长的探索。在事件过程中，每个人都涉嫌犯罪，包括读者……无辜的读者们开始被吸引、充满好奇并渴望帮助解决谜团。他们的举止像发现父母卧室秘密的小孩子一样。（pp. 155—156）

后来格罗特雅恩补充道（1966），我们对推理小说的兴趣是"恢复长期压抑的对生与死、性交、月经、蹂躏处女、怀孕、出生、分娩以及所有其血腥情节的兴趣"（p. 156）。因此我们对各种形式的推理小说的着迷在很大程度上与我们童年试图发现父母卧室发生的事情以及我们对父母性行为的兴趣有一定的关系。这些压抑的兴趣再一次被推理小说重新激发。

社会维度与政治维度

《东方快车谋杀案》的小说与电影也可以就其社会的与政治的维度进行探究。所有的人物发生关系聚集在一起，并不是由于爱情或休戚与共的感情，而是因为仇恨与死亡。不过，这种脱离了异化与陌生的关系仅仅是暂时的。当东方快车抵达法国，所有乘客分道扬镳，只留下杀人报仇的回忆将这些人捆在一起。

不过，反讽的是，《东方快车谋杀案》小说表达了一种可能性，即社会的基础不在于阶级差别与异化的关系，而在于利益的共同体——在于人类共享的目标。这种颠覆性的情形在《东方快车谋杀案》中颇为有趣，因为它证明了不同的阶级会为共同的利益携手合作，阶级差异得以克服。

当然，我们必须牢记，卡塞蒂/雷切特曾绑架富家之子，由此可见，在凶手看来，穷人与工人阶级始终是服务富人（甚至于皇室）阶层的工具。我们知道，卡塞蒂曾经"触及"所有涉案者的生命，可以推测，由于上层阶级的坚持，竟然使每个人在东方快车上聚集。涉案的每个人由于其社会的、国籍的与阶级的差异存在，这使得怀疑者（侦探）困惑不明真相。因此，我们可以说，凶手制造的"神秘化"（mystification），等同于社会的神秘化，因为资产阶级发现这对于维系其自身利益至关重要。

推理小说故事等于是真实社会的缩影。很多推理小说——特别是英国经典推理小说——刻画了社会上富人与贵族是凶手的情形，而"仆役佣人"却很少是凶手，这种情形也许并非偶然，这明显揭示了阶级冲突。当然，很多推理小说确实包含了贫富之间的冲突，但也有许多推理小说仅仅涉及上等阶级内部的命案，表达资产阶级的堕落。意外的是，这些凶杀案通常由出身工人阶级与中产阶级的侦探破案，所以，在这些作品中仍然存在着阶级冲突的因素。

作为革命家的波洛

那么，奇怪的是，像波洛这样的人物可以说具有革命性的维度。虽然他们的活动是个人层次，而不是社会层次，但其最直接的功能却是维系资产阶级正统的社会道德观。

我们对于富人和他们丰富多彩、自我沉溺的生活方式充满迷恋，但其背后却萌生仇视、憎恨与备受压榨之感，是具有政治（甚至于革命的）含义的。同时，侦探小说发挥移情作用，使读者逃避现实世界与自己的烦恼，给我们塑造邪恶与堕落的角色，他们最终难逃法网。因此，推理小说担任奉献牺牲品的功能，净化我们对于富人与当权者的（某种程度）敌视情绪。

与在真正的革命中对抗真实的资产阶级相反，我们在推理小说中"逐个杀死"富人。

不过，小说对付的是想象的富人，因此，我们的仇恨（及其革命潜力）往往随之化解。这可能是神秘骗局的终极形式：侦探与警察所象征的无产阶级是潜在的无产阶级，其与资产阶级之间的对抗冲突是在虚幻的想象中展开的。

我们从《东方快车谋杀案》之类的悬念小说中学到一件事：我们普通大众缺乏用聪明与智慧来解决这些谜团。其言外之意是，我们没有能力管理自己的社会与政治机构。在心理上，我们被降格为儿童，不理解社会真实情况。这些小说故事的含义是，我们最好将控制社会的权力托付给更聪明、更有权力的人，这正是资产阶级希望人民大众相信的理念（也就是说，维持现状）。

虽然侦探小说是大规模销售的产品，虽然它们经常担任虚假意识的工具（转移人们对真实利益的关注），但反讽的是，它可能还包含有革命性的因素。这是因为悬念小说中的很多凶手都来自上层阶级，小说揭示了这群人的腐朽堕落，于是，将他们取而代之似乎是相当合理的。凶手还暴露了上层阶级的脆弱性：虽然他们家族庞大，仆役成群，但仍难逃命运的惩罚。因此，每个凶杀案都有其政治与意义层面，每个凶手不知不觉粉碎了"阶级"对"大众"意识的支配。

这些经典推理小说的命案，模糊地表达了爆发革命暴力的可能性，并且间接地在阶级斗争中发挥了作用（实际上，在英国经典谋杀推理小说中，上层阶级被迅速杀光。我们推想，最后只剩下工人阶级，他们会惊奇地发现，资产阶级逐渐走向自我毁灭，因此没有必要爆发一场革命）。这个观点会让作者阿加莎·克里斯蒂大惊失色。当然，侦探波洛会全盘接受。

讨　论　题

1. 《东方快车谋杀案》中的对立是什么？它们如何在文本中产生"意义"？

2. 波洛的何种角色特征看起来更加合理——作为符号学家还是作为革命家？论证你的回答。

3. 为什么电视上几乎没有古典侦探片却有许多警察刑侦节目（警匪片）？

4. 暴力犯罪节目提供了哪些其他类型节目无法提供给观众的满足？警察刑侦程序对观众与社会产生了什么样的影响？

　　从符号学的角度观察,橄榄球是一种符号体系,本章重点介绍几种次级符号体系(球员服装、裁判员、啦啦队的服装、看台中的符号区域等等)。我们特别要注意,球队与电视播音员使用即时回放(instant replay)的摄影机对时间进行的操纵。接下来,我们要探究橄榄球的社会化功能,以及橄榄球帮助人们准备在专业化与官僚化的社会——特别是在公司工作所扮演的角色。橄榄球不同于棒球,后者是 19 世纪田园式游戏,不再与美国"飞跃式的"、紧凑的感觉相同步。从社会学的角度来说,橄榄球已经取代了宗教组织的功能。本章还从马克思主义的角度对橄榄球进行阐释,重点放在其娱乐价值、把球员当作商品和比赛的商业层面上,尤其是电视广告的层面。

第 6 章

橄榄球比赛面面观

橄榄球是一种符号游戏

对符号学家而言,橄榄球是一个有趣的主题,因为比赛的同时充满了各种符号,而且它还是重要的能指。橄榄球场本身是一个巨大的符号——热情的观众(有时是球迷)汇集到一起观看高度组织化、仪式化比赛的神圣场所,很多人认为橄榄球赛取代了战争的功能。通常有 6 万乃至更多的人观看比赛,再加上电视转播,有时候就有数百万人收看比赛情况,这就意味着整个国家"变成了"一个巨大的橄榄球场。

观众在橄榄球场上所坐的位置——坐在 50 码线或球门后面上方——是个人财富、权力或地位的象征。比赛场地是一个巨大的方格,在 100 码长方形的绿草地上(或人造草皮),画着一些白线。颜色的强度刺激了球赛的激昂气氛,这是不可低估的。橄榄球场上有各式各样身穿制服的人:裁判员身着斑形条纹服,球员戴头盔披肩;乐队行进着;啦啦队穿着运动上衣与迷你裙;教练佩戴耳机与其他电子设备;还有乐队指挥与鼓乐队以及其他许许多多的人。所有这些参与者的制服与饰物都是球赛中各种技能、活动和功能的能指:裁判规则、体育活动、音乐娱乐、性暴露、比赛策略等等。因此,橄榄球赛并非仅仅是体育运动,而是许多事件综合的一个更大的体系,这极大地增强了它的重要性。(我还没有提到观看球赛的人,他们经常身穿所喜爱球队的颜色的制服或徽章,有时他们携带标语进场。在半场休息时间,乐队演奏,各类娱乐节目进行,橄榄球场的"符号区域"经常挥舞着各种符号。)

球赛本身就是以符号为基础。球员聚集在一起发动攻势所使用的符号类似于符号学家所讲的符码(参见第 1 章),表示某时刻进行特定的动作。后卫紧盯对手,寻找传球或某些动作的暗号。比赛中许多活动是以"欺骗"为基础的,即给对手以假的能指,造成对手的错误。能指具有欺骗对手、发送假情报的作用,这使得球赛异常复杂。

裁判也使用符号——用各种手势表达犯规处罚。这些信号其实是非口语化的,是视觉上的比喻,使裁判能够向在场每个人表示犯规的性质。最重要的符号是伸手高过头顶,表示得分,这个符号是一个能指,却有两个所指:一方面表示进攻球队得胜;一方面表示防守球队受挫。裁判手势一给出,橄榄球场中成千上万的观众(以及电视机前的观众)疯狂高呼。

在比赛的过程中,橄榄球场边线上也举行了很多活动。在大学橄榄球赛中,乐队不时奏出激昂的音乐鼓舞本队士气,啦啦队引导观众高声呼喊,上下跳跃(展示胸脯与大腿),展示相当机械的舞蹈与动作。许多职业橄榄球队雇佣大批年轻的美女,在边线上"扭腰甩臀",暗示球赛带有性诱惑的成分,更精确地说,它揭示了球赛中隐含的性诱惑的成分。

即时回放与现代敏感性

橄榄球赛场面壮观,各种次体系呈现在观众眼前,其中有一个符号对于理解橄榄球的含义非常重要,尤其在电视转播球赛的时候,那就是大屏幕计分板时钟。时间在橄榄球比赛中至关重要,但是不同于棒球与其他运动,橄榄球比赛的时间是可以操纵的。在激烈的对抗赛中,正是对时间的操纵在比赛中产生了不可抗拒的紧张气氛。

在一面倒的比赛中毫无紧张可言,比赛经常变成赢方的实力展示,败方则颜面无存。但是,在胜负难分的比赛中,时间是每个人的敌人。领先的球队努力保持优势,而落后球队想利用剩余时间进球,挽回败局。许多橄榄球赛在最后几分钟甚至是最后几秒钟才决出胜负。由于比赛规则使然,一分钟比赛实际上要用数分钟的时间。

特别是电视转播的比赛,由于使用即时回放技术,从各个不同角度拍摄比赛场面,结果球赛时间与现实生活中的时间不吻合,使得情形更为复杂。我们一遍又一遍地从不同的角度观看刚发生的一个镜头（某比赛片段），所以我们的持续感（sense of continuity）与角度就出现了问题。时间并没有如我们所想象般的流逝，因为我们观察世界的角度并不是唯一的标准。

橄榄球电视转播于是变成一种高度复杂的艺术形式，非常类似于当今的先锋派电影（avant-garde films），二者都刺激意识流的想法，时间前后颠倒，有时候几乎并不连贯。即时回放则有些类似于电影中的倒叙镜头（flashback），即时回放技术的发明极大地改变了电视转播橄榄球比赛（与其他体育运动）的性质，也大大改变了现代美国人的敏感性。第十六届超级杯橄榄球赛，旧金山49人队对抗辛西那提孟加拉虎队，哥伦比亚广播公司（CBS）在赛场架起16部摄影机转播球赛，同时架设7架摄像机在更衣室和别的场所，它还配备14台即时回放的录像机，每个镜头都能从不同的角度观看。无疑，观赏这样的节目会让观众大开眼界。至少，这种非凡的节目的发展激起了观众全新的感受。

橄榄球使我们社会化

橄榄球不仅仅发挥着娱乐的功能。**娱乐**一词就像**有趣**这个词一样，二者含义都很模糊。我们应当对橄榄球提出以下问题：为什么我们发现橄榄球令人愉悦？我们从比赛中得到了什么？橄榄球赛有什么功能（即橄榄球赛满足了观众的什么愿望）？对我们产生什么影响？它表达了对社会的什么看法？

橄榄球最重要的一个层面是其社会化与文化熏陶的作用。它教会我们如何在社会上与人相处，扮演什么角色，遵循什么规则，了解生活的意义等。大多数时候我们并没有意识到橄榄球发挥这样的功能，那就是说，我们容易受到橄榄球比赛教化与暗示的影响。在本部分，我们把橄榄球看作价值观、态度与信仰的能指，想要确定其所指以及球赛可能对人们的影响（当然，这是一种推测性活动）。

我们从橄榄球中学到：我们生活在一个高度复杂的社会，时间至关重要，人与人之间的沟通非常关键。球赛大部分都涉及教练员与队员之间的沟通，双方每次比赛都使用信号。每个动作都在排练阶段反复策划、演练和准备。事实上，只有球员犯错或做出意外动作才会使教练的计划变糟。

另外，我们学到社会高度专业化在群体化的情景中所发挥的作用。如今团队由攻守高手构成，各自有其特殊的才干。橄榄球队在美国社会扮演着"模范"的角色，我们通过观看球赛懂得，我们必须在高度结构化的组织中成为专家，接受上层（教练）的控制，首先我们要用特长追求团队的利益，然后才是自己的发展，这也就是"团队精神"的意思。不知不觉中，我们从橄榄球中学到我们必须准备献身于高度科层制的社会——最可能是在大公司中，发挥自己的功能。观赏橄榄球赛是为公司工作进行"训练"，橄榄球赛的暴力则转化为促销活动，以"粉碎"公众、对手或二者作为目标。

我们还从中学到，专业与能力构成了上升晋级的方法，职业球队尤其如此。乡下男孩、工人阶级家庭的黑人以及许多穷人经常能够得到优厚的待遇。很多年轻人非常认同橄榄球明星，这些明星在赛场上的表现有时候真是令人叹为观止。

实际上，橄榄球可以说是包围与突破、秩序与任意的活动——虽然它永远在比赛的范围内（这种比赛高度结构化，而且受规则支配）。这些自由的时刻激动人心，令人欢呼雀跃，但是它们稍纵即逝，无法预测。我们大可以说，橄榄球比赛大多数时候是平淡乏味的，只有发生激动壮观的事件才会令人们兴奋。由于我们无法预知什么时候会出现这种奇观，所以必须全神贯注，以免错过。

电视橄榄球统计数据

戴维·拜德曼（David Biderman）（2010）在《华尔街日报》的一篇文章《11分钟行动》中分解了典型比赛广播的组成部分。

在3小时的比赛中有11分钟是实际控球时间。平均播放4秒。

17分钟用于重播。

有67分钟是球员"站在周围"，即聚集听取指示。

75分钟用于商业广告。

静止与行动的比例是10比1。

进攻球队有40秒开球。

如果一场典型比赛持续4秒，那意味着在1分钟时间内可能会有15场比赛——从开球到比赛结束。但这并没有计算球队用来讨论战术以及开球的40秒。如果增加40秒来开球，并在一场典型比赛中增加4秒，一场大约花费1分钟。这些数据受进攻球队持球奔跑次数的影响，因为一场比赛结束后，时钟会继续转动，因此，如果一个球队持球奔跑比传球次数多，就会影响统计数据。此外，现在许多球队使用"快速进攻"来加快比赛速度。

那么为什么这么多人去现场或在电视上观看橄榄球比赛呢？一是因为所有比赛都会产生紧张气氛，因为没有人知道比赛结果。橄榄球比赛中的爆冷门（颠覆性胜利）制造了戏剧性。此外，在某些情况下，双方比分接近，只有在比赛的最后几分钟或几秒内才决出胜负，这引起观众强烈的情感宣泄，从观看比赛时人们的集体抱怨声和欢呼声可以看出。此外，许多参加比赛的队员是出色的运动员，因此某些情况下你可能会看到几场精彩绝伦的比赛，这类似于戏剧中的英雄主义行为。足球比赛是极具戏剧特点的叙事。我们还要考虑到影响粉丝情感的既往的比赛，其中许多人支持他们自己所在城市或地区的团队或他们所读大学的团队。

使用统计学来分析橄榄球比赛涉及我们所说的"还原论的谬误"，也没有考虑到去现场或在电视上观看比赛的观众的心理和社会满足感。当我们在电视上观看橄榄球比赛时，我们是众多观众中的一员，但短时间内我们也是电子虚拟社区中的一部分。

棒球为什么乏味

我们认为橄榄球激动人心是因为它几乎符合并反映当今美国社会的现状。橄榄球是 20 世纪的运动，生活在这个世纪的人们珍惜时间（时间就是金钱），重视传播（我们生活在一个"信息"社会），受科层制实体支配（公司、大学等等）。而棒球是 19 世纪田园式的运动，那时，时间无关紧要，专业化并不重要，表演与沟通更加微不足道。表 6.1 是橄榄球与棒球两种运动的对照，摘自拙作《电视指导下的美国》（*The TV-Guided American*）（Berger, 1976b）。

表 6.1　橄榄球与棒球之间的两极对比

橄　榄　球	棒　　球
都市的	田园的
受过教育的球员	乡村男孩
珍惜时间	不重视时间
专业分工	通才
重视身体的接触	身体接触很少
团队努力	个人表现
阻挠对方是重要策略	不阻挠对方
令人兴奋	放松
每周	每天
场面壮观	俭朴
分为 4 场，有中场休息	9 局，中间没有休息
策划部署	很少策略
身体是武器	球棒是武器
小场地	大场地
20 世纪	19 世纪
有地盘	没有地盘
以团队发起攻势	每次只有一个球员进攻

表 6.1 列出的两极对立,反映了这两类运动的差异,也反映了它们与美国的特性、文化之间的关系。棒球本质上是 19 世纪的运动,它不再与当今美国文化合拍,因此**看起来**似乎相当缓慢而乏味。现在棒球比赛成了喝啤酒、放松的运动,其比赛环境与橄榄球比赛环境截然不同,尤其是关键性比赛,橄榄球那种原始的敌视或势不两立的气氛千钧一发,令人激动不已。

我们感到棒球乏味无趣,这是整个社会已经"飞跃"的能指,因此,棒球看起来似乎比过去更为缓慢乏味。棒球不再提供昔日的满足感,换句话说,棒球所提供的满足感对于多数人已经不再适用了。棒球比赛的英雄没有橄榄球比赛的英雄重要,不再是人们效仿的对象,也不能帮助我们获得类似橄榄球一样的认同。而且棒球比赛没有橄榄球比赛场面壮观,不包含性诱惑的成分。

然而,棒球依然有其魅力,能满足许多人的需求。一部分原因是它进展非常慢,比赛能够产生难以置信的紧张感,尤其是当一次击球或者出界会导致一个球队赢得联盟比赛或世界性大赛时。棒球比赛如今在电视上成了一部心理剧,镜头在投球手和击球员的特写镜头之间快速地切换,然后镜头转向球队的经理们(他们经常在嗑瓜子,这能够很大程度地帮助他们缓解紧张情绪)以及坐在球员席的其他队员。

2003 年世界大赛期间,纽约扬基队和迈阿密马林鱼队比赛,有一些比赛出现了令人难以忍受的紧张时刻。这通常出现在投球手陷入困境的时刻,因为对方运动员占垒,并且比赛(可能是大赛的决赛)此时正处于平局。对于电视观众来说,摄像机来回切换,不停地给出投球手汗流浃背,击球者密切盯着投球手、紧张地挥动着自己拍子的特写镜头。然后,当情况发生时,摄像机会将镜头对向球队的经理、教练和球员席上的队员。

这就像观看一部古希腊悲剧,当马林鱼队的运动员和球迷们看到比赛结果显而易见赢了的时候,扬基队和他们的球迷们处于痛苦失落中。当马林鱼队赢得了世界大赛的六连冠、赢得世锦赛时,电视镜头捕捉到了扬基队,球员席的人们情绪低落、痛心地哭泣。有些人认为,棒球比橄榄球更为微妙,假若果真如此,这可能就是问题之所在。但是,由于各种各样的原因,棒球运动缺少橄榄球比赛的文化动力或共鸣,因此,它扮演着不同于橄榄球的角色。

橄榄球是宗教的替代品

前面讨论橄榄球的社会化时我说过，如果橄榄球的显功能是让我们娱乐，那么它的潜功能就是将我们社会化，为我们提供以资效仿的模范与观念，帮助我们适应当代科层制的公司世界。现在我要讨论功能主义思想（functionalist thought）的另一个层面，即某种现象功能取代其他现象的观点。我的论点是，橄榄球对于许多人来说，它替代了宗教的功能，或许橄榄球带有宗教或神圣的层面，而我们很少察觉到这一点。

许多人在橄榄球中体验的狂热情绪以及比赛所涉及的重大集团利益，让我想到橄榄球赛远远超过单纯运动的层面。实际上，迈克尔·里尔（Michael R. Real）（1977）已经令人信服地阐释了"超级杯"橄榄球赛是神话奇观（a mythic spectacle）的观点。他指出，橄榄球比赛在世俗社会中**填补**了不参与宗教活动所留下的**空白**。我要指出，橄榄球——以职业橄榄球为重点——在很多方面类似于宗教。表 6.2 列出了二者很多方面的有趣对比：

表 6.2　职业橄榄球赛与宗教之间的关联

职业橄榄球	宗　教
超级明星	圣人
周日比赛	周日礼拜
售票	捐献
大合并	基督教整合运动
复杂的比赛战术	神学
球员迈向"超级杯"之路	骑士寻找"圣杯"
教练	牧师
橄榄球体育馆	教会
球迷	教会会众

令人奇怪的是，宗教（特别是自由派宗教）越来越理性化，一直在褪除自身的神话性，橄榄球反而变得越来越神秘而怪诞，它纷繁复杂的战术与战略发挥着类似宗教中神学的作用。人们似乎需要一个神话、仪式、神秘与英雄主义，而橄榄球在现代社会中比宗教更能满足这些需求。

橄榄球所传播的信息是否像宗教教义那样富有价值或意义姑且不论，我们要问的是，橄榄球是否会成为"人民的鸦片"？有人坚信不疑，其说法详述如下。

马克思主义的视角

橄榄球比赛在巨型体育场举行,有乐队、啦啦队、中场休息表演等,令人叹为观止。我们可以说,这些壮观场面的功能是使人们的注意力从现实社会状况转移,压榨人们的情感精力(这些能量本可以用在政治与社会问题上),最终让人们确信政治秩序的合法性。一个热心推动橄榄球比赛的政治体系是值得维持的。而且,由于橄榄球训练,我们了解到如何立足于现代的、公司的与资本主义的世界,所以毫无疑问其具有价值。

美国人聚集在一起的大场面通常不是由于政治目的,相反,美国人汇聚一起是要观赏宏大场面——橄榄球比赛就是一个重要的场合。不难看出,古罗马的面包与竞技原则——转移群众对自身悲惨命运的注意——和周五(高中)、周六(大学)、周日(职业队)橄榄球赛以及周一晚上的电视转播,二者之间的对比关系。

我们对橄榄球的强烈兴趣,是否就是我们对日常生活异化感的表现?我们感觉到与自身可能性极端分离,感到我们被支配工作和生活的强大科层制解构所包围,社会充满竞争的气氛。我们对生活越不满,就越被这种"恶性循环"所苦恼,就会转向寻求替代性的满足,诸如橄榄球之类。奇怪的是,我们因此得到的心灵滋养却更少。具有讽刺意味的是,橄榄球本身是单调乏味的,我们在不知不觉中学会适应社会,求得生存。

橄榄球,特别是职业橄榄球,是一个巨大的企业,其目的就是赚钱。它把球员当作商品——随时销售买卖(虽然工会已经改变了这一情况)。球员也没有忠诚感,他们眼看巨大利润进入雇主的腰包,因此要求获得高薪——这些都是市场发挥功能。最讽刺的情形是,电视界从橄榄球比赛中获利最大,电视利用橄榄球比赛达到其主要目的——填补广告之间的空档。美国目前的电视是依靠销售商业广告时间盈利的企业,橄榄球赛吸引众多的观众,制作成本低廉(与警匪枪战片或纪录片相比),所以利润可观。

因此,我们发现一个情况:人人剥削,或人人都想剥削他人,其结果是人们制造宏大场面来求得兴奋愉悦感,它的隐性功能是教导人们安于现状,适应公司与政治秩序。

人们在球场观赏球员在场地攻防的战争,舒缓了革命暴力的潜能。观看了一场周末橄榄球赛,观众就好像参加了许多革命活动,采取的暴力活动数量之多足够发起十几次革命运动。

看看橄榄球队的花名册,就会发现黑人球员多得与黑人人口不成比例。这个事实表明,我们的经济体系对白人有利,黑人深受其苦,因此需要橄榄球(以及拳击等运动)作为提升社会地位的工具。对于贫穷的黑人孩子来说,橄榄球是摆脱贫穷,赢得中产阶级社会地位的方法——至少暂时如此。不过,要想获得成功,一个人必须学会适应——从本质上适应资产阶级的价值观,例如,发挥团队精神、不制造麻烦、尊重权威人物等。惹是生非、不遵守规则的球员，其球艺再精，也不会在大学或职业橄榄球中出人头地。因此，球员必须付出适应（accommodation）的代价，才能被团体所接纳（co-optation）。

橄榄球与心灵

前面我已经指出，橄榄球的功能在于担任社会化与逃避社会的工具。在此我还要指出，橄榄球与某些潜意识过程密切相关，它多少也解释了橄榄球的强大威力。如果大量的人阅读漫画、观看橄榄球赛等，很可能是因为这些活动能够给予他们重要的心理满足，虽然人们可能没有察觉。

橄榄球比赛中充满暴力。它是一种受控的暴力，可以满足两种矛盾的欲望：一方面是暴力的欲望；另一方面是控制的欲望，免于受到伤害。暴力是橄榄球赛不可或缺的要素，所以每场比赛都有阻挡（blocks）、冲撞（hits）、扑搂（tackles）等动作。我们为暴力所吸引，是因为我们必须约束自己的冲动行为，我们都（潜意识地）陷入俄狄浦斯情结、兄弟阋墙等问题。性压抑的问题很可能相当重要，而暴力则成为一种替代性的满足。（当然，暴力与性亢奋之间有相关性。暴力带有性欲层面，就像性欲带有暴力层面一样）。

橄榄球赛中的暴力有可能帮助男子找到男性气概的认同感。我们生活在信息社会中，信息传递与传播在全国生产总额中所占的比重很大。男人在这样的社会里难以产生男性认同感，特别是因为美国的男性认同感在历史上与 19 世纪的生活方式息息相关——伐木、放羊等苦力工作。观赏橄榄球赛场的暴力成为美国男人找到男性识别的方法，即使这类暴力是替代性的，甚至具有破坏性。

橄榄球本身可以从精神分析的角度予以阐释。例如，表 6.3 解释了橄榄球赛反映的人类心灵的本我、自我与超我力量之间的斗争：

表 6.3　棒球与人类心灵的关联

本我	自我	超我
进攻队	裁判	防守队
冲锋	规则	阻挡

在这种情形下，进攻队希望维持冲锋攻势得分，防守队希望阻挡这些冲锋，获得队橄榄球的控制，裁判发挥自我的功能，保证比赛的进行。

心理学家阿诺德·曼德尔（Arnold J. Mandell）（1974）曾与圣迭戈闪电队（San Diego Chargers）相处了一段时间。他将职业橄榄球队员分为以下几类：

曼德尔发现，这些橄榄球队员的人格特征符合其特定的位置。例如，他发现攻击型球员的更衣柜清洁整齐，而防守型球员的更衣柜却杂乱不堪。

表 6.4　阿诺德·曼德尔对橄榄球队员人格特征的分类

位　置	人　格　特　征
攻击线卫	野心勃勃、坚持、精确、注意细节
外接员	神经质、无聊、寂寞
四分卫	自信、勇敢
防守线卫	不安、易怒、暴躁、难以忍受细节、放荡不羁、狂野
后卫	冷静、残忍、内心冲突

显然,攻击型球员喜欢结构与纪律,他们希望保持现状。作为一般人,他们倾向于保守;作为球员,他们喜欢反复运用赛前计划好的阵势。防守型球员显然无法忍受结构,他们的态度、行为与生活方式揭示了这一点。(Mandell,1974,p.12)

按照曼德尔的说法,这些特征很重要,因为比赛不在别的地方,而是在"心中"。或许这是所有橄榄球比赛的真谛。

结　　论

虽然橄榄球表面上只是一种简单的娱乐活动,但从多种观点来看,橄榄球实际上包含了许多重要问题。在政治词汇中,我们使用橄榄球术语,每年秋天橄榄球赛季制造了可怜的"橄榄球寡妇",儿童、青少年、大学生与成年人都玩橄榄球,它已经变成了一种工业,而且历史悠久——我可以继续往下列举。橄榄球是大众关注的焦点,值得媒介分析家注意。谈到橄榄球和大学时,还有诸多问题尚未解决。在一些大学中,橄榄球教练的收入远远高于大学校长[阿拉巴马大学的橄榄球教练尼克·萨班(Nick Saban)2012年的收入超过530万美元],并且橄榄球教练比校长权力大。此外,另外一个惊人现状是很大比例的橄榄球运动员从未从所在学校毕业。如今我们发现许多职业橄榄球运动员都有严重的神经系统和其他健康问题,因为他们在比赛中容易发生碰撞。人们都认识到橄榄球是一项暴力运动,但直到最近我们才意识到这种暴力对球员造成了多大的伤害。

但是,媒介分析家必须记住,在探讨媒介内容时——无论是橄榄球、肥皂剧、新闻还是别的形态,都非常复杂,必须谨慎为之。媒介分析家不能将媒介内容转化为符号体系、社会化动力、操纵意识的工具,或表现冲动、俄狄浦斯情结等的主题。分析家必须找出一个方法,从多个角度考察节目内容,而且尊之为创造艺术(也许不是非常成功的艺术作品)与艺术品,具有公开表演的层面与美学要素等。媒介分析家必须博学多识,无所不知。

讨 论 题

1. 从以下角度讨论橄榄球：符号学的符号体系、先锋派艺术形式、社会化的工具、资产阶级的资本主义企业，以及某些宗教。

2. 对橄榄球和橄榄球队员的心理分析揭示了什么？〔橄榄球冲破端区（end zones）有什么意义？〕

3. 比较橄榄球与棒球，解释人们认为棒球乏味无聊的原因。

4. 分解电视足球时间的方式说明了美国观众的什么特点？为什么人们会观看一场时长 3 小时而真正行动的时间却不到 15 分钟的比赛？

5. 由于足球需要不断地行动，球迷们是否会得到更多？为什么足球在美国不受欢迎？

6. 调查研究橄榄球暴力在球员中引起的神经系统及其他医学问题。

　　苏联符号学家尤里·洛特曼(Yuri Lotman)认为,艺术作品的每一个方面都很重要。从这个观点出发,本章详细分析了斐济(Fidji)香水的一则平面广告,在广告中发现了 17 种不同的符号。然后,对广告进行聚合分析,揭示广告中所展现的两极对立。另外,我们对广告进行心理分析学的阐释,并指出其象征的意义。最后,在简要讨论香水与焦虑感的关系后,顺便讲讲保持皮肤湿润与女性恐惧间的关系。

第 7 章

缠蛇少女——对一则印刷媒介广告的阐释

哈姆雷特：你有没有见到天边那片云？它看起来像头骆驼。

波隆涅斯：老天，它的确像头骆驼。

哈姆雷特：我觉得它倒颇像只黄鼠狼。

波隆涅斯：它弓着背像头黄鼠狼。

哈姆雷特：或像条鲸鱼。

波隆涅斯：也像条鲸鱼。

——威廉·莎士比亚，《莎士比亚》，第三场，第二幕本章我将从符号学分析、聚合分析与精神分析理论的角度,对斐济香水[①]的一则著名平面广告进行阐释。

符号中的符号：应用符号学的入门

在此我想提出一个假设。假若你是一位"实践的符号学家",就像福尔摩斯或别的侦探在调查案件一样。侦探搜寻线索时,在他们的眼里,每件事物都有其潜在的重要性。记得皮尔斯(Peirce)曾说过:"宇宙如果不是全部由符号构成,符号也是充斥其间"(引自Zeman,1977)。正如尤里·洛特曼(Yuri Lotman)[②](1977)所言,艺术品的每个方面都有其重要性。

犯罪小说里的侦探与小说读者的差别在于,侦探没有错过读者通常忽略的重要符号。在小说里,这些重要的线索通常隐含在叙述之中,读者基本上很少注意到。因此,我要提问:平面广告、广播电台或电视商业广告中什么最重要？ 在任何一个文本中什么最重要[在学术研究中,所有种类的艺术作品、分析对象通称为文本(text)]？ 答案就是(皮尔斯告诉我们的)每个方面都很重要！

从符号学的角度看,我们可以对符号/广告与广告中的符号加以对比。要达到这个目的,有必要将广告中的每个能指看作一个最基本的符号(最基本的符号指不能再细分的符号)。例如,一瓶香槟本身是一个符号,但这个符号里还有泡沫、箔纸、软木塞和香槟开瓶后涌出的方式等符号。

下文列举了一些重要的非口语符号。当然,这不可能涵盖平面广告、电视商业广告或其他视觉文本中出现的所有符号,但是它揭示出一些最常见的符号。所有这些符号在文本的依托下,能够传递出不同程度的重要性。

头发颜色	耳环与其他身体饰物
发型	环境
眼睛颜色	暗示关系
脸部结构	空间性

---

①　斐济香水是法国著名服装设计公司姬龙雪(Guy Laroche)于1966年推出的公司的第一款女士香水,是世界上五大著名香水品牌之一。在围绕"女人是岛屿,Fidji是它的芬香"为主题进行广告诉求多年之后,公司认为它们应该改变传达的信息,使它更贴近时代,更符合积极向上、获得解放的妇女形象。于是,"缠蛇少女"形象的广告招贴画便应运而生。但是这一广告却并不怎么成功,不仅没有带来销量的上升,相反还使销量下降。根据网络资料整理。——译者注

②　尤里·洛特曼(Yuri Lotman,1923—1993),20世纪苏联著名文艺理论家、符号学家,他创造性地建构了自己的结构文艺符号学,在他的领导下形成了塔尔图文化符号学派。作为塔尔图文化符号学派的代表人物,他对文艺理论和符号学做出的重大贡献越来越为国际文艺界及符号学界所瞩目。根据网络资料整理。——译者注

体型	职业
年龄	从事活动
性别	背景
种族	灯光
肢体语言	文本中的字体
化妆	图案
服装	颜色
眼镜的风格	

口语符号可能包括以下方面：

用过的字词	争论与请求
提出的问题	口号
转喻与明喻	标语
联想（转喻）	产生的自相矛盾
做出的否定	语调
给予的保证	风格

要记住，字就是一种符号，字的定义要以传统习俗为基础，而且必须学会这种符号。至少这也部分地解释了字典总是在不断进行修改的原因。

天堂少女：案例分析

让我们用符号学分析对一则有趣的平面广告进行案例分析。我们要探讨斐济香水的一则广告，它多年前曾刊登在多家时尚杂志上（见图 7.1，它是原广告作品的复制品，杂志上的广告既有彩色的，也有黑白的）。

广告是一幅照片的特写，照片显然是一名波利尼西亚（Polynesian）女子的脸部（仅仅从鼻子以下就可以判断），该女子用交叉的手指握住斐济香水瓶，手指甲是红色的。她有着长长的黑发，鲜红的嘴唇（微微张开），黄色的兰花别在右耳的发梢（照片左边）。环绕在女孩脖子上的是一条蛇，蛇的体型看起来是一种无限的象征。蛇头部朝下，略微遮住香水瓶盖。灯光很生动，用的是明暗法（chiaroscuro）：照片部分是亮光，而其他部分，特别是右上方，是强暗光。

接下来，我要从符号学的角度来对这则广告进行阐释：

广告的空间设计　在大多数美国人看来，空间设计（大致呈轴向平衡）、简单和宽敞（留白或"空旷的"空间）意味着财富和精致。昂贵而"上等"产品的广告通常充满了白色

Fidji le parfum
des paradis retrouvés.

fidji

Available at Bloomingdale's

Fidji de Guy Laroche.
De la Haute Couture à la Haute Parfumerie

图 7.1　斐济香水广告

的空间,也就是说,广告的空间相对比较空闲。

　　暖色调　广告上有黄色的兰花别在女子的发梢,还涂着鲜红的嘴唇与指甲。红色通常暗示着激情。

　　女子脸部的局部展示　因为只有女子脸部的下方,从嘴唇以下是可见的,因此看到广告的妇女比看到她整个脸部更能够对她产生认同感。女子的芳唇微微开启,而张开的嘴唇通常意味着性兴奋或激情。另外，灯光强调了她颀长而纤细的脖子。

女子的种族　在通常的想象中，波利尼西亚象征着天然的爱情与性的幻想。法国画家高更（Gauguin）抛弃法国来到波利尼西亚，很多人都熟悉他"逃向"天堂的故事，在天堂人们不会受到规则与禁令的约束。

女子的头发　在美国文化中，黑头发经常让人联想到温暖、热情和性激情。金发女子通常被认为像北欧人，冷漠，或者是无知和性冷淡。女子的长头发也经常是大众对年轻与性狂热的联想。当女子变老，她们往往剪掉长发，因此她们也不必为头发而费心。

香水的名称　斐济的名字让香水与波利尼西亚（以及它全部的内涵）之间的联系明朗化。广告里的拷贝强化了这一观念。

黄色的兰花　花是植物的性器官，因此，兰花的运用是性欲的暗示，由于灯光的作用，兰花得到了突出的效果。而且，**开花**（flowering）一词通常意味着女子身体已经发育成熟，可以发生性行为。花还是爱情的象征。兰花既珍贵又精致，让人联想到热带地区。

蛇　根据弗洛伊德理论，蛇的形状是阴茎的象征——其形象既可以作符号学的解释，也可以作精神分析学的解释（需要指出的是，在某些国家，这款香水有类似的广告，但广告里没有蛇的形象）。女子脖子上环绕一条蛇[有人说似乎是玉米蛇（corn snake）]，这种形象在皮耶罗·迪·科西莫（Piero di Cosimo）的西蒙内塔·韦斯普奇（Simonetta Vespucci）[①]画像和其他艺术作品里出现过——这是互文本的例子（第1章讨论过），即有意识或无意识地从一个文本借用到另一个文本。

女性与蛇的关系可以追溯到伊甸园，这种关系的结果是亚当的诱惑，它在西方历史文化里占据了重要地位。有人可能会说，伊甸园传说里面的蛇就是广告制作的原型。按照《创世记》的说法，"蛇是上帝造出的最狡猾的动物"，蛇劝说夏娃吃了智慧树的果子，那么她就不会死，还可以睁开眼睛。夏娃吃了果子之后，说服亚当也吃果子。之后他们被逐出伊甸园，然后所有的故事开始了。夏娃的理由是"蛇诱骗了我，于是我吃了果子"。于是广告制片人诱骗了亚当与夏娃的后代，却没有受到用腹部爬行和吃尘土的惩罚。

---

①　皮埃罗·迪·科西莫（Piero di Cosimo，1462—1521），意大利文艺复兴时期著名画家，以神话主题作品闻名于世。西蒙内塔·韦斯普奇画像是其作品。西蒙内塔·韦斯普奇（Simonetta Vespucci，1454—1476）皮肤白皙洁净，头发近于棕色或淡黄色，眼睛又大又乌黑，不但在当时，而且在以后的数百年后，都被认为是整个文艺复兴时期最美的女子，有"美的皇后"的称号。后来由于患了肺结核，不幸于1476年4月26日病逝。有学者研究指出，西蒙内塔可能是维纳斯形象最早的雏形。根据网络资料整理。——译者注

还有一种与蛇相关的联系存在于希腊神话中。美杜莎（Medusa）①是蛇发女妖戈耳工三姐妹（Gorgons）之一，她的头发是蛇做的。任何见到美杜莎的男子都会变成石头。这个神话暗示了头发的威力。

相互缠绕的手指 少女的手指以一种奇怪的方式相互缠绕，一只手的一个手指插入另一只手的两指之间，模糊暗示了两腿之间的阳物。我们在很多著名的艺术作品中都发现了相互缠绕的手指，如桑德罗·波提切利（Alessandro Botticelli）的《春》（*Primavera*）②，因此这是另一种需要思考的互文本关系。

瓶子 香水瓶有一个大塞子，强光透过瓶身。一条垂直的黑线穿过瓶子中部，一条水平的黑带绕于瓶塞下部的瓶颈。

女子的裸露 女子不着一缕，增强了照片里的天堂形象。亚当与夏娃吃智慧果之前是不穿衣服的，裸露在西方意识中象征着纯洁（例如，天体主义运动表达了重回天堂纯洁的愿望）。奇怪的是，我们没有看到女子胸部的任何迹象——它们看起来好像被油漆喷雾器刷掉了。展示胸部可能意味着母性和相关主题，难以引导到对一个纯真（应理解为"无拘无束的"）女孩原始的性幻想上去。我认为，展示胸部完全不同于表现乳沟和微妙地暗示胸部——这是男人的性按钮。

使用法语 广告的文本全部使用法语，毫无疑问，这是由于其转喻的品质决定的，因为美国人总是将法国与时尚、精致以及性联想在一起（这些联想是否符合实际姑且不论）。法语也是把精致的、懂得法语（或至少能理解广告里的法语——这并不太困难）的**阶级**（class）从**大众**（mass）分隔出来的手段。

文字 在广告的右上部，字体很小，可以看到："fidji：le parfum des paradis retrouvés"。可翻译成："斐济：重新回到（或重新找到）天堂的香水"。你不必知道太多的法语就能懂得大多数标题。帮助我们理解的关键法语词汇是"retrouvés"，意即"重新

---

① 美杜莎（Medusa），希腊神话中的蛇发女妖，代表着致命的吸引力。她的美貌迷惑人心，使见到她的人即刻化为石头。Corgons 是希腊神话中的蛇发女妖三姐妹，居住在遥远的西方，是海神福耳库斯的女儿。她们的头上和脖子上布满鳞甲，头发是一条条蠕动的毒蛇，长着野猪的獠牙，还有一双铁手和金翅膀，任何看到她的人都会立即变成石头。在蛇发女妖三姐妹中，只有美杜莎是凡身，她的姐姐丝西娜和尤瑞艾莉都是魔身。据说美杜莎曾经是一位美丽的少女，因吹嘘自己比雅典娜长得漂亮而被这位智慧女神夺去了她的所有美丽，只留给她一个丑陋的妖怪之躯。Gorgons 三姐妹的头像常被艺术家用在象征性的徽章、建筑的装饰物甚至雅典的钱币上，也曾用于士兵的盾牌上。根据网络资料整理。——译者注

② 桑德罗·波提切利（Alessandro Botticelli，1445—1510），本名亚历山德罗·迪·马里亚诺·菲利佩皮（Alessandro di Mariano Filipepi），"波提切利"是其绰号，原意为"小桶"。15 世纪意大利大画家，佛罗伦萨画派的重要代表。主要以宗教和神话题材作画，《维纳斯的诞生》《春》等均为其名作。《春》作于 1478 年，描绘了一个早春的清晨，在优美雅静的果林里，端庄妩媚的爱与美之神维纳斯位居中央，正以闲散雍雅的表情等待着春之降临举行盛大的典礼。她的右边，动人的美慧三女神身着薄如蝉翼的纱裙，沐浴着阳光，正携手翩翩起舞，美慧三女神的手相互交缠成近乎圆圈的花环状。根据网络资料整理。——译者注

回到"，这是受过任何教育程度的人都能理解的词语。因此，即使人们不知道"retrouvés"的意思，他们也能猜出来。因此，一个人不需要真正懂法语，或不必特别精通法语，他也能理解广告标题的意思。

在香水瓶上，斐济商标旁标注："Parfums Guy Laroche Paris"（巴黎姬龙雪香水）。另外唯一的词语在广告的底部，在少女和蛇下面的光带上，用罗马字体写"Fidji de Guy Laroche"（斐济姬龙雪），接着用小斜体字标注"De La Haute Couture à la Haute Parfumerie"，可以大致翻译为："从高品位到高品质香水"。

因此，文字在广告里发挥的作用不大。凭少女与蛇的形象就可以销售斐济香水，不需要任何其他的文字语言。这种风格在香水广告中相当普遍，因为他们销售的都是对性放纵的幻想、天堂般的性以及类似的观念。

"隐含的字" 蛇身的曲线可以看作字母 S；瓶塞上部的光线、瓶子上部以及瓶子下部构成了字母 E；少女的手指很显然构成了字母 X。于是，性（sex）一词就隐含或者说嵌入在形象之中。一些学者认为，虽然人们看广告时可能没有意识到看见这个词语，但是会无意识地认识到并受到影响。

十字架（crucifix） 香水瓶垂直的黑线与水平的丝带可以看作为高度风格化的十字架形态，这种象征可能将耶稣的激情与普通人的激情联系在一起。斐济商标（Fidji）中 F 字母的方式也模糊暗示了十字架。

蛇身构成无限的符号 蛇在少女肩膀缠绕的方式构成了无限的象征——这或许暗示撒上斐济香水之后，激情无限！

染色的指甲 有人也许会想到广告中存在着不一致性，一个波利尼西亚的"天然"少女，却涂染了红色的指甲。或许这则广告的潜台词是说，你能够将两种世界的精华兼而有之——将现代性、精致（香水是法国的，因此人们感觉到精致）、优雅和原始纯真少女的天真与激情融为一体。实际上，这种两面性正是广告的核心：纯真的少女手持一瓶法国香水。香水瓶是"不越出女性范围的"（within a woman）原始女子与普通女子社会化、文化适应以及日常生活的媒介。

斐济香水广告的聚合分析

索绪尔（1915/1966）曾经解释人们从自身经历找寻意义的方式："概念之间彼此不同，其定义不是由概念体系内与其他术语关系的正面内容界定，而是由关系的负面内容来界定的"（p. 117）。他还说到，"（这些概念）最精确的特征正是其他概念所不具备的（特征）"（p. 117）。实际上，这就是语言运作的方式，它让我们发现差异，这也解释了我们感知事物的方式。意义源于事物间的关系，并不以事物自身的本质为基础。

法国人类学家克劳德·列维-施特劳斯（Claude Lévi-Strauss）（1967）在分析神话时，

提出一种方法来探索神话里所隐含的对立。本部分我将采用这种聚合分析方法来探究斐济广告。让我们来看看斐济广告所包含的对立，它暗示了它本身所不存在的内容（见表 7.1）。我的论点是，当人们看到广告时，他们经历了一个产生这种对立概念的过程——如果他们想在广告中找到意义，他们就会经历这个过程。

表 7.1　斐济广告推论出的两极对立

有色人种女性（波利尼西亚）	白人女性
自然的	都市社会
逃走	关押
天堂	地狱
黑色头发	金色头发
自由自在的性生活	受约束的性生活
神奇	理性
斐济香水	其他香水

我并不是指人们在看到斐济香水广告（或其他广告）时会主动进行聚合分析，但如果索绪尔的观点正确，概念因为差异才有意义，如果广告对人们产生意义，那么人们必须在无意识的层面对其进行聚合分析。于是，对立隐含于广告之中。

斐济广告中还有大量内容可以帮助人们理解信息。我们三次看到斐济（Fidji）一词——在标题上、瓶子上和广告右上方的文字上。另外，带花少女身缠蛇（像高更的画一样）的形象强化了天堂的主题。香水意味着神奇——把女子带到远古时代，生命产生之前是如此的复杂，而现在的女子整天被生活所困扰——我们可以想象，让人们回到自然的、无拘无束的性生活中。事实上，一位远古的少女手持一瓶昂贵的法国香水本身就是一种讽刺，毫无疑问，广告所指引的人们不会注意到这一点。

使用神话模型

在讨论蛇在斐济香水广告中的意义时，我提到了蛇在西方文化中的神话意义。蛇在《圣经》中起着至关重要的作用。我们可以在许多文化领域中找到神话。马塞尔·达内西（Marcel Danesi）（2002）在《理解媒介符号》（*Understanding Media Semiotics*）一书中提供了神话的定义：

正如巴特在《神话学》中所说，人文科学最早的故事主题即神话，不断渗透影响着大众文化的故事叙述。正如在普罗米修斯、赫拉克勒斯和其他古典英雄神话中，超人的英勇行为围绕着一个永恒的神话主题——善恶之争。正是因为这样，超人与动作英雄才会在直觉上吸引现代观众。神话一词源于古希腊神话："言语""演讲""众神传说"。可以将其定义为一场叙事，故事人物是神、英雄与神秘物种，其情节是关于事物的起源或人类生活中的超自然事件，其背景是现实世界与超自然世界并存。在人类文明最初阶段，神话作为世界的"叙事理论"。这就是为什么所有文化都创造出神话来解释他们的起源。在媒介报道中使用神话主题和元素已如此普遍，以至于很少引起人们注意，尽管巴特在20世纪50年代后期曾提出警告。那些关于为正义斗争，需要英雄引领我们前进的含蓄神话，为电视节目、电影大片和广告宣传，以及任何需要填充"播出时间"的媒介提供了素材。(pp. 47—48)

神话在塑造社会生活，证实，并在某些情况下创造习俗、信仰、礼仪和生活的其他方面起着重要的作用，即使我们可能意识不到它们的影响。神话是关于英雄和创造世界的神圣故事。

在我的《媒介、神话和社会》（*Media, Myth, and Society*）（2013）一书中，我提供了一个"神话模型"来展示神话对文化和社会的影响。

希腊、罗马神话或其他神话

使用神话的精神分析概念

与神话相关的历史事件

以神话为基础的精英文化文本

与神话相关的大众文化文本

以神话为基础的日常生活

在西方世界，对于熟悉《圣经》故事的人来说，蛇与女人唤起了亚当与夏娃的神话。但是，还有另一个女蛇相关的神话即美杜莎神话，这个神话与斐济香水广告所诠释的"权力"关系更为密切。因此，我认为这个广告在互文性上与神话相关联，而且这个神话说明了我们过去文化的某些层面。

美杜莎是戈耳工三女妖之一，美杜莎的头发是蛇做的，她原本有一头秀发。美杜莎由于激怒雅典娜而被变为妖怪。任何见过美杜莎的人都会变成石像。从精神分析角度来看，美杜莎的蛇发是长阴茎状。从历史角度看，有克里奥佩特拉七世（埃及艳后），她用一条毒蛇（角蝰）自杀。故事出现在精英文化文本中，有莎士比亚的《安东尼与克里奥佩特拉》（*Antony and Cleopatra*）以及克里奥佩特拉的画像和与她相关的书籍。在大众文化中，有蛇与少女图像的斐济香水广告，在日常生活中，也有使用斐济香水的女士。

以下内容显示了神话模式与斐济广告的关系

神话：美杜莎、蛇发少女（戈耳工）

精神分析论：美杜莎的长阴茎状头发

历史层面：克里奥佩特拉用毒蛇自杀

精英文化文本：莎士比亚的《安东尼与克里奥佩特拉》

大众文化文本：斐济香水广告和蛇

日常生活：使用斐济香水的女士

我们从神话模式中了解到，图像的含义与发现它的文化和社会密切相关，在许多情况下与社会中发现的神话、童话和民间传说密切相关。广告文化，包括文化中的其他文本可以帮助了解图像的含义。我们应该认识到图像含义不只是图像中符号的意义。神话模型揭示的是，很多精英文化和大众文化文本，精神分析理论（设想一下，比如俄狄浦斯神话和俄狄浦斯情结）、历史事件以及日常生活的各个方面，都跟神话互文关联，并且受其影响。

斐济香水广告的心理分析层面

在前面的符号学分析里，我也穿插了大量心理分析的方法，如蛇身是阳具的象征等。弗洛伊德在《梦的解析》(*The Interpretation of Dreams*)(1900/1965)里说过：

在神话与民间传说中象征生殖器的动物，在梦境里发挥相同的功能，例如，鱼、蜗牛、猫、老鼠，以及最重要的是雄性器官——蛇等。(p.392)

他发现，这种象征不仅出现于梦中，在其他领域也同样存在：

象征主义不是梦境的特权，但它无意识思维的特征为人们所特有。它还出现于民间传说、流行神话故事、传奇、方言俗语、智慧的格言、当下的笑话等之中，其范围远远超过梦境。(p.386)

所以我们总是受到象征的影响——不管是在清醒还是睡眠状态，都是如此。从弗洛伊德的观点看，这些象征掩盖了潜在的或无意识的思想与欲望的表现。

我在本书第 3 章还提到弗罗姆(1957)，他提醒我们，对弗洛伊德来说，这些象征通过其形状或功能代表男性或女性。弗洛伊德认为，花与瓶子显然代表女性，因此斐济香水广告是非常女性的象征配合着相当醒目的阳具象征——蛇。

因此，可以认为，斐济广告通过其基本象征（蛇、瓶子和花）产生了强烈的性幻想。依附于这些幻想的还有天堂、热带和纯真的激情等观念，这些源自我们所熟知的高更的生活以及阅读波利尼西亚小说所体会到的生活。

对许多人来说，蛇通常还意味着焦虑与恐惧。对于女性而言，这种潜意识的焦虑与矛盾的感情可能源于她们对男子阳具"插入"自己身体的感情。埃里克森（Erik Erikson）[1]（1968）指出，儿童进行游戏时，女孩代表"可结合的"（incorporative）特征，男孩代表"可插入的"（penetrating）特征（简要概括埃里克森的观察结果：小女孩造围墙，而小男孩则造塔）。我们在电子开关、其他工具和五金器材也能发现这种结合/插入的两极对立。

保持身体湿润与焦虑的关系

润肤露暴露了女性对于性欲和生殖能力的焦虑。大量化妆品强调湿度、润滑，使女性产生焦虑，害怕身体变成一片干燥的沙漠——或者说，身体缺乏生气，贫瘠，了无生气。这些广告让女性害怕失去身体的水分，使她们联想到失去生育能力或变老等。于是，这就变成了与性感和性欲相关的问题。润肤露的广告制造身体一直在"脱水"的恐惧，担忧身体变成荒地和沙漠的危险。脱水是失去性感和性能力的转喻——也就是说，剥夺了性别特性（desexualization）。

《时尚》（*Vogue*）杂志多年前的一则广告，是吉米尼斯（Geminesse）设计的一款速效保湿霜（Living proof Cream Hydrace）广告，其中说到：

水分保持玫瑰的鲜艳与美丽。桃子饱满多汁。万物生存。你肌肤内几百万个细胞容纳水分。水分是你肌肤的枕头和靠垫，让肌肤柔软而年轻。但由于各种原因，细胞不能保留足够的水分。水分从肌肤中逃逸（想想李子脯慢慢风干的过程吧，你就会理解整个过程了）。

因此，广告产生了一个小小的戏剧，制造了一个强有力的转喻。广告实际上对女人说："你曾经年轻、甜蜜和滋润过，就像李子一样，如果你不使用我们的产品来保湿护肤，保护你自己，那么你的脸部将会老化，变得干燥，最后有变成李子脯的危险。"

对香水与焦虑的终评

蛇导致焦虑的隐含的另外一个意义是，如果没有某种神奇的力量，女子是不能吸引男子的。因此，如果女人想要丰富而满足的性生活，她就真正需要使用斐济香水。从深层讲，香水广告制造了这种神奇的力量与幻想：某种特殊的味道（记住：由花产生的味

---

① 埃里克森（Erik Erikson，1902—1994），美国神经病学家、著名的发展心理学家和精神分析学家，是新弗洛伊德学派中最有名及影响最大的代表人物之一。他提出人格的社会心理发展理论，把心理的发展划分为八个阶段，指出每一阶段的特殊社会心理任务，并认为每一阶段都有一个特殊矛盾，矛盾的顺利解决是人格健康发展的前提。根据网络资料整理。——译者注

道）能够让男人兴奋，从而达到某种渴望的性高潮形式。

　　众所周知，女性使用香水已有数千年之久，但直到最近男士们也开始使用香水，香水被标榜为"香氛（fragrance）"。现在香水一词广泛指男士香水和女士香水类产品。香水设计师塞尔日·芦丹氏（Serge Lutens）将香水定义为："香水本身不仅仅是制造香味，而是想象力的载体，香水气味浓郁，是毒药与纯洁的欲望，是被囚禁的厄洛斯（爱神）。"芦丹氏认为香水有色情使命,并对我们影响深远。他解释说,香水不仅是一种香味,而像毒药一样神奇,不同的是香水产生的性欲和激情,而毒药带来的是死亡。

弗洛伊德认为,神奇的力量最终是以思想的全知全能为基础。同样有趣的是,神奇的思想已经从奇妙动作的动机或目标转变为实现神奇力量的方式了。思想产生想法,而神奇的物品,如香水等,则帮助实现这一想法。我们知道,香味以相当深刻的方式影响着我们,因此,某种香味能够激起性欲不难理解。可是广告一遍一遍地重复这种观点,许多平面广告和商业广告将某种香味与媒体影响下的大众幻想联系起来,就让问题变得更为复杂。

在很大程度上来说,香水或许以"安慰剂效果"(placebo effect)为基础。撒香水可能让女性感到自己具有性吸引力,这种信心是最重要的,而不是某种味道。香水的功能是掩盖女性的"浓厚汗味",吸引男子注意呢,还是以此提高自信呢? 有趣的是,在大多数情况下,香水瓶比香水本身昂贵。

斐济香水广告中,天堂的少女肩膀缠绕一条蛇,它显示了一种奇异的安宁景象。她的脸部没有对蛇的任何焦虑,手指笨拙地握住斐济香水瓶,表达了自己的一种安全感。假设她喷洒了斐济香水,那么她就不必害怕失去友谊。斐济香水神秘而奇特的力量就像蛇的毒液一样——让使用它的人产生不可思议的效果。但这对使用香水的女性来说又说明了什么呢?

讨 论 题

1. 分析学家研究广告时,应当考虑哪些美学因素?
2. 怎样用符号学解释本章的斐济香水广告?
3. 讨论斐济香水广告的各种符号。
4. 润肤露的隐含意义是什么?
5. 比喻性语言在广告中发挥什么作用? 思考本章讲过的隐喻在吉米尼斯润肤露广告中的作用。
6. 你有哪些牌子的香水? 它们之间有什么区别?
7. 就香水而言,你的品位是否有变化? 如果有的话,如何解释? 你认为香水的合理价格是多少?
8. 用神话模型分析广告、电影、电视节目以及社会生活的其他层面。

　　本章用马克思主义理论阐释全新闻电台。这类电台被视为美国文化萎靡的符号,听众对这类电台依赖成性,是与美国资本主义经济制度有关。资本主义经济制度制造了焦虑,因此,人们需要对环境进行不间断的监视。琐碎的商业新闻让人们对于信息的需求更加饥渴。接下来探讨无线电广告,这些商业广告约占每小时广播的 1/3 左右,给人们制造了焦虑不安以及许多其他的负面感情。最后,我们讨论脱口秀广播台与全天候新闻电台的听众,推测听众人口统计数字(demographic figures)所暗示的含义。

第 8 章

全新闻电台与美国资产阶级

在美国许多重要的广播市场中，各种各样的新闻电台发挥了什么作用？我们如何解释 24 小时播放新闻的电台的存在？有人可能会推测，这类电台肯定会夭折或过于饱和。然而，实际情况是，在许多大城市里，全新闻台却依然有利可图。

全新闻电台的节目制作高度结构化和公式化，会定时播报体育新闻、商业新闻、天气预报、专题、评论、地方新闻和联播网新闻，因此听众只要知道某类新闻的播放时间，就不会错过想收听的节目。

新闻与异化

全新闻电台与全新闻电视台的先后出现，显示出一种普遍的"信息饥渴"，人们需要这类节目来缓解饥渴。但是，人们为什么对新闻贪得无厌呢？为什么要领先了解世界的消息呢？那是美国文化严重苦闷的信号（或者更确切的说，是一种能指）——压倒一切的焦虑与恐惧感（所指），它撕裂了很多人的心灵。它还代表了一种以某种方式"参与"历史的愿望，即或只是间接的。

精神分析学家将其称之为精神官能症，是一种强迫性冲动的行为，虽然表面上并没有坏处，或许还可以看作是一种美德，因为人人应该关心天下事，保持消息灵通，但是如果加以煽动，助长气焰，很可能造成很大的伤害。在严重的情况下，也许会出现"新闻上瘾"（newsaholics）的症状，就是产生了那些无所不知而事事不做的人。这些人甚至会有成为上帝的欲望（无所不知，无处不在），只是新闻上瘾者不受全能感的驱使，相反，却受无力感的驱使。

结果，无力感与无价值感使收听新闻上瘾的人焦虑不安，这种现象导致必须进行不断的监视与侦察。就马克思主义的观点而言，这种现象很容易理解。资产阶级的资本主义社会造成了异化和相关苦闷——无力感、不安全感、冷漠感、无根感，以及难以产生的认同感。由于我们对于历史和意识形态没有连贯的认知，由于我们生活在竞争激烈的社会，因此我们为了生存，必须了解天下事，避免遭人暗算。

继续马克思主义的分析。我们接收无数的全新闻节目，就是与这种焦虑感密切相关，因为我们收听的不是真正的新闻，而是本质上非常琐碎的事件——"垃圾般的精神食粮"，我们并不真正关注社会与政治问题，反而以消遣娱乐为能事。这种所谓的新闻支离破碎，所以我们能够大量吞咽，却一直感到吃不饱。我们缺少明确连贯的政治敏感性，因此难以明白事情的真相。我们最常收听的新闻是脱离"背景"（ground）的"数字"，也就是对各类事情的连串报道（火灾、犯罪、政治活动、电影评论、烹饪、天气），占据了相当重要的地位。

这类"新闻"肤浅有趣，满足了我们的好奇心，但由于其细节支离破碎，不能帮助我们从中进行定位。新闻媒介内部抢先报道的压力，阻止了进一步提供背景信息与深度分析的可能性。有人曾经说过，"对盲人来说，任何事件都是突然发生的"。对那些不知道历史与社会联系的人，不知道事件发生的前因后果及其影响的人，全新闻台完全是煽情性的。我们所获得的东西可能是迷人的，但是对于了解事件的意义却毫无用处。

媒介学者经常把新闻区分为"硬新闻"（hard news）和"软新闻"（soft news）。硬新闻就是严肃题材的新闻，它处理社会、政治和经济领域的重要事件。然而，这类被归入硬新闻的报道有许多实际上是政治领袖、政府机构、企业等组织公关部的作品。新闻记者通常富有道德感，是负责的专业人士。他们尽力避免受人操纵，并且以精确报道信息为己任。但是，新闻记者会不自觉地采用权势集团（establishment）的观点，用马克思主义的话说，就是报道"统治阶级的观念"。

新闻与统治阶级的思想

在英国进行的电视新闻研究中发现，新闻报道者在意识形态方面扮演了这样的角色：

新闻报道在强调平衡与公正的文化架构内进行。不过，有人深入研究后发现，新闻报道一贯维护一个文化架构，即有利于"现状"的观点"优先"播出。

这种新闻事件的报道并不是有意识地传达意识形态。记者、制作人员与播音员当然认为他们例行的工作与信念仅在于采编播报有意义的新闻。（Glasgow University Media Group，1980，p.122）

新闻播报员所作的意识形态预设，通常令他们或他们的受众难以察觉。这种现象使得情况更加恶化。新闻专业人员从纷繁复杂的新闻事件中加以选择进行播报。他们对播报新闻的选择至关重要。舍弃什么新闻？什么新闻不值得播报？什么事件没有新闻价值？当我们思考全新闻电台新闻的适应性时，就不免会提出以上问题。由于新闻编辑与受众的潜意识假设和对新闻重要性的预设，因此，有些意义重大的新闻可能会被忽略或者草草略过。有些事件本质复杂，难以挖掘或分析，编辑与记者在时间与资金有限的压力下经常会有所忽略。

至于软新闻就是各种专题报道，其中经常夹带商业广告来促销某种产品或服务，我们进而了解了一些"尚未发现的"餐馆、好的电影以及最佳的服装店。虽然这类专题报道似乎很单纯，可是终究是为企业提供免费广告。从社会学的角度来看，这些专题报道的显功能是提供娱乐和有用的信息；其潜功能则是推销餐馆、电影及各类事物。对马克思主义者而言，硬新闻与软新闻并无差别，二者都支持资产阶级统治，刺激消费活动。

广告与焦虑

广播电台中分量最重的消费是广告。广告在每小时播报时间中大约占有 16～18 分钟——大约 1/3 的广播时间。因此，全天候新闻电台 1/3 的信息都是产品新闻。再加上软新闻，实际上很多新闻时段都用以播报商业信息。此外，广播电台（和一般的大众文化）最富有想象力、智慧和创造力的节目就是广告。这是因为，广告是电台生存的命脉，电台终究是以公共频道谋利的企业。

我们整天遭受广告口号与术语的轰炸，其微妙的征服方式让我们倍感焦虑，内心感觉空虚，被迫"购买"商品（参见第 7 章有关广告的魔力）。讽刺的是，为了缓解这种不良情绪，排除自我焦虑感，于是我们求助于媒介（电影、肥皂剧、音乐或全新闻电台），这样反而加重了我们的问题。因此,我们陷入恶性循环,我们越收听新闻,就越不快乐;越不快乐,就越要收听新闻。

当我们收听全新闻电台,尤其是长期收听的时候,我们的情绪不免受到骚扰。我们对世界充满好奇,可是又被各种负面情绪所困扰。这现象也解释了在某种情况下,没有消息就是好消息的原因。难怪一般人收听全新闻电台每 20 分钟或 30 分钟就换台了。

进退失据

对全天候新闻电台的听众进行人口统计学分析后发现,听众大多是上层阶级人士,也就是富裕的职业类型、高学历。这似乎与我上面讲到的惨状不相吻合。富人目标明确,心情当然不会焦虑紧张,不会一直寻找安全感、拼命了解外界消息,以免遭到意外。他们是这样的吗?

这些上层人士都有真正的安全感和明确的认同感吗?或者这些人的绝望正表现在对商业新闻或专题报道的饥渴上,希望了解"好"电影、"好"餐馆和"好"意见吗?

新闻听众多是中产阶级人士。无产阶级(穷人)对新闻的兴趣很小。这些人通常是宿命论者,无力改变剥削自己的制度,他们基本上不太关心和参与世事(除了与他们利益相关的事情之外)。上层阶级拥有生产工具(包括媒介)不需要太担心事情的发展。他们能够控制事件。老年人也不担心世事(除了社会福利问题),很多老年人反而收听脱口秀节目。广播中脱口秀节目的听众中约有半数年龄超过了 65 岁。年轻人忙着收听音乐台的节目,为青春痘、性、时装、汽车和爱情而烦恼。老年人、年轻人、穷人和富人都除外,只剩下中年人、中产阶级人士是全新闻节目的忠实听众。

这些人会因为世事的起伏变化而获利或亏本,他们无力改变上层阶级建立的制度——他们也不想改变制度。他们早就被电台和其他媒介夜以继日地灌输给他们的意识形态教化了,他们只想改善处境,早日晋升仰慕已久的上层阶级。不过,如果他们想要维持现状,超过竞争者——其他的中产阶级者,就需要不断地收听新闻。根据马克思主义思想,这群中产阶级者是内心充满犯罪感的全新闻电台的受害者。

新闻与访谈节目

我们在地方新闻和联播网新闻中看到的新闻节目与在电台和电视台的脱口秀中看到的新闻评论是有区别的。以美国公共电视网播放的《查理·罗斯访谈录》(*Charlie Rose Show*)为例。主持人罗斯在节目中会邀请一些重要的政治家、学者、作家和新闻人物。受邀来宾通常包括最高法院法官、参议员和国会议员、重要的政府官员、国家领导人以及其他高层人士,他们在节目中一同探讨重要的经济、政治事务,通常涉及新闻事件。

在节目中，罗斯会问嘉宾许多问题来了解所谈事务的重要性。

许多新闻类访谈节目涉及互动环节。听众可以拨打电话，询问受邀来宾问题，也可以发送邮件发表个人意见。这意味着如今的新闻更多的是人与人之间的交谈而不是被动地听新闻。在电台中，访谈在媒介菜单中起着至关重要的作用。旧金山的公共电视台、公共广播电视台在上午 9 点至 11 点播放地方访谈节目主持人主持的专题讨论节目。然后播放泰力·葛罗思(Terry Gross)主持的长达 1 小时的访谈节目，涉及大众文化但偶尔也会涵盖政治和新闻事件。

因此，我们对新闻的态度有所转变。人们不再是新闻广播节目的被动接受者，而是可以参与到这些访谈节目的讨论中。我们不再只是听新闻而是扮演着既可以讨论新闻事件又可以询问新闻参与者的角色。现在，许多人都有可以拍照制作视频的智能手机，因此，人们可以成为新闻制造者。人们可以拍摄重要事件的视频，例如在德州韦科附近化工厂发生的严重火灾，以及 2013 年波士顿马拉松的悲惨事件。

互联网新闻与社交媒介新闻

美国人不像以前一样听广播，据估计，在过去十年中，美国的广播听众已减少约 15％。随着互联网的发展，包括有关新闻、政治和相关事务的博客和网站(如《政客》、"赫芬顿邮报"以及"德拉吉报道")，导致美国人获取新闻的方式发生了变化。社交媒介网站(如 Facebook 和 Twitter)传播相关新闻事件的报道，许多人用智能手机录制有新闻价值的事件，并将其上传到 YouTube，因此，报纸、新闻杂志、电视新闻节目和全新闻电台已不再流行。甚至像谷歌和雅虎这样的搜索引擎也有各种各样的新闻，大多数报纸都有互联网版本。现在一些新闻机构专门为 iPad 和其他平板电脑制作新闻出版物。例如，在我的平板电脑上，我经常访问以下应用程序来了解时事：谷歌新闻、KQED 新闻、CNN、新闻 360、NPR 新闻、Pulse、Zinio、YouTube、Facebook、Twitter 和 TuneinRadio。许多人在智能手机上安装新闻应用程序。我们有更多的新闻来源，可以随时随地看新闻，所以"全新闻"电台在新闻战线上发挥的作用不再像以前一样重要。这意味着满足我们的窥探心理以及了解事件好奇心的方式与十年前获取新闻的方式截然不同，那时全新闻电台备受欢迎。

我将引用博客的话来总结讨论(2010)。博客提出了一则令人不安的消息——关于互联网对公众的影响。

阿比创和爱迪生的最新年度报告(19th)《数字化平台对广播节目的影响》表明，虽然广播仍受到高度重视，但现在已被互联网所淹没，互联网成为公众首选的媒介。

报告的亮点如下：

- 对人们来说,互联网现在已超越广播和电视,成为最重要的"媒介"。
- 近 50% 的人认为报纸将不会再以现在的形式存在。
- 互联网已超越广播成为 12～34 岁的人学习新音乐的场所。
- 社交媒介现在是主流工具。
- 现在有 25% 的人通过 iPod 或 MP3 播放器在车内播放音乐。
- 短信成为近 50% 的人日常活动。

此研究和其他研究表明,播客在人们日常生活中的影响越来越大。随着智能手机的频繁使用,信息内容也在被消费,这使得更具有针对性和更相关的信息传递成为可能。

企业现在可以使用播客来创建与其产品和服务相关的"兴趣社区"内容,而不是为广播广告付费,并且可以开发赞助针对性非常明确的寓教于乐节目来吸引和留住观众。

广播将继续作为人们新闻和娱乐的重要来源,但随着人们习惯于使用智能手机、平板电脑和电脑来获取新闻,在未来广播的作用将大大减弱。

讨 论 题

1. 新闻(和信息饥渴)与异化之间存在什么关系? 新闻的煽情主义如何同这种异化产生关联?

2. 如何用马克思主义者的观点解释新闻节目与它们所反映的意识形态?

3. 界定"相对剥夺"(relative deprivation)的概念,并用马克思主义的观点解释它与电台节目之间的联系。

4. 为什么美国中产阶级如此"沉迷"于新闻?

5. 你如何获取新闻? 你使用哪个新闻网站? 你认为互联网会给报纸和其他类型的新闻带来什么样的变化?

　　近年来,电子游戏已经成为世界范围内成百万各个年龄阶段人们的主要娱乐形式。本章主要讨论了电子游戏究竟是一种艺术形式还是一种媒介形式,以及电子游戏可能被划分的各种各样的类型。本章还讨论了电子游戏中的互动角色以及这些游戏提供给玩家们的使用与满足,尤其关注了电子游戏成瘾的问题以及这些游戏让玩家们上瘾的方式。其他主题还包括大量游戏中存在的暴力问题、关于性的处理问题以及与玩游戏相关的诸多社会和心理问题。

CHAPTER 9

电子游戏：一种新的艺术形式

  Pong 是一款模拟乒乓球玩法的电子游戏，它被认为是第一款重要的电子游戏。与现在的电子游戏相比，Pong 是非常简单的，玩家只需要用鼠标击中在屏幕上来回移动的"光球"即可。自 Pong 推出后，电子游戏以令人难以置信的速度发展着，很多游戏的文本非常复杂，从审美品位上来说，有些游戏甚至可以与电影媲美。但与电影不同的是，电子游戏是互动的。可以说，游戏玩家成为了游戏中的"明星"。

  电子游戏显然发生了很大的变化，但它们究竟演变成了什么，则是一个需要讨论的问题。接下来关于电子游戏的分析将涉及这个近期较热门的文化现象的诸多方面。首先，我回答了电子游戏是一种艺术形式还是一种新的媒介形式，列举了在电子游戏中发现的较为重要的一些类型，并且为每一种类型列举了相应的例子。然后，我评价了新技术的发展对电子游戏发展具有怎样的影响。接下来是对珍妮特·默里（Janet Murray）《全息成像台上的哈姆雷特：网络空间叙事的未来作者》

（*Hamlet on the Holodeck*：*The Future of Narrative in Cyberspace*）（1997）一书就叙事电子游戏（narrative video game）发表的一些重要观点和分析进行了讨论。我还分析了电子游戏给人们提供的心理满足以及他们"勾住"（hook）玩家的方式。最后，我分析了电子游戏的社会和文化影响，包括暴力和性等问题。

如果统计一下人们在游戏以及游戏装备上的花费，我们会发现美国游戏产业的规模现在已经超过了电影行业。它在我们的日常媒介消费中扮演着重要的角色。电子游戏不再只是面向孩子，也有很大一部分玩家是成年人。2003 年，美国人在游戏软件上花费了 69 亿美元，在专门为玩电子游戏设计的装有专用芯片和音频系统的高配置电脑以及微软的 Xbox、索尼的 Platstation2、任天堂的 GameCube 之类的游戏机上花费得更多。根据 NPD 集团发布的数据，2009 年，美国电子游戏和游戏机的销售总额为 196 亿美元。2013 年，CNBC（2013）估计全球电子游戏收入，包括智能手机和平板电脑手机游戏，达 660 亿美元，高于 2012 年的 630 亿美元。预计 2017 年销售额将达到 780 亿美元。

全美娱乐软件协会（ESA，the Entertainment Software Association）是一个致力于支持游戏产业发展并为其争取利益的团体，它提供了以下关于电子游戏产业的信息。

1. 58％的美国人玩电子游戏。

2. 在 2012 年，消费者花费 207.7 亿美元用于电子游戏、硬件和配件。

3. 购买数字内容，包括游戏附加内容、移动应用、会员费用和社交网络游戏。

4. 一般玩家年龄是 30 岁，已玩游戏 13 年。

5. 最常见的游戏买家的平均年龄是 35 岁。

6. 45％的游戏玩家都是女性。事实上，18 岁以上女性所占游戏玩家人口比重（31％）高于 17 岁以下男性所占的比重（19％）。

7. 51％的美国家庭拥有一台专用游戏机，其余家庭平均拥有两台。

8. 36％的玩家在智能手机上玩游戏，25％的玩家在无线设备上玩游戏。

9. 娱乐软件分级委员会（ESRB）在 2012 年评选的游戏中，91％评级为"E"。"E"代表 Everyone，"E10＋"代表 Everyone 10＋，或"T"代表 Teen。有关游戏评分的更多信息请访问 www.esrb.org.

10. 当购买或租用游戏时，有 89％的时间是父母在场。

因此，电子游戏是一个巨大的产业，在许多人的生活和美国经济中扮演着重要的角色。《华尔街日报》市场观察网站（2013）列出了 2012 年度最畅销的电子游戏。

《使命呼唤：黑色行动 2》

《麦登橄榄球 12》

《光环 4》

《刺客信条 3》

《舞力全开 4》

《NBA 篮球 2K13》

《无主之地 2》

《使命呼唤：现代战争 2》

《乐高蝙蝠侠 2：DC 超级英雄》

《FIFA12》

我们可以看出，体育、战争、格斗和暴力是 2012 年度许多畅销游戏的共同策略。对电子游戏行业来说，常见的批评之一是游戏太暴力，这可能会使玩家认识不到现实中的暴力对他人产生的影响。

在《数字娱乐：技术、文化与营销的相互作用》(*Digital Play：The Interaction of Technology，Culture，and Marketing*)(2003)一书中，史蒂芬·克莱恩(Stephan Kline)，尼克·代尔-威则夫特(Nick Dyer-Witheford)和格里格·德·佩特(Greig De Peuter)解释了电子游戏关注相同主题的原因。他们写道：

> 软件开发是一项颇具风险的业务，大多数产品都研发失败。开辟新文化领域的开创性游戏可以制造财富，但对于每一个成功的实验，其成绩都会随着公司和事业而突然遭遇失败。这将产生极大动力，坚持实践证明正确的并在既定成功中继续前进。游戏开发人员是从游戏玩家中招募而来，这一事实加强了循环模式。这种再生使游戏文化具有简单自我复制的特质，因此，方案一旦建立，射击、搏击和格斗就会重复扩散。(p.251)

他们补充说，成本的降低也导致了暴力成为焦点，因为暴力是一种廉价简单的方式，用暴力来叙述故事，可以方便大家理解。

电子游戏是一种艺术形式还是一种媒介？

究竟应该把电子游戏归纳为一种具有不同类型的艺术形式还是一种媒介，其中尚存在诸多问题。人们可以为其中任何一个观点提出冠冕堂皇的理由。电子游戏的一个主要特点是它的互动性，但是其他一些**文本**也是互动的，例如，填字游戏，因此游戏的互动性并不一定意味着它应该被归为一种媒介，除非你认为任何一种具有互动性的文本都是媒介。

要思考这一问题，我认为最好的办法就是将它与小说进行比较——特别是考虑到很多电子游戏具有很强的叙事性。小说采用印刷媒介来讲述不同类型的故事。小说分为多种不同的类型，例如，疑案小说、浪漫小说和科幻小说，以及那些关于个人及其人际关系的非刻板化的、非类型化的故事。世界上有各种各样的小说，从达希尔·哈米特(Dashiell Hammett)的《马耳他雄鹰》(*The Maltese Falcon*)硬汉神秘小说到詹姆斯·乔伊斯（James Joyce）的《尤利西斯》（*Ulysses*）。游戏与小说类似，都有很多不同的类型，因此我认为最好将游戏归为一种艺术形式。当然，电影作为一种不同的媒介也包含很多类型，但是与电影不同的是，视频是一种除了用来玩游戏，还有其他用途的媒介。

杰·大卫·波特（Jay David Bolter）和理查德·格鲁辛（Richard Grusin）在《修正：理解新媒体》（*Remediation：Understanding New Media*）（2000）一书中采用**类型**（*form*）一词来讨论电子游戏：

> **电脑游戏**这一概念包括了很多类型，包括暴力动作游戏、角色扮演和叙事游戏、色情游戏、纸牌游戏、填字游戏和技术测验练习以及教育软件等。其中一些类型很明显是早期游戏的**修正**……电脑游戏通过一系列的平台来分类。（p.89）

作者用**修正**（remediation）一词来描述新媒体从早期的媒体形式中衍生出来的方法。这个概念也许能够让我们明白如何对游戏进行分类。有些游戏很难将其归为某一类，因为很多都可以归入两个或多个类型中。

表 9.1 中列举的重要游戏类型及其相关案例是根据 2003 年 12 月出版的 PSM 杂志[①]（*PlayStation 2 Magazine*）以及其他一些资料整理的。

表 9.1　电子游戏的分类

类　　型	举　　例
模拟游戏	The Sims：Bustin'Out（《模拟人生之纯属意外》）
策略游戏	Wrath Unleashed（《愤怒释放》）、Robin Hood（《罗宾汉》）
第一人称射击游戏	Tomb Raider（《古墓丽影》）
动作游戏	Mortal Kombat（《致命格斗》）、Prince of Persia（《波斯王子》）、Jak Ⅱ（《杰克 2》）
冒险游戏	Tomb Raider（《古墓丽影》）、Myst（《神秘岛》）、Riven（《星空断层》）
竞速游戏	R：Racing Evolution（《山脊赛车：进化》）、Gran Turismo 4（《GT 赛车 4》）
格斗游戏	DragonBall Z：Budokai 2（《七龙珠 Z：武道会 2》）
角色扮演游戏	Final Fantasy X-2（《最终幻想 X2》）、Everquest(online)[《无尽的任务》(在线)]
体育类游戏	ESPN Basketball（《ESPN 篮球》）、Madden NFL 2004（《劲爆美式橄榄球 2004》）

PSM 杂志还列出了其他类型的游戏，例如音乐、恐怖和极限运动等，但是这些没有上述游戏重要。另外，有些游戏能够归到多个类型中，例如《古墓丽影》这款游戏既能够归到第一人称射击游戏中，又能归到冒险游戏中。

---

① PSM 杂志是美国发行量较大的、较为权威的非官方专业 PS2 杂志。根据网络资料整理。——译者注

新技术与电子游戏

　　近些年，随着 CD-ROM、DVD（数字化视频光盘）以及特制的游戏平台等新技术的发展，游戏在图像和音质方面发生了翻天覆地的变化。如今的游戏平台实际上是强大的小型超级计算机（mini-supercomputer），它具有不可思议的声音和图像生成能力。有些还有硬盘驱动，这极大增强了其支持复杂游戏的能力。这些设备的生产商希望把他们的平台定位成未来家庭娱乐的主角。

　　随着技术的进步，游戏如今能够提供引人入胜的、互动性的、以多维人物为特点的叙事文本。有些游戏在技术上可以与电影媲美，并且能够让玩家沉醉其中，在某种程度上玩家可以决定游戏中事件的发展。电子游戏玩家成了他们所玩游戏中的"明星"。然而，游戏（尤其是叙事游戏）中，故事总是核心问题。游戏可以使用全世界任何的技术来支持，但是如果它不能讲出一个好故事，或者更准确地说，不能让玩家投入到一个好故事中，这款游戏就不可能成功。

珍妮特·默里关于游戏互动和游戏沉迷的论述

　　在本节中，我将借鉴珍妮特·默里关于叙事游戏的经典研究《全息成像台上的哈姆雷特：网络空间叙事的未来作者》一书。当我们说一款游戏是交互性的时候，我们是指它对我们的输入以及我们对游戏中发生的事情会有所反馈。这意味着我们可以介入游戏中发生的事件，并且我们的决定会影响游戏的结果。

　　叙事游戏的故事通常有分支结构。也就是说，玩家在游戏的不同阶段面临着不同的选择，每一个选择都会对游戏的进展以及其他需要做出的选择产生影响。所有可能的选择和相应的结果都已经预置在游戏中了，这也就意味着，虽然选择是由玩家做出的，但玩家认为自己能够完全控制游戏的感觉只是一种错觉。每一个选择和它的相应结果已经由程序员、作家和艺术家等制作游戏的人在故事中设定好了。

　　互动游戏能够让玩家"沉迷"于虚拟的环境，用可选择的现实将他们包围。当我们玩游戏的时候，我们会像全身心沉浸在小说或电影中一样，也就是说我们在游戏所创造的世界中"迷失"了。我们会经历英国诗人、批评家塞缪尔·泰勒·柯勒律治（Samuel Taylor Coleridge）描述的"暂停的怀疑"（the willing suspension of disbelief）。当我们暂停怀疑时，我们会忘记我们在看戏、看电影和玩游戏，我们开始按照故事中的不同角色来认知自我。

　　有意思的是，当评论家们提到游戏具有吸引玩家注意力并使他们忘记自己正在玩游戏的能力时，他们经常提及"暂停的怀疑"。我们玩游戏时的投入程度要高于看小说、电影或者电视。电子游戏提供了默里所说的"能动作用"，一种来自在游戏中做决定和采取行动时所获得的满足感。

默里（1997）指出叙事游戏的创作者必须要处理好两个相对的极端：一个是能够为玩家带来愉悦的叙事性元素，例如，当他们解决了一些问题或者在探索中取得成功时；另外一个是在游戏中进行比赛和竞争所获得的满足感。根据默里的观点，游戏能够通过三种途径给玩家提供愉悦感：沉浸、扮演（agency）和角色转换。通过电子游戏，玩家可以把自己转换成不同的角色，比如战士、偷车贼、冒险家、足球运动员和太空英雄。就像默里所说的那样：

> 讲故事是一个强有力的转换个人角色的中介。恰到好处的故事能够打开我们的心灵，改变我们的角色。数字化的叙述加入了另外一个强有力的因素，为我们提供了在故事中参与扮演的机会而不只是作为一名纯粹的旁观者。参与式的故事具有超越叙述性故事和传统的喜剧故事的极强的改变力量，因为我们把故事当作了亲身经历的事情。（p.170）

一段能够扮演积极角色、可以自己做决定的（也就是能动作用）、让人沉浸环境中的经历，是非常有力量的，以致电子游戏现在被看作是心理治疗的有效方法。

然而，这也是一个危险的因素。游戏能够带给玩家的满足感来自于在不同世界（他们自行选择的世界）都能身临其境的感觉，来自控制欲的满足，来自任意转换成他们渴望的角色（哪怕只有一会儿）。它所具有的强大力量能够让很多人玩游戏成瘾。

电子游戏与成瘾

罗伯特·库贝（Robert W. Kubey）（1996），一位传播学学者，解释了电子游戏为什么能够令人上瘾：

> 和电视相比，游戏为玩家提供了一种逃避的手段，并且玩家很快就能够感觉到玩游戏的瞬间的快乐。因此，一种心理强化就形成了。

> 但是电子游戏和电脑游戏也具有独特的个性，让孩子们和大人都有可能对它们"上瘾"。游戏设置了基本的挑战，玩家会有克服困难、获得胜利的愿望，并且，游戏还有一个关键的特征，那就是它们的关卡设置会随时间而变化，难度会随玩家能力的提升而增加。（p.242）

库贝指出，这些游戏很高明地为玩家设置了游戏的级别，使得难度不断增加但始终处于可控范围之内，玩家从解决这些问题或克服游戏设置的难关中获得了极大的满足。因此，这具有很大的强化作用。

与由于玩游戏而引起的感觉相关联，库贝引用了心理学家米哈里·契克森米哈(Mihaly Csikszentmihalyi)关于"心流"（flow）①的研究：

能够利用自己的能力解决充满挑战的难题时，会获得平时无法感受到的愉悦感（Csikszentmihalyi，1990）。游戏能够给孩子和成人带来这样一种挑战。

实际上……游戏具有所有我们已知的可能会带来"心流"体验的必备特征，那就是紧张感和愉悦感的卷入与高度的注意力集中，以及紧密相关的技巧和行动中的挑战与根据个人行动获得的快速反馈。(pp. 242—243)

那么，毫无疑问，游戏具有很强的上瘾性，它对心流体验的产生起到了很大的作用。库贝承认，虽然他并不确定电子游戏能够让人上瘾，但他认为很可能是这样的。

另外一个与电子游戏成瘾问题相关的因素可能被称为"升级效应"（escalation effect）。这让我想到了药物滥用的比喻。随着他们的身体日渐习惯了所服用的药物，药物成瘾使得他们必须持续增加服用的剂量才能达到他们渴望的"兴奋"状态。可能一些游戏玩家发现自己也面临同样的困境：他们必须增加玩游戏的时间来获得先前习惯的愉悦水平。因此，我们有理由认为，电子游戏有使人上瘾的一面。

电子游戏与暴力问题

暴力以不同的形式充斥着整个大众传媒。在讨论电子游戏的暴力问题之前，我们先来了解一个关于媒体暴力的定义，这个定义来自南希·西格诺瑞利（Nancy Signorielli）和乔治·格伯纳（George Gerbner）的《传媒中的暴力与恐怖：注释书目》（*Violence and Terror in the Mass Media：An Annotated Bibliography*）（1988）一书的序言，这是他们对 784 个关于电视暴力的研究进行综述后得出的成果。作者发现"大多数研究把电视暴力定义为对具有伤害或杀害或威胁等行为的明显身体动作的描述"；他们补充道，关于暴力的呈现能够"恐吓人们，引起反抗、攻击或压制，并且在他们描述社会的权势等级时会形成一种相对有力和脆弱的感觉"(p. xi)。

这表明媒体中关于暴力的暴露能够引起攻击行为和其他的反社会行为。应该指出，一些传媒学者认为媒体暴力是无害的或者甚至可能使受众的暴力情绪得到宣泄，从而使他们减少暴力行为的可能。尽管这在理论上看上去是合理的，但实际上并非如此。例如，不同的研究都已经发现观看电视与暴力行为之间的相关联系。

电子游戏中的暴力的大体数量和某些游戏中暴力行为的类型以及电子游戏的种类

---

① 心理学家米哈里·契克森米哈将心流定义为一种将个人精神力完全投注在某种活动上的感觉，心流产生时同时会有高度的兴奋及充实感。引自维基百科。——译者注

已经引起了很多坚信这样的游戏对玩家具有负面作用的批评家和研究者的担忧。就引起现实暴力行为而言，玩游戏实际上比看电视和电影的危害更大，因为玩家在游戏中控制着游戏中代表他们自己的游戏角色［即化身（avatar）］的行为。有些游戏，例如摔跤和其他的格斗游戏，对故事线索涉及较少，相反，它们只是为玩家提供一系列的打斗和暴力动作。最恶名昭彰的暴力游戏包含在"真人快打（Mortal Kombat）"系列中。在这些游戏中，玩家在屏幕上通过各种手段杀死他们的对手，包括挖心、电击和扯下他们的脑袋。据报告称，1999 年这款非常流行的游戏卖出了 400 万份拷贝，到 2007 年为止"真人快打"的制作者埃德·波恩（Ed Boon）称，迄今已售出 2 600 万份拷贝［《官方任天堂杂志（2007）》］。

像很多评论者所说的那样，暴力游戏很可能使玩家对暴力行为的结果不再敏感，尤其是很多游戏中的角色可以死而复生。危险的是，玩家在这些游戏中学会了用暴力来解决问题，可能会在现实生活中开始使用暴力。

当孩子们开始玩游戏的时候，他们开始习惯于高度的兴奋水平和对自己发出的命令迅速做出反应的状态。有些学者指出，这些因素可能会引导年轻人变得"兴奋"，因此，玩电子游戏可能与多动症（hyperactivity）之间有一定的关系。

关于电子游戏和校园惨案

威廉·韦尔（William Weir）的文章《专家不同意暴力电子游戏影响儿童》展示了双方关于电子游戏与暴力所持的观点，这出现于近期发生的学校屠杀事件之后。他引用了俄亥俄州心理学家布拉德·布什曼（Brad Bushman）的话，布拉德·布什曼参与了一项研究，该研究调查了 380 个关于电子游戏的研究，"结果表明，暴力电子游戏增加了愤怒情绪和过激行为，减少了帮助行为，也减少了对他人的同情与怜悯。"

另一方面，在得克萨斯农工大学教学的心理学家克里斯·弗格森（Chris Ferguson）认为，研究人员对电子游戏对年轻人的影响有着相当大的意见分歧。他认为："电子游戏研究领域不断受到证实性偏见的困扰，研究人员只能注意到与先入为主的观念不符的证据……拿亚当·兰扎（Adam Lanza）来说，如果他不玩电子游戏，这会让人感觉很诧异，因为这个年龄段的 80% 至 90% 的人都玩电子游戏。"（2012 年 12 月 14 日，兰扎在桑迪胡克小学枪杀了 20 名小学生和 6 名教职人员。）

韦尔用一场关于年轻人玩电子游戏的数量和种类的讨论总结了他的文章。

常识媒体（Common Sense Media），一个倡导负责任的为儿童使用媒介的非营利组织，本月发布了一份报告。报告显示 8～18 岁的儿童平均每天玩电脑和电子游戏 90 分钟。根据报告，在 60 款最受欢迎的游戏中，68% 的游戏包含暴力。在一个典型的游戏时间段内，一个孩子平均有 138 次"攻击性战斗"。报告发现孩子们常常玩不适合他们年龄的游戏，例如 65％的 7～12 岁的孩子玩过《侠盗猎车手》，游戏制造商说这是为成年玩家设计的游戏。报告还指出需要长期研究来追随人们几十年的行为。

电子游戏与暴力的关系始终困扰着美国人。表面上看，这些游戏似乎不会给适应性强的孩子产生严重持久的负面影响，但是会对情绪失调的孩子产生极坏的影响，他们在某些情况下会变成"杀人狂魔"。随着可怕的学校枪杀事件的增多，我们更加有理由怀疑电子游戏与校园和其他地方的大规模屠杀事件之间的联系。

电子游戏引起的社会问题和生理问题

尽管玩家有时会与他们的朋友结队玩游戏或者通过网络与其他人进行比赛，但大多数时间，玩家是独自进行游戏的。即使他们在线与他人比赛，实际上他们依然是一个人坐在显示器面前。这些隔离会导致一部分玩家的疏离感，他们可能会越来越疏远他们的朋友和家人。

游戏的广泛流行可能会进一步加剧美国公众的肥胖问题。玩家们不仅不锻炼，反而一动不动地坐着玩游戏，通常还同时吃着零食。我们如今意识到了，肥胖要消耗很大的社会成本。在其他问题中，糖尿病和心脏病在胖人中的发病率高于瘦人，并且治疗日益增加的此类病患给美国的公共卫生系统增加了很大的压力。数据显示，美国儿童肥胖率越来越高，玩游戏与肥胖之间可能有一定的关系。

我们确信玩电子游戏与某些生理问题有关。电子游戏玩家会感到肌肉紧张，以及有被描述为重复应激综合征(repetitive stress syndrome)的很多相关的身体小毛病，这是因为他们要随时处理游戏中的状况。一天玩两个小时以上的玩家经常会在手上起泡，并且手、腕和肩膀的肌肉会出现问题，这会在多年后导致严重的并发症。

电子游戏与性

一些电子游戏中与性有关的内容让很多年轻游戏玩家的父母们感到焦虑。媒体上，尤其是电视节目、电影和音乐片，充斥着性爱素材，大多数受众形成了与这些内容保持距离的能力。然而，电子游戏的互动性意味着性爱素材对游戏玩家的影响是不同的。有些游戏把女性描述成可以占有的物品，也就是说，可以像商品一样任意购买。普洛文佐(Provenzo)(1997)描述了一个臭名远扬的黄色游戏：

举例来说，《虚拟瓦莱丽》(*Virtual Valerie*)这样的 CD-ROM 游戏，会让你进入一个年轻的性感女郎的卧室。一旦进入，你就可以看遍她所有的东西，包括她的钱包、书甚至是她自己的《虚拟瓦莱丽》这款游戏的拷贝。游戏的关键是与瓦莱丽逐步进行交流。首先，瓦莱丽会出现在电脑屏幕上，穿着透明的内衣、内裤和长筒袜躺在沙发上。她张开双腿，要求玩家脱去她的内衣，因为她觉得"有点热"。游戏的目标就是逐渐脱掉瓦莱丽所有的衣服并且让她和你上床。如果你不能正确回答所有的问题，瓦莱丽就不会脱掉衣服。回答正确的话，她就是你的了。(pp. 104—105)

《虚拟瓦莱丽》并不是一款典型的游戏，但是这个案例让我们意识到有些游戏与色情作品是多么类似。劳拉·克罗夫特(Lara Croft)非常成功的《古墓丽影》系列游戏（以及两部稍逊色的电影）中的女英雄，乳房高耸，大腿修长，纤腰细细。玩家可以控制这个性感的女人，决定她做什么、去哪里、何时使用其他武器以及如何与其他人交流。2006年，约有4500万份《古墓丽影》的游戏拷贝在世界各地销售。

尽管有性感女英雄的出现，但是女性在游戏中作为主角出现得依然比较少。当她们出现时，她们的角色也倾向于类型化——像大多数女性在媒体中的形象一样。

由于游戏中性爱内容和暴力内容的数量引起了社会公众的关注，游戏制作公司不得不做出反馈，他们采用了分级系统将每款游戏的属性告知年轻玩家的父母。与分级的措施相匹配，每款游戏的包装上都会标明游戏的性爱内容、语言和包含的任何暴力行为的种类。然而，调查表明，购买游戏的成年人或孩子们，能够意识到分级系统或对此加以注意的，尚不足半数。

结　　论

电子游戏对玩家具有不可估量的潜在影响。我们可以利用游戏独特的力量来进行教学以及娱乐大众。很多游戏需要玩家不断提高他们的观察能力，从他们的观察中推断出规律并且处理来源不同的信息，例如非语言线索。有些游戏可能被认为是亲社会的并对玩家有积极作用的。然而，不幸的是，大多数电子游戏在本质上与占电视节目大多数的内容是类似的，这些节目被描述为"大片的荒地"。从这方面来说，电子游戏与大众传媒流行文化的其他类型没有什么区别。

媒介分析对电子游戏进行了评估，它的作用是应用本书中提到的不同的批评方法来分析这些游戏的文本，明白他们如何取得这样的效果以及它们的影响是什么——包括对玩游戏人的影响也包括对社会的影响。现在存在大量关于游戏的内容，也出现了很多专门关注游戏的网站，有的是从总体上关注游戏，有的是专门关注某些游戏。有些大学和艺术院校现在开始颁发游戏制作专业的学位。

电子游戏对玩家有着强烈的吸引力，这毫无疑问。但是我认为，电子游戏现象应该引起符号学家、心理学家、社会学家以及其他领域的批评家和学者的关注，因为它正日益成为全球媒介产业链条中越来越重要的一部分，在我们日常生活中的作用也越来越重要。

<h1 align="center">讨　论　题</h1>

1. 电子游戏在哪些主要方面与电影有所不同？

2. 你会把电子游戏归类为一种艺术形式还是一种媒介？解释你的答案。

3. 新技术的发展对电子游戏有何影响？

4. 对**互动性**（interactivity）和**沉迷**（immersion）两个词进行界定，并解释每个概念对于玩游戏的意义。

5. 游戏是如何诱导玩家上瘾的？你是否同意本章中关于这一问题的讨论？

6. 讨论一下有些人由于玩游戏引发的不同社会和生理问题。社会应该如何处理这些问题？

7. 如果你玩电子游戏的话，你会喜欢哪些游戏？为什么喜欢？多年来，你对电子游戏的品位有变化吗？如果有，如何解释这种变化？

8. 你认为电子游戏行业会有什么新的发展？

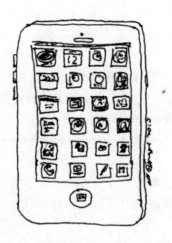

　　在美国以及世界各国,社交媒介和手机在人们的日常生活中发挥着越来越重要的作用。现在有超过10亿的人在使用Facebook,智能手机也正以惊人的速度售出。人们一直致力于开发新的功能强大的智能手机。本章考察社交媒介的社会意义和精神分析意义,以及手机在我们看待自己,了解我们的身份以及与他人的关系中所起的重要作用。

第10章

CHAPTER 10

手机、社交媒介与身份问题

我将通过以下内容展开讨论,提供与我们对新技术的兴趣及其社会文化影响相关的两个选择。第一个是引自文森特·米勒(Vincent Miller)的《新媒体、网络和交际文化》(2008)的摘要。

通过考察博客、社交网络、微博等新媒体对象以及与它们相关的实践,我认为"个性化"和"网络社交"的社会环境以及与"普适通信"和"连接性共处"相关的技术发展,共同导致网络媒介文化日益由寒暄语主导。也就是说,沟通是纯粹的社交,而不是存在传递信息或对话的意图。我最后讨论了这种文化现在的虚无主义后果。(p. 388)

第二个是引自彼得·法尔布(Peter Farb)的《文字游戏:人们谈话时会发生什么》(*Word Play*:*What Happens When People Talk*)(1974),并讨论了布罗尼斯拉夫·马林诺夫斯基(Bronislaw Malinowski)关于寒暄语的意见:

人类学家布罗尼斯拉夫·马林诺夫斯基在半个世纪前指出，具有重要社会效益的定型短语在世界各地的言语社区中以一种或另一种形式出现。他将用作强化社会关系的语言命名为"寒暄语"（源于希腊和拉丁语，意为"语言一致性"）。他将其定义为"一种通过语言表达建立人际关系的语言"。（pp.24—25）

我的问题是，如果青少年每天互相发送 100 条消息，这些消息是否可以看做寒暄语之外的信息？

顿　悟

在 2000 年访问日本期间，未来学家霍华德·莱茵戈德（Howard Rheingold）在东京发现了许多有趣的事。他在他的《聪明暴民：下一轮社会革命》（*Smart Mobs：The Next Social Revolution*）（2002）一书中描述了自己的顿悟。

我开始注意在东京街头上人们都盯着手机而不是互相交谈。如今这种现象在世界上多数国家都很普遍，这触发了我之前经历过的感觉——即刻识别（the instant recognition）到科学技术正以想象不到的方式改变我们的生活（p. xi）。

莱茵戈德看到的是发短信这种现象成倍增长，也在拥有智能手机的人们的日常生活中起着重要的作用。

2008 年我去日本旅行时，在地铁上发现，尽管有许多人在读书、读报纸，但绝大多数的人在用智能手机阅读或发送信息。当人们乘坐电梯、地铁、火车时或在公共场合打发时间时，手机能够帮助人们解决尴尬或不舒服的困境。

8～18 岁儿童的媒介使用情况

根据 2009 年的一项 8～18 岁儿童媒介使用情况调查,凯撒家庭基金会(Kaiser Family Foundation)(2010)为我们提供了以下统计数据:

每日时间分配(Time per day)	活动(Activity)
4.29 小时	看电视
2.31 小时	听音乐和其他音频
1.29 小时	使用电脑
1.13 小时	玩电子游戏
0.38 小时	阅读
0.25 小时	看电影
10.45 小时	总计

但是由于 8～18 岁的孩子在 29% 的时间内是同时做多项事情,因此花在这些活动上的总时间减少到每天 7.38 小时。凯撒家庭基金会的调查并没有将使用手机包括在内,尽管许多 8～18 岁的孩子会用手机看电视或听音乐。根据这份报告,他们平均每天花 90 分钟在手机上。根据这些数据,我们得出的结论是,美国的青年人生活在媒介中。

年轻人每天花费约 34GB 数据,每天看电脑显示器、智能手机、电子游戏机、电视等各种屏幕的时间约有 5 小时。尼克·比尔顿(Nick Bilton)(2009)在《纽约时报》的一篇文章中提到,加州大学圣地亚哥分校研究人员的一项研究发现,一个普通美国人每天从网络、广播、电视和其他媒介中读到或听到 10 万个词,在过去的 30 年中,媒介消费增加约

350％。我们阅读的印刷媒介越来越少，在日常生活中，我们会在不同屏幕上进行大量阅读，因此我们比以往时候读得东西更多。

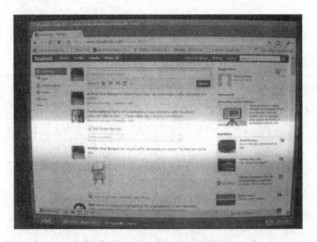

从社会学角度来看，我们有美国和其他各个国家的媒介用户人口统计数据，我们可以按照国家、种族、性别、社会经济、年龄和其他方式对用户进行分类，但我们无法回答的问题是，所有这些媒介的使用会对我们个人和生活产生什么样的影响。

社 交 媒 介

青少年使用智能手机的 90 分钟中，有大量时间是用于发短信，而现在的问题是，一小部分青年人发色情短信。他们把自己的半裸照片有时甚至是全裸照片发送给朋友或其他人。当然，一旦图片发送给他人，就可以继续转发，甚至上传到 YouTube 上，而在 YouTube 上会有数百万人可以看到。

我认为"社交媒介"一词是指像 Facebook、Twitter、LinkedIn 和 YouTube 这样的网站，人们可以发送供大量人阅读或观看的信息、图片和视频。这些社交网站可以通过电脑、平板电脑和智能手机在互联网上访问。在本章开篇中，文森特·米勒（2008）假设通过社交媒介进行的大部分交流是"寒暄"。这些消息，有时候被称为"闲聊"，不是用来传达信息，而是表示我们在场。我们彼此之间发送的大量文本信息更多是出于维护我们的朋友关系网，巩固彼此之间的团结关系，而不是渴望传达信息。

大众媒介，包括少数"发送者"，比如作家、演员、导演、电影制片人等，他们制作各种文本，并通过印刷、广播、电视等传统媒介发送给"接收者"，也就是潜在观众群体。现在，由于大量人创造出各种文本，无论是发短信和发色情短信、图像、视频或其他内容，老旧的收发模式已被取消，所有拥有数码相机、智能手机或摄像机的人都是潜在视频制作者，而像 YouTube 这样的网站为人们提供了广播其作品的途径。马歇尔·麦克卢汉 (Marshall McLuhan)写道：媒介就是信息。我将引用他的名言并提出，在社交媒介时代，"媒介就是信息制造者"。

各个年龄段的成员都参与社交媒介，尽管老年人没有年轻人和中年人的参与程度高。在我的个人笔记中，几年前我在日本时曾拍摄过一些关于日本生活方面的短片，并将其上传到 YouTube 上。其中一个短片是在日本的漫画书店里拍摄的。惊人的是，我不断收到漫画爱好者发来的电子邮件，他们告诉我非常想去参观那家漫画店。我在 YouTube 还有许多其他在日本拍摄的视频，但只有那家漫画店的视频引起如此多的关注。

有数百万人访问 YouTube 的视频，人们每年发送数十亿的"推文"，以及 Facebook 现有十亿成员，这些事实需要引起媒体和传播学者的关注。如果社交媒介是如此受欢迎，它们应该为使用的人们作出贡献。

表 10.1　2012 年 Facebook 用户排名前十的国家

国家	用户数量
1. 美国	167 554 700
2. 巴西	60 665 740
3. 印度	60 545 100
4. 印度尼西亚	50 489 360
5. 墨西哥	39 388 040
6. 英国	33 190 940
7. 土耳其	31 415 080
8. 菲律宾	29 862 300
9. 法国	25 295 760
10. 德国	4 974 660

数据来源：www.socialbakers.com/facebook-statistics/?interval＝last-6-months＃chart-intervals

青少年与社交媒介的精神分析视角

上文刚指出，电脑、智能手机和社交媒介之间有着密切的联系。我们可能会问，为什么人们会花如此多的时间在电脑和手机上，发短信给他人并将文本发至社交媒介网站？我认为一个原因是，这些设备能够将人们联系起来，改善现代社会中许多人的疏离感、孤独感和分离感。

尤其是青少年，他们有强烈的归属感，对自己将成为什么样的人感到焦虑，并且常常

与父母、其他家庭成员以及社会疏远。我曾问过在健身房遇到的一个年轻女孩关于发短信的事，她有 1 部 iPhone 手机和 1 台 iPad 平板。她说："我发短信没有我朋友发的那么多。""我每天只发大约 40 条短信，大多是发给我 4 个朋友。"发短信似乎可以让她与朋友保持密切联系。我记得有些文章写道，一些年轻人每天互相发送 100 条短信，每月大约 3 000 条短信。

是什么造成了这种行为？为了回答这个问题，让我们思考一位小说家和一位处于领先地位的精神分析思想家的观点。

首先我们从小说家开始。

罗伯特·穆齐尔（Robert Musil）在他的著作《没有个性的人》（*The Man Without Qualities*）（1965）中探讨了青少年的焦虑，书中一段著名片段如下：

当他们到达人生旅途的中间点时，很少有人记得他们是如何设法成为现在的自己的，拥有现在的娱乐，持有现在的观点，拥有现在的妻子、性格、职业和成功的，他们不禁感到生活不会再有什么变化……因为年轻时，还有无数个早晨在迎接他们，感觉拥有一切又感觉一无所有；然而当正午来临时，突然出现了某样东西，他们可以理直气壮地称之为生活。生活中某种东西伴随着他们，就像粘有苍蝇的捕蝇纸一样，快速抓住了他们，直到用灵柩埋葬，而灵柩与他们的身体形状只有一点点相似之处。到那时，他们可能依稀记得年轻时身上有一种反抗力量，而像捕蝇纸上的苍蝇一样，他已无法找回另一种用力挣脱、翅膀呼呼作响的力量，只是漫无目的地尝试飞走。青年人对现有秩序的蔑视与反抗，对一切英勇行为的准备，无论是牺牲小我还是惩处犯罪，其强烈严肃性和不稳定性，所有这一切只不过像试图飞行的苍蝇在拍打翅膀。从根本上讲，这仅仅意味着青年人所做的一切似乎都没有明确的内在需求，即使他表明他所做的每一件事都极其紧迫和必要。（pp. 151—152）

穆齐尔痴迷于身份问题，以及我们的生活倾向于以哪种方式"逃离"我们，我们一般不会过上年轻时想过的那种生活。当我们年轻的时候，我们的生命充满各种可能性，穆齐尔写道，然而当我们人到中年时却发现实现这些可能性的概率很小，因为我们被困在

生活的"粘蝇纸"上。

　　根据精神分析学家和前哈佛大学教授艾利克·埃里克森(Erik H. Erikson)(1963)的观点,所有青少年都需要应对生理快速发育以及突然来临的身份(自我同一性)和角色混乱问题。埃里克森在他的《儿童与社会》(*Childhood and Society*)一书中提道:

> 无法确定职业身份困扰着每个年轻人。为了把这些同一性整合起来,他们暂时过分仿效帮派人群中的英雄人物以致完全丧失自我同一性。这就引发了"坠入爱河"的阶段,这绝不完全或主要是性的问题,除非是道德观念要求。在很大程度上,青少年的爱是试图将散发的自我形象强加到另一个人身上(把散发的自我形象投射到另一个人身上),并且看到它显现并渐渐澄明,以此来达成自己身份的定义,这就是为什么许多年轻人的爱情是沟通交流。(p.262)

　　埃里克森1963年出版了他的书,在手机快速发展之前,但是他对青少年需求的评论以及对自我同一性的追求很真实(采用电话隐喻)。表10.2列出了埃里克森的8个发展危机,我认为我们可以把这些危机与手机的使用联系起来。根据埃里克森的理论,人们在人生的不同阶段都面临着某些特定的危机。表10.2列出了埃里克森作为极性对立的危机,并提供了关于手机在各个危机中所起作用的假设。有关危机发展的材料取自《儿童与社会》一书的"人生阶段"一章。我省去了婴儿期,因为前两个阶段发生时,婴儿并不使用手机。根据埃里克森的理论,随着从婴儿期走向老年期,我们都面临着某些危机,并且必须成功地解决这些危机。因此,青少年互相发送的无数条短信的意义比我们想象中更深刻,因为它们可以看作是尝试自我定义。

表 10.2　手机在发展危机中起的作用

阶段	危机	手机的作用
学龄初期	主动感、内疚感	家庭融合、玩耍
学龄期	勤奋感、自卑感	(儿童的)社会化、作业技能
青少年期	自我同一性、角色混乱	同龄人感情联络、作业、恋爱
成年早期	亲密感、孤独感	爱情、事业、入会
成年期	繁衍感、停滞感	事业、团体
成熟期	自我整合感、失望感	联系、团体

　　想要成为麦当娜或 Lady Gaga 或帅气吸血鬼演员的粉丝的年轻女孩,以及青睐足球等运动明星或其他英雄人物的年轻男孩,埃里克森说,他们正经历一个阶段,即努力巩固自我同一性并利用他们的偶像来帮助他们完成这一任务。

　　但为什么是通过发短信而不是打电话呢?因为发短信更私密,也不直接,如果你讲电话时旁边有其他人,他们或许会听到你跟对方说的话。此外,采用发短信的方式,人们不必担心收信人在哪里或在做什么。当发短信时，你不必面对实际交谈的问题。发短信的目的是进行一种对话，埃里克森曾说道，而交谈在青少年的生活中起着至关重要的作用。

麻省理工学院的教授雪莉·特克尔(Sherry Turkle)在接受美国公共广播公司Fresh Air栏目采访时，关于发短信现象及其对青年人的影响，提供了她的见解。她对发短信现象探讨的摘要如下(NPR Books,2012)：

当特克尔问到青少年和成年人，相比面对面交流，为什么他们更喜欢发短信时，他们回答说，当面对面时，"你不能控制你要说什么，而且你也不知道这场交谈会持续多长时间，谈话将走向何方。"但特克尔认为这些我们认为的面对面交谈的弱点恰恰是它的优势。特克尔说，面对面交流可以教导"谈判技巧，读懂对方情感的技巧，必须面对对抗复杂性的技巧，处理复杂情绪的技巧"。她认为那些觉得自己太忙而无法亲自面对面交谈的人无法像他人一样建立感情联系。以上这些都引出了特克尔的理论，虽然我们可以无时无刻进行数字通信，但我们依旧感到非常孤独。在特克尔对成年人和青少年的采访中，她发现各个年龄阶段的人被这些设备吸引的共同原因是："发短信，保持手机处于通讯状态，黑莓手机上亮着的小红灯如此吸引人的原因是你想知道谁在想你(who wants you)。"

如果特克尔是正确的，那么手机就对年轻人的发展产生了消极的影响，有些人沉迷于发短信，每天给朋友发大约100条消息。他们没有学会如何与他人相处，如何与他人面对面交谈——埃里克森认为面对面交谈对年轻人的心理发展至关重要。

可以说，社交媒介创造了人工或虚拟社区，因此，在Facebook和Twitter上，我们有"好友"和"粉丝"。同样，这些也适用于其他网站。此外，社交媒介网站还提供了对艺术或旅游等主题感兴趣的世纪社区。在Facebook上我有180多个"好友"，其中大多数是我不认识也不会见面的。有些人在Facebook和其他交友网站中收集"尽可能多的好友"，Facebook的好友页面限制5 000个好友。但这些"好友"真的是朋友吗？显然不是。在Facebook上拥有大量好友更像是收集，类似于有人收集邮票或钢笔或其他东西。这种收集由某种心理驱使，即必须在某方面超越他人或必须掌控某件事。

发色情短信与发短信不同。发色情短信有自恋的因素，年轻人将自己身体的图片以及穿着各式睡衣的图片发送给他人。在工作中可能会有一个升华元素,年轻女孩将她们的性欲转化为表现癖,而不是实际性关系,尽管研究表明,许多年轻人少年期就开始了性行为,发色情短信是一种电子虚拟性行为,许多人担心色情短信会导致实际性行为增加,集体道德感下降,以及文化粗俗。

手机符号:符号学视角

从符号学角度来看,个人购买的手机(如今是智能手机)为其提供了展示他社会经济地位、精湛技术和鉴赏力的机会。iPhone 引发了大量智能手机与之竞争。重要的不仅仅是 iPhone 的功能,我们还需要考虑 iPhone 作为时尚的代言物以及一个能指即其用户是某种特定类型的人。许多手机评论不厌其烦地描述其手机的美观——作为伟大产品设计的艺术对象和典范。

此外,一个人每天收发短信的数量象征着他在朋友圈的"受欢迎程度"和"地位"。如果一个人收到大量短信,那么意味着这个人有许多值得"关注"的朋友。当这些"手机、互联网好友"闹翻时,他们会互相"解除好友关系"。

iPhone 有成千上万个"应用程序",每个应用程序都有自己的图标。大量的应用程序显示出 iPhone 和其他智能手机的强大功能。这些应用程序价格便宜,有时甚至免费。从符号学角度来说,这些应用程序意味着智能手机已定义为可以用来做各种事情的装备。智能手机已经摧毁了 GPS 设备行业,因为智能手机可以安装提供免费 GPS 的应用程序。我们无法知晓下一个被智能手机摧毁的是哪个行业。互联网、大众媒介、智能手机和平板电脑,对报纸、杂志和书籍等"旧"印刷媒介产生了深远的影响,其中许多媒介发现自己可能被描述为"死亡旋涡"(death spiral)。

在《移动文化:日常生活中的移动通信》(*Moving Cultures:Mobile Communication in Everyday Life*)一书中,André H. Caron 和 Letezia Caronia(2007)指出手机(他们更倾向使用术语"移动电话")如何充当社会地位的象征。在探讨了一些将青春等值于手机的加拿大广告活动后,他们写道:

手机作为价值对象的新地位,并以此作为提升用户社交地位的手段,在其他广告策略中可以看到,如圣诞节前后的广告策略,此时,手机成为重要的礼物。将礼物的功能归因于技术对象,自然使手机成为理想对象,从而成为有价值的对象。(p.97)

他们指出,许多手机广告把手机描绘为"酷",即青少年文化中推崇的态度。于是,手机成了青少年的能指,同时具有身份建构功能。拥有"体面的"手机也能带来地位。

马克思主义手机观

虽然许多马克思主义者会发现手机公司在美国和其他资本主义国家的运营方式令人反感，它们提供打电话和发短信的手机和手机网络，为大公司赚取数十亿美元，但马克思主义者被手机的革命潜力所吸引。在 2009 年的伊朗骚乱中，总统选举被广泛视为是"遭窃取的"选举后，伊朗反对派成员通过使用智能手机和社交媒介如 Twitter 来协调他们反政府的运动。反政府游行被政府残酷镇压，但反对派成员的动员能力很大程度上取决于手机的力量。

莱茵戈德在他的《聪明暴民》一书的"手机的力量"一章中提供了菲律宾的案例研究。

2001 年 1 月 20 日，菲律宾总统约瑟夫·埃斯特拉达（Joseph Estrada）成为第一位对聪明暴民失去权力的国家元首，超过 100 万马尼拉居民通过短信动员和协调，聚集在纪念 1986 年"人民力量"推翻前总统马科斯事件的圣殿。成千上万的菲律宾人在收到第 1 条短信的 1 小时内聚集在乙沙大街（Epifanio de los Santas Avenue，Edsa）上，短信内容是"去 2Edsa 大街，穿黑色衣服"。（pp. 157—158）

莱茵戈德也论述了其他出于政治目的而通过发短信召集人群的"聪明暴民"行动。

2011 年突尼斯、埃及和利比亚的革命是由使用智能手机、Twitter 和 Facebook 的年轻人推动的。因此，新的信息和通讯技术（ICT）将马克思主义者所说的革命潜力变为现实。

困扰马克思主义者的是手机在资本主义国家的销售方式。在美国，手机通常与美国移动运营商（AT&T）和威讯（Verizon）等供应商的两年服务合同一起销售，使用户可以拨打电话、发送短信。服务合同在语音时长、短信和允许使用的数据上有所不同，许多方案提供无限使用。在大多数国家，人们购买无锁手机，购买 SIM 卡，也不会与手机服务商签订合同。使用手机费用通常比美国便宜得多。

马克思主义者发现，手机的另一个问题是它们尚未提供显示广告的另一屏幕。就广告有助于资本主义社会保持自我来说，手机在传播虚假意识和产生消费文化，帮助消除工人阶级的革命潜力方面，发挥着重要的作用。

因此，马克思主义者不能不对手机在社会中的作用感到矛盾。现在数十亿人都拥有手机，这让马克思主义者陷入了两难的境地。他们必须弄清如何最大限度地发挥手机的革命潜力，尽量减少手机的能力——分散群众作为反资本主义压迫的革命推动力的"真正"角色。

结　　论

　　手机和社交媒介代表着社会运作方式的重大转变。手机和社交媒介的普及是新社会秩序的象征,几乎任何人都可以通过发送大量供人们访问的信息、照片和视频来宣告存在。这打破了电视、广播、杂志和报纸等大众媒介对发送信息的垄断。

　　手机和社交媒介的普及也可以看做是现代社会产生的孤独感、疏离感和分离感的象征。手机和社交媒介的使用象征着"企图逃脱",我们试图实现一种电子融合或虚拟社区。很难说新媒介对美国社会和其他各国产生的长远影响是什么,因为现在的新媒介是全球性的。

讨　论　题

　　1. 关于媒介和手机使用的统计数据对当今社会的变化有何启示?

　　2. 社交媒介是什么? 它们对我们的日常生活和社会有什么影响? 你接受关于手机和社交媒介本质上具有"寒暄"角色的假设吗? 解释你的见解。

　　3. 手机在青年文化中扮演什么角色? 它们如何帮助年轻人处理身份问题? 你如何看待埃里克森的"我们从婴儿期到老年期面临的 8 次发展危机理论以及这些危机可能与手机使用有关"这一问题?

　　4. 你对从穆齐尔《没有个性的人》一书中引用的段落有什么看法? 就你的父母,你所认识的其他人以及你自己来说,这种说法正确吗?

　　5. 虽然马克思主义时期没有手机,但他的理论对手机的使用是有影响的。关于马克思主义者如何看待手机,书中陈述了哪些观点?

后记：什穆与分析

多年前，当我即将进入研究生院攻读美国研究的博士学位时，我哥哥贾森（Jason）建议我不要自寻烦恼。他说："美国研究就像一个什穆（Shmoo）。"［解释一下，什穆是神话般的动物，喜欢为人类做事，包括为人们提供食物。将它油炸了，尝起来像牛排；将它烘烤，吃起来像烤牛肉。它的腮须可以做成牙签，皮肤可以制成皮革。它们疯狂地繁殖。什穆是阿尔·卡普（Al Capp）的创作，最早出现于《小阿布纳》（Li'l Abner）——这是美国最受欢迎的连环漫画之一。］

美国研究就像一个什穆。如果你烘烤它，你就是历史学家；如果你油炸它，你就是文艺批评家；如果你煮沸它，你就是社会学家；如果你加热它，你就是政治学家。

我们可以把这种观点应用到分析之中，因为批评家和媒介分析家并不是单纯的存在，他们总是采用各种角度的观点（或采用多种角度的观点）。然后他们将自己的观点、对世界的感觉、对人们和社会的理解放进所研究的对象中。至少就我所见，分析并不仅仅存在于分析本身，也不仅仅属于分析本身。

在本书中，我选取了4种我认为相当重要的分析方法，但是还有一些其他分析方法也需要注意。几位批评家在欣赏《朱门恩怨》（Dallas）这部连续剧，房间里可能就充斥着不同的视角。房间里可能有一位文艺批评家，他关注情节、主题、论点、角色的动机、布景和语调等因素。房间里可能还有一位"神话－仪式－象征"（myth－ritual－symbol）批评家，他从人类学的背景，可能对该节目充满文化学（culturological）的兴趣。种族批评家可能对节目反映的道德问题和其他哲学问题有兴趣。具有美学倾向的批评家就会关注灯光、摄像机角度、镜头种类、淡入淡出、剪辑方式和声音效果等。荣格学派批评家则会寻找原型、阴影、心灵、灵魂与意图、英雄、骗子形象等等。非语言的行为专家可能会探究节目各种角色的面部表情（特别是在特写镜头中）、他们的肢体语言以及诸如此类的概念等等。

我认为，媒介分析的目标就是要尽可能提供最全面、最有趣、最深刻的文本阅读。有些人认为，媒介分析纯属浪费时间，它"破坏"了一件作品。这是一种"无知无畏"（know－nothing）的立场，它假设我们对于电视节目、电影或其他事物越不动脑子，就会过得越好。

我认为，如果我们想欣赏并完整理解一部作品，就需要进行分析。而且，各种（与所有媒介的）创意工作者都必须学会自我批评（这是一个褒义的词汇），这样才能懂得怎样制造出想要追求的效果,什么发挥了作用,而什么没有发挥作用。你需要分析理论,这样你才能成功而有效地工作,否则,你所取得的成功仅仅是一种偶然和幸运。正如创意工作者通常也是分析家,分析家通常也富有创造力一样。我希望本书能够鼓励一些人将分析与创作结合起来。

讨 论 题

1. 媒介分析、批评和阐释在哪些方面与什穆有相似点?

2. 本书哪些比较重要的分析方法可以用于艺术作品分析?

3. 艺术作品分析有一种理想化的方式吗?如果有,这种方式是什么?

4. 当符号学家、精神分析学家、马克思主义者和社会学家同时分析一件文本,得出不同的解释时,谁的解释正确?或者说,文本解释存在这种"正确的"答案吗?

5. 在导师的指导下,用本书提供的 4 种方法来分析某个文本(一部电影、一个电视节目、一本书或其他文本)。你认为哪种方式最有用而且有趣?为什么?

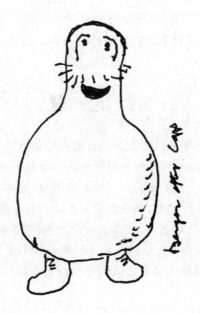

附录　模拟、活动、游戏与训练

我已经开发了许多模拟、活动、游戏与训练[此处我统称为学习游戏(learning games)]，将媒介分析的各种方法运用到大众艺术和大众媒介之中。这些学习游戏要求参与者抛开理论的层面，在游戏里，概念可以模糊不清(概念的使用也不必非常清晰)。参与者会发现，本书所讨论的四种方法论，其概念与理论是如何帮助他们理解大众文化作品，并创造大众文化作品的。

一般说来，当我在课堂上让学生进行这类学习游戏时，都将整个班分成三组或四组；每个小组的所有学生都要参与活动，但我要求每个小组选派一名代表作为指定的"抄写员"(scribe)(来实际写作)。这些学习游戏多数都与家庭作业配套，个人或小组都适宜。但是，要记住，这些学习游戏的重点在于"玩"，我的学生觉得这些游戏既有趣又有价值。游戏里有剧本或小说，组员可以表演所创作的动作。在别的游戏里，各个小组的"发现"可以作为课堂讨论的基础。根据教室、班级、内容，所有这些学习游戏都可以进行修改，当然，也可以发明新的游戏。下面的几种游戏摘自于我的《大众文化、媒介和日常生活中的叙事》(*Narratives in Popular Culture*, *Media and Everyday Life*)(1997)一书。

对一个故事的解剖

在本书第 1 章介绍普罗普的《民间故事形态学》时，我曾指出，普罗普的功能学说可以用来分析故事。本部分练习要求你以下面列出的普罗普的功能学说为基础，写出一个小故事。要玩这个游戏，你应当把下面功能的描述写进故事里。记住，你可以让故事现代化，因此，在故事的结尾，你不必一定要让他娶到公主、当上国王。

你在写故事的时候，要记住：(1)使用过去时态；(2)要有描写和对话；(3)让故事有趣，要有斗争和冲突(本次活动中**不要**写成童话故事)。

你的故事以下面的功能为基础：

1. 最初状况：介绍家人或英雄。
2. 离家：某个家人离家。
3. 禁令：对英雄发出禁令(可以撤销)。
4. 违禁：禁令被违犯。
5. 恶行：恶人伤害家人。

6. 调停：不幸公之于众，英雄被派遣。

7. 接受代理人：英雄请求运用神奇的代理人。

8. 空间转移：英雄被引向寻找目标。

9. 战斗：英雄与恶棍直接战斗。

10. 蒙受污名：英雄蒙受污名。

11. 胜利：恶棍被打败。

12. 无理要求：假英雄被揭露。

13. 婚礼：英雄完婚，登上王位。

故事写完后，小组或单个人应该分享他们的故事，这样大家就会发现，运用同样的普罗普功能说，可以写出许多情节不同的小说！

聚 合 分 析

列维-施特劳斯(1967)认为，文本的聚合功能把"真实"的含义告诉我们，这种分析方法与组合分析（普罗普学派）相反，后者关注所发生的事件。在这些稍作修改的施特劳斯的方法里，你要寻找让文本产生意义的各种对立事物。索绪尔(1966)认为，概念由于差异而界定，它同样适用于文本里的角色及其行为。

《楼上，楼下》的施特劳斯式分析

《楼上，楼下》(*Upstairs，Downstairs*)是一部电视连续剧，讲述了一个英国富裕家庭里所有人的生活。标题给出了基本的对立，但即便这部电视连续剧换个名称，我们也能发现这种对立居于中心地位。

表 A.1 《楼上，楼下》中的对立

楼上	楼下
发号施令的主人	服从命令的佣人
富裕	贫穷
悠闲	劳苦
已婚和不忠贞	单身

上面列出的种种对立适用于整部电视剧，但每一集也能列出相似的表格，每一组对立概念都以每一集发生的事件为基础。从这套非常简化的两极对立里，我们很清楚地理解了连续剧的核心内容。

从本质上来说，列维-施特劳斯的研究兴趣在于神话和非大众文化，然而我们可以采用他的观点来分析各种文本，例如间谍小说、侦探小说和科幻故事等。

列维-施特劳斯分析的步骤

1. 要参加这个活动,你需要一个故事的叙事文本。你可以选择一部电影或一集电视剧进行分析,你的导师也可以给你一个故事的文本,例如:

起初,神创造天地。地是空虚混沌,渊面黑暗。神的灵魂运行在水面上。神说:"要有光。"于是,就有了光。神看见光是好的,就把光从黑暗中分开了。神把光称为白天,把黑暗称为夜晚。有黑暗,有白天,这是第一天。

2. 找出你所分析文本的两个核心对立概念,这对概念对文本里各种角色和最重大的事件都适用。确定你所找到的概念是真正的对立,而不是简单的否定(例如,"不高兴"不是"高兴"的对立)。

3. 以你的文本为基础,创造几对类似于《楼上,楼下》的对立概念。记住,双方小组创造的概念都应当与故事相关。

应当指出的是,大多数人阅读小说、看电视剧或看电影时并没有意识去寻找对立。但是我们要理解故事,我们必须引发出这些对立概念。有趣的是,有时候我们挖掘对立概念做得既快又熟练,以致我们都没有意识到自己在做什么。

梦 的 解 析

精神分析理论认为(大多数心理学家也同意),梦在我们的生活里扮演了重要的角色。弗洛伊德用象征化、浓缩、转移等对梦加以解析,本书第3章已经详细介绍过。现在我给出弗洛伊德(1900/1965)关于梦境的书里的一个案例,要求你使用第3章的概念,尽你所能进行"破译":

我为了寻找布丁走进一个厨房。厨房里有三个女人,其中一位是旅馆的主人,她在用手扭动某件东西,好像在做马铃薯面团(面团布丁)。她回答我说,我必须等到她做完为止。我失去了耐心,带着受伤的感觉离开。我穿上外套。但我第一次穿上的外套对我来说太长了。我脱下外套,并惊讶地发现它用毛皮修整过了。第二次我穿上一件土耳其样式的长款球衣。一位长脸、少量胡须的陌生人过来制止了我,说这是他的衣服。我指给他看衣服是土耳其式的。他问道:"土耳其式的(样式、球衣……)与你何干?"但我们很快又变得相互友好了。

你如何看待这个梦里所发生的事情?除了分析这个梦之外,你还可以写出你曾经做过的梦,尝试加以解析。

撰写一个医疗童话

本活动源自第 3 章对布鲁诺·贝特尔海姆《童话的魅力》(1977)一书的简要讨论。贝特尔海姆指出,传统印度医生常常为他们的父母创造富有个性的童话,帮助父母解决困难。父母学习童话,通过对角色的认同,领悟了自己的问题所在以及解决问题的方法。

在本次活动里,设想你是一个印度医生,你正在创作一个童话,帮助某人解决某种心理困扰。请满足下面的要求:

写一个传统的童话(不是那种现代的拙劣模仿),以"很久很久以前"开头,"从此他们过上了幸福的生活"结尾。

用过去时写作,人物包括童话里的典型角色:国王、王后、王子和公主、龙、动物帮手、名叫"杰克"或者"汤姆"的英雄。让故事里的人物对其行为进行反思。从下面的人物中挑选一位,并提供解决其心理问题的方法:

人物 1:俄狄浦斯情结,阉割焦虑,回归

人物 2:阳具妒忌,自恋,理性化

人物 3:肛门性欲,情感矛盾,执着

人物 4:俄狄浦斯情结,自恋,执着

人物 5:执着,阉割焦虑,自恋

人物 6:俄狄浦斯情结,情感矛盾,手足竞争

起 源 故 事

每本连环漫画书的主角或每组游戏的主角都有一个起源故事(origin tale)——用 1~2 页纸的篇幅向读者介绍故事里的人物。最著名的无疑是超人的故事,讲述了他源自氪星球(Krypton)乘太空船长途旅行至地球,被善意的肯特夫妇发现以及他巨大的威力等。

在本活动中,你要给你所创造的超人写出一个起源故事。你要采纳所有参加活动的成员都赞同的标准,在纸上或黑板上用 10 幅或 12 幅画面,画出你要讲的故事。记住遵循以下规则:

- 用 10 幅或 12 幅图画。用真正的素描,并涂上颜色。不要使用简笔画。
- 让人物轻快优雅地说话。你也可以用部分画板传达连贯的信息。
- 注意面部表情、人物的衣着、动作刻画、声音效果以及对话等。
- 设想你的主角所拥有的特殊本领、威力等诸如此类的要素。
- 讲述故事。虽然你是在向听众介绍人物,但你在介绍时还应该涉及人物的行为和

冲突等方面。

当你完成上面的要求时,起源故事的所有参加者都应当展示给大家,这样每个人都能观察到不同的男女主角、恶棍和妖怪等所创造的人物。在不同的人物之间或主题之间存在相似之处吗?起源故事反映出创造此类故事的人们年龄群有什么特点?反映了美国文化与社会的什么特点?

广 播 剧 本

在本活动中,你要写作一篇广播稿,戏剧地表现并解释符号学分析方法、精神分析理论、马克思主义批评或社会学分析(或者是这几种方法的结合),你的听众是对这几种方法都不了解的人。用某部著名的电影或电视剧作为题目,根据以下原则,以广播的传统格式写作剧本:

- 把纸分为两栏。左边应该留 1/2 英尺宽,人物姓名、音乐指示或特技效果全部用黑体。
- 在右边栏目用全部黑体和下划线(或斜线)列出音乐或声音效果的指示。
- 右边栏目用作对话,使用普通句子的风格(对话的普通格式可以很方便地将其与剧本其他部分有所区别)。
- 在对话前面用黑体和括弧指示角色朗读剧本的方式(或角色将进行的下一个动作)。对话之间保留一倍行距。

特技效果 酒吧声音:人们交谈,笑声,等等。

约翰:(愤怒地)你昨天让我白白等了一个晚上!这不是头一次了!

格温:(害羞地)请原谅我,约翰。我昨晚学习媒介批评太专注了,以至于忘记了时间。

音乐:自动唱片点唱机播放弗兰克·西纳特拉的《我的路》(MY WAY)

约翰:对不起,格温。但太晚了。我们之间已经结束了。

格温:如果你感到结束了,那么它对我来说还正好呢。而且,我正在学习精神分析那一章里关于梦的部分。昨天晚上我梦见你是一只青蛙。它是什么意思呢?

电视叙事分析

在本次活动中,你要使用本书介绍的分析方法和概念,探讨一部电视叙事文本。看完指定的电视节目之后,完成下面任务:

- 使用普罗普的形态学理论分析文本。在电视节目里找出 6～8 个普罗普的功能。列出所有功能,并用文本中的事件举例证明。

- 对文本进行典型分析，即在文本中找出一系列对立的概念。左边所有的词语都应当彼此相关，并且与右边的词语对立相反。
- 把文本看作某种"公开的"(public)梦。分析文本重要事件的象征意义。它们反映了精神、政治、社会和文化哪些方面的内容？

你应当能够对自己的选择加以证明，解释你上述分析的原因。如果大家对普罗普在文本中的应用、文本中的对立，以及/或文本的象征分析，观点大相径庭时，这说明了什么？

普罗普游戏

符号可以产生意义、感情和态度，其力量对大众媒介制作人员来说大有裨益。因为它能够精确地在特定时刻激发出某种感情，让导演、演员以及其他人能够用他们的媒介文本影响人们。

其秘密就是反向操作，也就是说，从你决定要达到某种效果开始，接下来你就运用媒介的各个方面来创造或产生这种效果，实现你的目的。例如，电视通过色彩的运用、摄像角度和镜头、声音效果、音乐、对话和动作创造出某种效果。所有的电视评论家都知道怎样解释他们所看到和听到的各式各样的符号——他们成为了"电视学者"(television literate)，意思是他们知道怎样解读符码和电视的惯例。

在这个游戏里，你以一种效果（或概念）开始，反过来设想产生此效果的方法，不过要用简单的方式，可以参考图 A.1 进行游戏项的选择。这里是游戏进行的方法：

爱	憎恨	恐惧	恐怖
洛杉矶	法国特点	天才	未来
能力	异化	孤独	特工
智慧	愚蠢	快乐	悲痛

图 A.1　普罗普游戏表

1. 选择（或你的导师指定）一个所指、一个概念或一个观念（爱、恨、天才等都是很好的例子）。

2. 列出几个能指，用来表示你想表达的概念。全部能指必须都具有视觉形象。

3. 尽量列出多个能指（在有些情况下，物体的整体结构或集合有助于确立所期望的精确意义）。

4. 确定你使用的物体和道具不会误导大家，不要让他们联想到错误的所指。

举例

假设你的所指是一个特工（secret agent），你是导演，希望观众明白特工是你故事中的一部分，那么你需要让你的特工配备军用防水短上衣（trench coats）、墨镜、宽边软帽、无声手枪和快速赛车。这时转轮枪（six-gun）的出现就不合适了——它会误导观众。

隐　　喻

隐喻传统上指一种文学修辞方法，表示一件事物被看作另外一件事物，也就是说，隐喻表示两种事物之间存在相似点。例如，"我的爱情是一支红玫瑰"就是一个隐喻，把一个人的爱情当作红玫瑰（明喻是比喻的一种相对弱化的形式，用"像"或"如"作关联词，例如，"我的爱情像一支红玫瑰"）。

然而，隐喻不仅仅是一种文学修辞手法，它在深层次上还影响了我们的思维过程。语言学家乔治·拉科夫（George Lakoff）和马克·约翰逊（Mark Johnson）（1980）讨论了隐喻在我们生活中所扮演的角色：

隐喻通常仅仅被视为是语言的一种特征，是话语的特征，而不是思维或行为的特征。因此，大多数人认为他们完全可以不需要隐喻就可以交流。恰恰相反，我们发现，隐喻普遍存在于日常生活的各个方面，不仅存在于语言中，而且存在于话语和行为中。我们日常的概念体系就思想与行为来说，本质上以隐喻为基础。

支配我们思维的概念不仅仅涉及智力的问题。他们还支配我们的日常机能，直至最世俗的细节。我们的概念构成了我们的感知、处理世事的方式，以及与人相处之道，因此，我们的概念体系在界定日常现实生活中发挥了关键性的作用。（p.3）

他们还指出，隐喻有助于塑造我们的未来：

隐喻也许为我们创造现实，尤其是创造社会现实。所以，隐喻可以成为未来行动的指南。当然，这种行动将与隐喻相一致，从而强化了隐喻的威力，让我们的经验具有连贯性。（p.156）

拉科夫和约翰逊认为，我们所用的隐喻揭示了我们的生活方式；它们具有一种逻辑性的、内聚的威力。

怎样玩隐喻游戏

采取以下步骤：

1. 写下一个隐喻。

2. 列出你的隐喻的逻辑含义。

3. 思考你的隐喻可能对接受隐喻的人有利或有害，并且以同样的方式考察其逻辑含义。

4. 尽量完善你的隐喻。

接下来，想出几个你日常生活里的隐喻。什么是你最重要的隐喻？这些隐喻如何揭示你的生活？

要考虑的东西

玩完游戏后，你对人们生活的意义得出什么结论？

1. 我们在哪里发现塑造我们生活的隐喻？尽可能准确地举出这些隐喻，看看你是否能够找到其来源。

2. 有些事物让人们产生焦虑，这是不是因为它们可能是无意识地具有内在破坏性（或自我毁灭性）的隐喻？

3. 我们怎样处理由于破坏性隐喻所引起的问题？人们可能非理性吗？人们有可能不根据他们所接受隐喻的逻辑暗示而生活吗？或者说，拉科夫和约翰逊认为人们依赖隐喻而生活的观点有可能是错误的，因为人们是如此的"理性"或"复杂"吗？

图 A.2 列出了两个你要分析的隐喻。写出每个隐喻的含义。每个列表开头都有一个例子，以供示范。

爱情是一场游戏。	爱情是一次发烧。
1. 游戏结束。	1. 你全身发热。
2.	2.
3.	3.
4.	4.
5.	5.
6.	6.
7.	7.
8.	8.
9.	9.
10.	10.
11.	11.

图 A.2　要分析的隐喻

广 告 分 析

在本活动中,你要用从本书中学到的一种或几种方法论(符号学理论、精神分析学理论、社会学理论和马克思主义理论)来分析广告。

首先,选择某些资料丰富的广告,对资料本身进行分析——最好广告上有人物、物体、有趣的背景和有趣的文字等内容。接下来,运用方法论或导师指定的方法论分析你所选定的广告(在分析之前,记住一定要复习一遍第 7 章内容)。在分析广告的过程中,要考虑到以下所有方面:

- 能指与所指。
- 肖像、指示和符号。
- 社会学的现象:广告里的人和广告面向的人的人口统计学特征,社会经济学意义上的阶级的反映、生活方式的反映等。
- 广告中的文案与人物所产生的售卖产品的吸引力的本质。
- 广告的设计,包括使用的字体、颜色以及其他美学要素。
- 你能找到的广告的出版物,以及这些出版物的期望受众。

玩阿伦·维尔达夫斯基游戏

阿伦·维尔达夫斯基(Aaron Wildavsky)的作品为我们评价与分析媒介、大众文化和相关领域提供了一个相当有趣的视角。维尔达夫斯基在与英国人类学家玛丽·道格拉斯(Mary Douglas)合写的著作里,阐释并描述了民主社会的四种政治文化,这四种文化的成员他称其为治国的精英主义者、竞争性的个人主义者、平等主义者和宿命论者(参见第 3 章有关维尔达夫斯基作品的讨论)。

图 A.3 列出了这四种政治文化成员的某些特征。在这个游戏中,你要在电影、电视节目和书籍里找到这四种文化的体现。你所找到的联系并不一定是明显的或大多数人认可的联系(但我们知道,人们寻求支持其信仰的内容,希望避免不和谐,因此可以合理地假设,人们所选择的文本与他们的信仰和价值观具有一致性)。

采取以下步骤:

1. 在图 A.3 每个列出的主题中找出一个或多个具体实例。

2. 保证你的实例与列表的种类相符合。在有些情况下,你可能需要进行延伸,但尽量确保准确。

3. 准备解释并证明你的选择。

4. 在做这个练习时,请思考政治文化的趋势和新发展方向等问题。

	精英主义者	个人主义者	平等主义者	宿命论者
	来自上层的领导	个人是自己的领导人	超凡魅力的领导人	不关心领导
	天生不平等	机会平等	基本需求平等	天生不平等
	上层帮助底层	人人为己	向所有人散财	希望有好运气
	保持秩序	赚钱	让每个人平等	幸存
歌曲				
电视节目				
电影				
杂志				
图书				
男主角				
女主角				
游戏				
体育				

图 A.3　四种政治文化与大众文化

文 本 分 析

符号学分析

1. 请用符号学对《阿凡达》进行分析并写一篇 1 000 字的论文。论文首页为应用图表的单独页，应用图表如图 A.4 所示。制作图表时，请在页面左侧列出符号学概念，并在页面右侧列出这些概念在电影事件（或其他文本）和对话中的应用。在论文中，请对你的应用图表进行详细阐述并解释。

2. 请用符号学方法对《囚徒》的第五集"精神分裂（Schizoid）"进行分析并写一篇 1000 字的论文，你可以用练习 1 中的应用图表。注：你可以在以下网址免费观看《囚犯》视频：www.amctv.com/originals/the-prisoner。

马克思主义/意识形态批评

1. 设想你被任命为马克思主义期刊《艺术》（Arts）或《同志》（Comrade）的媒介批评家，请用马克思主义理论中最重要的概念，为此期刊就电影《阿凡达》或老师指定的其他文本写一篇 1000 字的马克思主义解读论文。请用前文讲过的应用图表格式。在四种政治文化中，《阿凡达》最吸引人吗？请给出你的解释。

阿瑟·阿萨·伯格	
概念示例/《抵达》的应用图表	
符号学概念	**在《抵达》中的应用**
1. 能指/所指	档案柜　　　官僚统治 村庄　　　　小镇 数字　　　　囚徒 金发管家　　纯真
2. 组合分析	见上文中的图表。
3. 聚合分析	见上文中的图表。
4. 隐喻	文本中的一个重要隐喻是村庄是一座监狱。
5. 提喻	"海盗船"代表"二号"和政府的权威。
6. 相似符号	一些更重要的符号是六号的照片以及在村庄中发现的状况。
7. 指示符号	特工收拾行李时进到他房间的烟是一种气体,令其昏迷,并被人带到村庄。
8. 规约符号	直升机象征逃离,棋盘上的卒象征村民。
9. 文本间性	《囚徒》与帕特里克·麦高汉的节目《危险人物》有关,也与间谍和科幻类小说有关。
10. 符码	文本中一个重要的符码是人物编号越小,权力越大。另一个欺骗性是:不能信任任何人。再一个无隐私性是:六号人物和村庄中的其他人物一直处在监控之下。

图 A. 4　为应用图表示例,可用于分析一切文本

2. 请用马克思主义概念对《囚徒》中的"将军(The General)"一集进行分析,为期刊《艺术》或《同志》写一篇 1000 字的论文。请用前文讲过的应用图表格式。

精神分析批评

1. 设想你被任命为《心灵》(*Psyche*)杂志的媒介评论家,请就《阿凡达》(或其他电影、电视节目,或老师指定的其他文本)写一篇精神分析解说。

2. 请为《心灵》杂志就《囚犯》的第一、二、三集写一篇 1000 字的精神分析解说。在论文第一页请使用应用图表进行分析。

社会学批评

1. 设想你被任命为《媒介与社会》的媒介评论家。请使用本书中学到的概念,就《阿凡达》或其他电影、电视节目,或老师指定的其他文本,写一篇 1000 字的社会学分析论文。在论文的第一页请使用应用图表进行分析。

2. 找一份包含有趣人物和象征符号现象的印刷媒介广告,并就此广告写一篇社会学分析论文。将你的分析与广告中的具体事物联系起来：广告内容、人物和他们的面部表情、人物的穿着等。在论文的第一页请使用应用图表进行分析。

3. 请使用本书中探讨过的社会学概念，分析一款你喜欢的电子游戏。将你的分析与游戏玩家的人口统计和消费心理的研究联系起来。

注：上文中一些材料改编自我的著作《媒介和传播学研究方法（第二版）》(2011)和《写给传媒、传播、文化研究专业学生的课堂游戏》(2004)中的练习和活动。

术 语 表

错误的解码（aberrant decoding） 受众对文本的解码或解释方式与文本创作者的期望有所不同。符号学家翁贝托·埃科（1972）认为，错误的解码是大众媒介的惯例。

行政研究（administrative research） 探索如何使组织机构和其他实体更有效率和更有成效运作的研究方法。它与批判研究（critical research）相对，后者更注意社会公正及相关方面的研究。

美学（aesthetics） 在本书中，指吸引人们感官的要素。就大众媒介而言，它包括灯光、音响、音乐、摄像镜头的种类与其他摄像工作、剪辑，以及所有影响受众反应的效果。

议程设置理论（agenda-setting theory） 该理论认为，大众传播机构决定的不是我们想什么，而是我们想到了什么。它为我们的决策设定议程，从而影响我们的社会与政治生活。

异化（alienation） 在本书中，指本质的疏离[该词来源于陌生人（alien），意即某人与别人没有联系——a（没有）和 lien（联系，ties）]。马克思认为，异化是资本主义社会的核心问题，它影响到社会的每一个人。资本主义生产物质产品，但它同时产生了异化。

寓言（allegory） 一则具有象征意义的暗喻故事。寓言传达各种主题以及具有广泛哲学性质的观念，传递某种道德观。例如，电视剧《囚犯》（一位男子被囚禁于一个神秘的岛屿，被剥夺了名字，转而用数字称呼，他与岛上的统治发生各种斗争，经历了许多冒险，试图破坏岛屿，最终获得了成功）可以看作是人类的精神与民主的个人主义对专制的官僚主义暴力和一般苦难的胜利。

情感矛盾（ambivalence） 对同一个人或同一件事物同时产生爱恨夹杂的感情。

失范（anomie） 拒绝接受社会规范的情景（该词源自于希腊字 anomos，意即没有规范或没有法律的意思）。该术语因法国社会学家埃米尔·涂尔干（Èmile Durkheim）而流行。

受众（audience） 本书指接受媒介文本的个人集合——观看电视节目、收听广播、欣赏电影或某种艺术表演等等。受众成员可能聚集在一起，也可能各自分离。就电视而言，每位受众可能在收看他/她自己的电视机；就术语来说，受众的成员是传达者（addresser）发送媒介文本的接受者（addressees）。

基础（base） 马克思主义理论认为，它是某个社会的经济体系。基础塑造（但不决定）上层建筑——社会的机构，如艺术、宗教、司法体系和教育体系等。

博客（blogs） 博客是用户在网络上发布的公开网络日志。一些博主会发布与日常生活相关的事件，而还有一些博主会关注他们感兴趣的或特别研究的话题。

品牌（branding） 人们对某些产品产生情感依恋并用这些品牌构建身份的现象。现实生活中，人们往往会通过购物选择构建身份。

阉割焦虑（castration anxiety） 在弗洛伊德理论中，指年轻男子害怕被他们的父亲阉割的恐惧。这种焦虑导致小男孩断绝对母亲的恋情，对父亲产生认同，从而克服俄狄浦斯情结。

手机（cell phones） 手机在我们的商务和社会生活中起着重要作用。功能更先进的手机是集多种功能于一体的小型计算机：播放音乐、发送短信、拨打电话、拍照和摄像功能。参见智能手机。

人物（characters） 故事中的人物，其行为构成了故事，并解决了故事里的问题。读者必须找到有趣的角色，希望追随他们的冒险，因此，作者不得不运用各种手段让故事的角色值得让读者费心阅读。通常，文本的角色并不是普通人的典型代表。例如，警察、私人侦探和杀人犯在电视里所占的比重远远大于现实生活，而蓝领工人的比重远远小于现实生活。许多叙事理论家认为，角色是叙事中行为的基础，而其他人则认为，行为揭示了角色。

阶级（class） 一群具有共同特征的人或事物。在本书里，该词主要指社会阶级，或更精确地说，指社会经济学意义上的阶级——在收入和生活方式上存在差异的各个群体。马克思主义理论认为，统治阶级塑造工人阶级的意识，从而产生"虚假意识"，以避免阶级冲突和革命运动。

阶级冲突（class conflict） 工人阶级与统治阶级之间的冲突。根据马克思主义理论，历史是阶级冲突的记录。当资本主义被共产主义所取代，阶级灭亡的时候，阶级冲突就会消亡，因为到那个时候，每个人都是生产工具的占有者。

高潮（climax）或危机（crisis） 故事的转折点，这时故事最重要的事情发生，为问题的解决设置背景。故事必须有一个高潮，这样才能产生某种结果，使读者感到有趣和满足。

符码（codes） 象征、字母、单词和声音等产生意义的体系。例如，语言就是一种符码。它利用单词的组合产生某种意义。单词与单词所代表的事物之间的联系是以传统习俗为基础。在有些情况下，符码指隐含意义和伪装的传播（disguised communications）。

认知失调（cognitive dissonance） 当某个人持有互相冲突的信念，或其行为与信仰相互对立时所产生的心理冲突。心理学家认为，人们希望避免与自己观点相冲突的观念，因为这种观念会引发冲突，产生不愉快的情绪（"失调"一词还有声音不和谐的意思）。

内容分析（content analysis） 一种非入侵式分析（nonintrusive analysis），研究者考察文本中的某些要素，或对几个文本进行探究，将研究对象量化，进行统计学分析。

批判研究（critical research）　本质上属于一种意识形态的媒介研究方法，研究大众媒介的社会与政治层面，以及大众媒介被各个组织以及据称是维持现状，而不是增进平等的势力利用的方式。它与行政研究是相对的概念。

文化同质化（cultural homogenization）　除了支配性的文化以外，其他的文化遭到了破坏（例如第三世界和某些地区性文化），导致了文化的同一性和标准化。

文化帝国主义（cultural imperialism）或媒介帝国主义（media imperialism）　美国和几个西欧资本主义国家通过输送媒介产品和大众文化的流动，输出某些价值观和信仰，而达成的所谓对第三世界文化的支配。

文化（culture）　具体的观念、艺术、传统信仰、生活方式、行为模式、制度和某个群体的价值观，代代相传。在艺术领域里，"文化"一词通常指各种艺术作品的精华，如歌剧、诗歌、古典音乐和严肃小说等。

文化符码（culture codes）　根据罗泰尔·拉派尔的说法，儿童7岁时就记住了民族或民族亚文化中起主导作用的特定符码，然后这些符码在许多方面塑造了他们的行为。拉派尔在他的《文化符码》（2006）一书中写道："如果我能找到这些印记的源头，如果我能以某种方式'解码'文化元素来发现它们附带的情感意义，那么我就能充分了解人类行为以及人类行为是如何产生差异的。"（pp.9—10）

防御机制（defense mechanisms）　自我保护自身，抵抗来自本我的压力，或抵抗精神的冲动因素，以及抵抗超我有关良心和罪恶的因素。较常见的防御机制有压抑（抵抗无意识的本能欲望、回忆等受意识的排斥禁止）、回归（回到人生成长过程的早期阶段）、情感矛盾（同时对某人或某物产生爱恨夹杂的感情）和理性化（提供借口，让某人的行为正当化）。

人口统计学（demographics）　人口的数据特征，包括种族、宗教、性别、社会阶级、国籍、职业、居住地和年龄等。与消费心理学（psychographics）是相对的概念。

偏差（deviance）　不合规范，在价值观、信仰或行为上存在差异。人们对待偏离的态度随着时代而改变。许多被定为偏离的群体正在走向边缘化，也就是说，他们被推向社会的边缘，被主流社会忽略或迫害（或二者兼而有之）。

功能失调的（dysfunctional）　某物具有不稳定的或破坏性的因素。

自我（ego）　弗洛伊德理论认为，自我是本我的执行者，调停本我与超我之间的冲突。自我涉及对现实的感知和对现实的改变。

感情功能（emotive function）　表达感情的功能。雅格布森（1988）认为，它是信息的功能之一。信息的其他功能有指称功能（referential function）和诗功能（poetic function）等。

伦理批评（ethical criticism）　对文本中发生的事件及其可能的影响进行道德方面的批评。人们对于文本制作中什么是道德、道德应当在艺术与媒介中扮演什么角色等问题颇有争议。

面部表情（facial expression）　保罗·艾克曼和其他熟悉符号学的心理学家和传播学者研究了面部表情如何揭示我们的情绪。艾克曼的研究表明一些面部表情是人类普遍存在的。

虚假意识（false consciousness）　马克思主义思想认为，该术语指人们对自己阶级、地位和经济可能性所持的错误论点。这些论点有助于维持现状，对于统治阶级很有帮助，因为统治阶级希望避免社会结构的变动。根据马克思的说法，统治阶级的观念永远都是社会占支配地位的观念。

女性主义批评（feminist criticism）　关注女性角色，以及女性在各种大众媒介文本中被描绘的方式。女性主义批评家认为，女性在媒介里通常被刻画为性对象、家庭主妇、弱者、无助者或毫无主见的人等，这种导向对于年轻男女的社会化，对于一般社会，都存在着负面的影响。

模式化文本（formulaic texts）　高度传统的文本，具有通常的角色和为人们所认同的剧情结构。风格化的文本高度公式化，如西部片、科幻小说、侦探故事和爱情片等。文本发生在特定的地点，有特定的人物角色，从事的行为都是几种可预见的固定模式。在高度传统的文本向高度创新的文本演变的连续过程中，模式化文本相当接近于传统文本的末端。例如，有些爱情小说的出版公司为作者提供了故事的大纲，规定了一些细节，诸如男女主人公的年龄、他们的长相、是否能够离婚（如果能离婚，那么故事里就要发生离婚），以及是否能在婚前有性行为等。

框架（frame）　在本书中，该词指一个故事讲述其他故事的方式。例如，黑泽明（Kurosawa）的经典电影《罗生门》（Rashomon）采用一大群人在一座庙里避雨的框架，他们从几个相互冲突的视角讨论一个事故，他们个人的故事按照讲述进行回放。这种框架对于剧情很有帮助，使得剧情具有连续性，从而保留了大量的故事，例如《一千零一夜》（1001 Arabian Nights）。

法兰克福学派（frankfurt School）　以德国法兰克福大学的"社会研究中心"为中心的媒介批评家提出了马克思主义的媒介和文化批评。法兰克福学派的代表人物有狄奥多·阿多诺、赫伯特·马尔库塞和瓦尔特·本杰明。

功能性的（functional）　有助于系统的稳定。例如，一个功能的机构有助于维护社会的稳定。它与破坏性功能相对。

功能替代（functional alternative）　某物的功能取代他物的功能。例如，职业橄榄球可能看作是宗教的功能化选择。

把关人（gatekeepers）　有权决定某人或某物通过某一点的人。本书的看门人指那些决定哪种故事可以在报纸、电视和广播新闻节目使用的编辑。广义来讲，把关人决定了我们能看到什么节目和电影，能听到什么歌曲等。

性别（gender） 个人的性别范畴——男性或女性，以及与每一个范畴相关的行为特征。

类型（genre） 具有特定风格或公式的文本种类，例如肥皂剧、新闻秀、体育节目、恐怖片或侦探小说等。在法语里，"类型"（genre）一词指"种类"（kind）或"类别"（class）（至于类型文本的深层讨论，请参考 Berger，1992）

恐怖（horror） 精神分析家马丁·格罗特雅恩指出，成年人的恐怖是指长期压抑的童年恐惧成为现实。

幽默（humor） 幽默是人际沟通中比较神秘的一方面。研究幽默的学者们提出了四种相对立的理论来解释幽默和欢笑。幽默是建立在不和谐、优越感、掩饰侵犯和矛盾基础上的人际沟通。笑话是较普遍的形式，但除此之外还有其他幽默形式。

皮下注射理论（hypodermic needle theory） 这个理论现在基本上没有人相信，它认为所有的受众以相同的方式"解读"同一个文本，并获得相同的内容。皮下注射的比喻用来说明媒介给所有的受众注射相同的信息。一般来说，这种模式已经为读者反映理论（reader response theory）所代替。

假设（hypothesis） 为了讨论、论证或深入调查，假定某事的真实性。在某种意义上，假设是一种猜测或推想，它是解释某种现象的基础。

本我（id） 根据弗洛伊德关于精神的理论（他的"结构性假设"），它代表一个人的本能冲动。它还是能量的源泉，但缺乏导向，因此超我必须对它进行利用和控制。通常认为，本我联系着冲动和欲望——伴随着某种"我马上就要"的行为方式。

意识形态（ideology） 对社会、经济和政治问题的一种逻辑严密、论证完整的解释，有助于设立目标，指导某些群体或政治实体的行为。人们的行为（投票或不投票）以他们的意识形态为基础，即便那些从来没有被灌输任何思想的人也是如此。马克思主义批评家通常努力揭示那些隐藏在大众文化作品中的意识形态因素。

图像（image） 本书指"符号和象征的集合——当我们观看照片、电影剧照、电视屏幕上的镜头、平面广告或其他任何事物所发现的内容"（Berger，1989，p.38）。图像可以是精神或物质的代表。它能对人们产生巨大的情感效果，有些图像还具有历史含义（关于图像的深层论述，请参考 Adatto，1993；Messaris，1994）。

意图谬误（intentional fallacy） 该理论认为，分析艺术家作品时，将艺术家的意图作为重要元素考虑是错误的。在文学和美学理论中，它一直都是人们争议的主题。有批评家认为，艺术家的意图是重要的，至少在分析文本时应当加以考虑。

笑话（jokes） 研究幽默的学者将笑话定义为：一个简短的叙事，旨在引人发笑，通常以妙语结尾。在探讨幽默时，我在书中指出，学者们对于我们听到笑话能开怀大笑的原因持不同意见。近年来，喜剧演员已从讲笑话转型为依靠观察型幽默。

隐性功能（latent function） 某行为、实体或机构隐含的、未被认知的和无意识的功能。在社会学领域里，它与显性功能（manifest function）相对，后者是被认知的与有意识的功能。

生活方式（**lifestyle**）　人们生活的方式，包括他们如何决定装修房子（和决定居住位置）、轿车的类型、衣着的风格、食物的种类、常去的饭店以及度假的地方等。

有限效果（**媒介的**）［**limited effects**（**of media**）］　媒介对社会的影响不占主要地位。一些大众传播理论家认为，大众媒介在一些较大的事件规划上所发挥的作用甚微。例如，他们通过研究发现，媒介所产生的效果并没有长期存在的趋势。

显性功能（**manifest function**）　某行为、实体或机构显而易见的和有意识的功能。在社会学领域，它与隐性功能相对，后者指隐含的和无意识的功能。例如，某人参加一场政治集会，显性功能是支持一次选举，隐性功能可能是这个人与持相似政见的他人相遇。

大众（**mass**）　本书指一大群人，他们构成了某种传播的受众。至于如何理解被大众媒介覆盖的大众，人们争议很大。有理论家认为，大众由各自相异的个体组成，彼此互不知晓，相互陌生，没有领导者。有人反对这种观点，认为它不是以事实或证据为基础，而是以错误的力量为出发点得出的结论。

大众传播（**mass communication**）　讯息、信息、文本等经由某种发送者传输给更多的人群，即广大受众的过程。这种传输通过大众媒介技术——报纸、杂志、电视节目、电影、唱片、计算机网络、光盘等而实现。发送者通常是某些大媒介机构的个人，消息是公开的，受众的群体是巨大的，并且处于不断变动中。

媒介（**medium**）　本书指消息、信息和文本传递给受众的手段，也就是说，一种传播媒介。媒介的分类有多种方式，最常见的是将媒介分成三种：印刷媒介（报纸、杂志、图书、广告牌）、电子媒介（无线电、电视、电脑、光盘）和摄影媒介（照片、电影、录像）。

隐喻（**metaphor**）　通过类比表达意义的语言修辞格。要知道，隐喻并没有被局限于诗歌和文学作品之中。一些语言学家指出，我们感知事物、发现世界的意义，其基本方式都是采用隐喻的方式。明喻（simile）是隐喻的弱化形式，用"像"或"如"等词表示类比。

转喻（**metonymy**）　通过联想表达意义的语言修辞格［例如，用劳斯莱斯（Rolls Royce）的名字来表达某物价格昂贵或质量优良］。转喻和隐喻都是人们传达信息的重要方式之一，虽然我们并没有意识到在理解意义时对联想的依赖是如此之大。转喻的形式之一是用整体代表局部，或者是局部代表整体，这种方式被称为**提喻法**（synecdoche）（例如，用"白宫"一词表示总统府的意思）。

摹仿的欲望（**mimetic desire**）　勒内·基拉尔认为"摹仿"或"模仿"（mimesis or imitation）是人类行为中的一股强大力量，她既能把人们聚在一起又能将人们分开。

艺术的模仿理论（**mimetic theories of art**）　该理论来自于亚里士多德时代，认为艺术是对现实的模仿。

模式（**model**）　指展现某种现象运作的抽象表示。理论通常用语言来表达，而模式则一般用图表、数据或数学来展示。麦奎尔（McQuail）和温达尔（Windahl）（1993）将模式定义为"以图表的形式对现实的一个部分进行有意的简化描述。模式努力展示任何结构或过程的主要元素，以及这些元素彼此之间的联系。"（p.2）

现代（modern）/现代主义者（modernist） 流行于 20 世纪初至 60 年代的术语。现代主义艺术家抛弃同时性和蒙太奇的叙事结构，探索现实的矛盾性。著名的现代主义者有 T. S. 艾略特（T. S. Eliot）、弗朗茨·卡夫卡（Franz Karfka）、詹姆斯·乔伊斯（James Joyce）、帕布鲁·毕加索（Pablo Picasso）、亨利·马蒂丝（Henri Matisse）和尤金·艾恩斯科（Eugene Ionesco）。许多批评家认为，现代主义已经被后现代主义所取代。

神话模式（myth model） 神话模式认为神话存在于精神分析理论、历史经验、精英文化、大众文化以及日常生活中。这表明神话在塑造我们的思想和行为方面起着一定作用，尽管我们可能没有意识到。

神话（myths） 被信以为真的古老故事，通常包括证实我们的信仰、习俗和制度的神、女神和英雄人物。

窄播（narrowcasting） 小范围传播媒介文本，以具体人群为中心。例如，广播媒介有很多广播台集中于或窄播于某些特定的人群。它与广播（broadcast）相对，后者是覆盖的人群越多越好。

无功能的（nonfunctional） 既不具备功能，又不具备破坏性功能。无功能事物对于实体的维护或破坏不发挥任何作用。

非言语传播（nonverbal communication） 不使用语言，仅通过肢体语言、面部表情、衣着风格、发型等进行的交流。符号学家能够将非言语的交流方式清楚地显示出来。

艺术的客观理论（objective theories of art） 该理论认为，艺术像灯一样照亮了现实，像镜子一样是现实的反射。

意见领袖（opinion leader） 一个人的观念能够对他人的观念产生影响。意见领袖在两级流动传播理论（two-step flow theory）中作用重大，意见领袖的存在是反对大众社会假设的论据之一。

阴茎象征（phallic symbol） 某物与阴茎在形状或功能上相似。象征是自我的一种防御机制，让隐含的或被压抑的性欲望或攻击性想法以掩盖的形式得以表达（对此的深入讨论，请参考 Freud，1900/1965）。

阳物中心式（phallocentric） 男性观点占支配地位的理论。有批评家断言，这种支配塑造了我们的机构和文化，其最终源泉是男性的阴茎。许多女性批评家承认，这种理论将男性的性欲同男性的权力联系在一起。

诗的功能（poetic function） 用诗的语言进行表达的功能。雅格布森（1988）认为，信息的功能之一就是运用比喻和转喻等文学手段。信息还具有感情功能和指称功能。

政治文化（political cultures） 文化中的人们在政治价值观、信仰以及所遵循的群体界限、规则和命令上存在相似点。维尔达夫斯基（1989）认为，所有的民主社会都存在四种政治文化，这四种文化需要彼此制衡。他将这四种文化称为治国的精英主义者（hierarchical elitists）、竞争性的个人主义者（competitive individualists）、平等主义者（egalitarians）和宿命论者（fatalists）。有关维尔达夫斯基理论在大众媒介和大众文化的运用方式，请参考 Berger（1990）。

流行（popular） 从字面上讲，是"人们的"意思（来自于拉丁语 popularis）。该词有多种定义方式，但就本书而言，它通常指对大量人群具有吸引力的含义。

流行文化（popular culture） 人们的文化，一般理解为包括对大量人群具有吸引力的某些文本。大众传播理论家经常将"流行"（popular）等同于（或混淆为）"大众"（mass），认为如果某物是大众流行的，那它必然质量不好，对于虚构的"最低层的共同统治者"有吸引力。流行文化通常是"精英"文化的对立面，后者要求一定层次的欣赏水准，例如芭蕾、诗歌和古典音乐等。现在有许多批评家对于这种流行文化/精英文化的两极对立提出质疑。

后现代的（postmodern）/后现代主义的（postmodernist） 现代以后的时代，大约从 20 世纪 60 年代至今。该领域著名理论家让－弗朗索瓦·利奥塔（Jean-Francois Lyotard）（1984）认为，后现代主义"以对多元化叙事的不信任"为特征（p. xxiv）。换句话说，老一套的帮助人们规划生活与社会的哲学信仰体系不再被承认。这或多或少导致了一个任何事情都有可能发生的时代。后现代文本可能包含有讽刺、戏谑以及类型或流派的混杂。

权力（power） 就某方面的政策而言，它指实现一个人愿望的能力。在对文本的讨论中，权力通常指对人们——读者、观众或听众施加情感影响的能力。批评家在研究大众媒介的最近发展时指出，越来越小的个人团体控制了越来越大的媒介出口，他们担心媒介权力集中于少数几个人手中将会转化为政治权力。

艺术的实用主义理论（pragmatic theories of art） 该理论认为，艺术必须产生某种可以预料的后果。因此，艺术必须教化、灌输或履行其他功能。马克思主义理论家一般赞成艺术的实用主义理论。他们相信，艺术应当帮助熏陶人们产生阶级凝聚力，反抗资产阶级的资本主义社会。

精神分析理论（psychoanalytic theory） 该理论认为，人类心理存在着一种被弗洛伊德称之为"潜意识"的元素，这种元素我们通常都感知不到，它不断地塑造并影响我们的思维功能和行为。弗洛伊德还强调被潜意识冲动深刻影响的事物，如性欲，以及俄狄浦斯情结在人们生活中所扮演的角色。

消费心理学（psychographics） 市场营销术语，描述人群的心理学特征。与**人口统计学**相对。

公众（public） 一群人，一个团体。"公共艺术"（public arts）和"公共传播"（public

communication)等术语已经被"流行文化"（popular culture）和"流行传播"（popular communication）所取代，以避免"大众"（mass）和"流行"（popular）的负面含义。"公众"是"私人"的反义，正如公众行为（希望大众知道的行为）与私人行为（不希望别人知道的行为）相对一样。

理性化（rationalization） 弗洛伊德理论认为，它是自我的一种防御机制，为某种行为（或某种被期待的行为没有实现时）创造一种合法性。这个术语是厄内斯特·琼斯介绍到精神分析研究的，指对于无意识或非理性决定而产生行为所给予的逻辑或理性的借口。

读者反应理论（reader response theory）或接受理论（reception theory） 该理论认为，读者（包括读书、观看电视节目、看电影和听广播的人）在文本的实现过程中发挥了重要的作用。因此，文本为读者创造意义提供了场所，不同的读者对于同一个文本会做出不同的阐释。它与媒介的皮下注射理论相对。

指称功能（referential function） 表达人与/或物之间关系的功能。雅格布森（1988）认为，语言的指称功能帮助说者与其周围的环境建立联系。他将这个功能与语言的感情功能和诗功能相对。

强化（reinforcement） 强化是一个心理过程。在这个过程中人们寻找支撑其信念和行为的信息，并避免认知失调。

相对主义（relativism） 在哲学思想里，该理论相信真理是相对的，不是绝对的，不存在客观标准。在伦理学思想里，相对论认为不存在绝对道德或伦理。因此，不同的文化有着不同的生活与实践方式，与任何其他文化一样具有合理性。也就是说，道德与伦理行为只与特定的群体相关，不能为全人类普遍接受。它与这种理论相对，即世界上存在绝对的或普遍的伦理，因此，伦理能够而且应当应用到每一个人。

角色（role） 与特定情景相适合的社会化的行为方式。在一天里，一个人通常要扮演多种角色：父母、学生、工作者等。

萨皮尔－沃尔夫假说（Sapir-Whorf hypothesis） 假设语言不是仅仅将信息从一个人传到另一个人的透明事物，而是影响人们思维和行为方式的事物。根据这个假设，语言不像一块窗户玻璃，而更像一个多棱镜。这个论断被马歇尔·麦克卢汉（Marshall McLuhan）推向极端，他提出"媒介就是信息"。

次级模型系统（secondary modeling system） 存在于主要模型系统——语言之外的系统（Lotman，1977），我们通过次级模型系统用语言创造艺术。例如，运用诸如神话或传说等现象的艺术作品发挥着次级模型系统的功能（也就是说，它们相对于语言来说是次要的）。

选择性注意（selective attention）或选择性忽略（selective inattention） 只对我们所选择的事物加以注意。我们倾向于避免那些与自己信仰和价值观相冲突的信息（例如，那些冲突的信息会产生认知失调），我们通过选择性注意得以避免冲突。因此，属于某种政治文化（Wildavsky，1989）的人们倾向于寻找强化其价值观的信息，避免那些可能产生不和谐的信息。

符号学（semiotics） 从字面上讲，是关于符号的科学（来自于希腊语 semeion，意思是"符号"）。符号是可以用来代表任何其他事物的事物。按照符号学之父 C. S. 皮尔斯的观点，符号"对某人来说，它在某种方面或能力上代表着某种事物"（引自 Zeman，1977，p. 24）。

连续性文本（serial texts） 很长一段时期持续存在的文本。例如连环漫画、肥皂剧和时间不断延续的电视剧。连续文本为批评家提出了难题：在文本分析时，要考虑连续文本的整体，还是单独的一集？

阴影（shadow） 荣格理论认为，它是心理的阴暗面，是我们努力遮掩的方面。阴影包含了我们人格、正常本能和创造性冲动中被压抑和令人不快的方面。因此，在我们所有人内心都存在我们人格的阴影与自我的永久斗争，它还含有一些消极的特征。

智能手机（smartphones） 例如苹果手机和其他一些品牌的手机。智能手机从本质上讲是一种小型电脑，可供人们拨打电话、发送短信、查收邮件、拍摄和观看视频、玩游戏等。智能手机可下载数以千计的应用程序，用户几乎可以使用这些程序做任何事情。

社会控制（social controls） 一个社会塑造人们的观念、信仰、价值观和道德观。人们既是具有某些本能的身体与情感特征和充满欲望的个体，也是社会的成员。他们在某种程度上由社会公共机构（尤其是教育和媒介）所决定。

社交媒介（social media） 例如 Facebook、Twitter 和 YouTube 等互联网站。此类网站允许用户发布文字、图片和视频，此外这些内容可以被他人看到。社交媒介彻底改变了人与人之间的交流方式，并将范围扩大到全世界。社交媒介在突尼斯和北非等国家起着十分重要的作用。

社会化（socialization） 社会教会个人如何行为的过程，如遵守什么规定，采取哪些角色，持何种价值观等。社会化在传统上被认为是家庭、教育者、牧师和同伴的功能，但如今看来似乎大众媒介在很大程度上夺取了这一功能，而且其结果并非永远积极。

社会经济意义上的阶级（socioeconomic class） 根据收入、相关社会地位和生活方式所划定的群体范畴。马克思主义理论认为，统治阶级决定了工人阶级的意识，人类的历史从本质上来说，是一部阶级斗争的历史。

原型（stereotype） 对人们类别通常所持的简单化的、往往不准确的普遍性描述。原型可能是积极的，也可能是消极的，还可能二者兼而有之，但一般说来，它本质上是消极的。原型永远都包含着十足的以偏概全（overgeneralization）。

亚文化（subculture） 主导文化内部的子群文化，其宗教、种族、性取向、信仰、价值观、行为、生活方式等有别于主导文化。任何复杂的社会都会有相当多的亚文化，亚文化的人们通常被主导文化排挤到社会的边缘。

超我（superego） 人的心理中与良心和道德相关的部分。弗洛伊德认为，超我参与对愿望的表决或否定，以愿望是否具有道德、批判性的自我观察和罪恶感为基础。超我的功能很大程度上是潜意识的，它对抗心理中本我的元素。而自我则调和本我和超我，并努力使之平衡。

象征（symbol） 某物代表其他事物（来自于希腊语 symballein，意思是"把……加起来"）。象征把两件事物联系在一起，例如，某个物体或角色的某个行为可能具有更深层的意义。在叙事文本中，某些物体、事件或角色的行为当指代自身以外的事物时，就具有了象征意义。因此，在《马耳他之鹰》（*The Maltese Falcon*）里，鹰具有象征意义，代表坏人的贪婪和鬼迷心窍，暗示了很多人的贪欲——不惜说谎、欺骗乃至谋杀来达到目的。讽刺的是，最后发现鹰是由铅制作而成的，象征了人类行为的毫无益处，天才采取的是一种自我毁灭的行为方式。要理解象征，我们必须学习各种象征的意义（通过社会化和文化熏陶）。批评家经常将寓言（allegory）和象征主义（symbolism）二词加以区别，后者表示某物具有一种固定的、超然的意义，而前者只有当事情取得进展时，意义才凸现出来。

品位文化（taste culture） 社会学家赫伯特·甘斯认为品位文化适用于美国社会中各个社会经济和文化阶层。

文本（text） 本书指任何媒介的任何艺术作品。批评家使用文本一词主要是为了方便，避免专门谈到特定的作品种类。

理论（theory） 一种用语言表达的，对某些现象进行系统而逻辑的解释和预测。理论不同于概念，概念是对所研究的对象进行界定；也不同于模式（models），模式是抽象的，通常以图表的形式出现，对所研究的对象进行直接说明。

恶作剧精灵（Trickster figure） 荣格理论认为，它代表英雄发展过程的初期阶段。恶作剧精灵的特征是喜欢恶作剧，希望主宰身体的行为，渴望基本需求的满足，行为通常是愤世嫉俗和残酷而无情的。

两级传播理论（two-step flow theory） 大众传播通过两级的传播过程覆盖并影响受众的理论。首先，媒介影响意见领袖；第二，意见领袖影响其他人。

使用与满足（uses and gratifications） 受众出于某种目的而使用媒介，他们从所使用的媒介中获得了某种满足的社会学理论。赞成这个理论的研究者主要关注媒介如何使用媒介，而不是媒介如何影响受众。

价值观（values） 对于是非、好坏的抽象的和一般的信仰或判断，它影响到人们的行为，也对社会、文化和政治机构产生影响。从哲学的观点来看，价值观是许多问题的根源。例如，如何判断哪种价值观是正确的或是好的，哪种价值观是错误的或是坏的？也就是说，我们如何使我们的价值观正当化？价值观是客观的还是主观的？当各个群体的核心价值观发生冲突时怎么办？

青年文化（youth culture） 一种由青年人构成的、涉及某些兴趣领域的亚文化，通常与休闲和娱乐有关，诸如摇滚乐或电脑的某些方面——游戏、黑客攻击等。通常而言，青年文化采用鲜明的着装方式，打造迎合其需求的各种习俗（关于青年文化的讨论，请参考Trith，1981）。

参 考 书 目

Adatto, K. (1993). *Picture perfect: The art and artifice of public image making*. New York: Basic Books.

Adorno, T. W. (1957). *The culture industry: Selected essays on mass culture*. London: Routledge.

Allen, W. (1978). *Getting even*. New York: Vintage Books.

Bagdikian, B. H. (1987, June). The 50, 26, 20 … corporations that own our media. *Extra!* (magazine published by FAIR). Retrieved from www . fair. org/extra/best-of-extra/corporate-ownership. html

Bakhtin, M. M. (1981). *The dialogic imagination: Four essays* (M. Holquist, Ed.; C. Emerson & M. Holquist, Trans.). Austin: University of Texas Press.

Barthes, R. (1972). *Mythologies*. New York: Hill & Wang.

Baudrillard, J. (1995). *Simulacra and Simulation*. (Transl. Sheila Faria Glaser). Arm Arbor: University of Michigan Press.

Bennett, T., & Woollacott, J. (1987). *Bond and beyond: The political career of a popular hero*. New York: Methuen.

Berger, A. A. (1976). *The TV-guided American*. New York: Walker.

Berger, A. A. (1989). *Seeing is believing: An introduction to visual communication*. Mountain View, CA: Mayfield.

Berger, A. A. (1990). *Agitpop: Political culture and communication theory*. New Brunswick, NJ: Transaction.

Berger, A. A. (1992). *Popular culture genres: Theories and texts*. Newbury Park, CA: Sage.

Berger, A. A. (1997). *Narratives in popular culture, media, and everyday life*. Thousand Oaks, CA: Sage.

Berger, A. A. (2004). *Games and activities for media, communication, and cultural studies students*. Lanham, MD: Rowman & Littlefield.

Berger, A, A. (2011a). The branded self. *American Sociologist*, 42 (2-3), 232-237.

Berger, A. A. (2011b). *Media and communication research methods: An introduction to qualitative and quantitative approaches* (2nd ed.). Thousand Oaks, CA: Sage.

Berger, A. A. (2012). *Culture codes*. Mill Valley, CA: Marin Arts Press.

Berger, A. A. (2013). *Media, myth, and society*. New York: Palgrave Macmillan.

Berger, J. (1972). *Ways of seeing*. London: British Broadcasting Corporation.

Bernstein, B. (1977). *Class, codes and control*. London: Routledge & Kegan Paul.

Bettelheim, B. (1977). *The uses of enchantment: The meaning and importance of fairy tales*. New York: Vintage.

Biderman, D. (2010, January 15). U minutes of action. *Watt Street Journal*.

Bilton, N. (2009, December 10). The American diet: 34 gigabytes a day. *New York Times*, p. B6. Retrieved from http://bits. blogs_nytime3. coin/2009/12/09/the-ameri9an-dB _ 34-gigabytes-a-day

Bolter, J. D. , &. Grusin, R. (2000). *Remediation: Understanding new media*. Cambridge: MIT Press.

Bourdieu, P. (1993). *Sociology in question*. London: Sage.

Brenner, C. (1974). *An elementary textbook of psychoanalysis*. Garden City, NY: Doubleday.

Brooker, P. (1999). *Cultural theory: A glossary*. London: Arnold.

Butler, J. (1990). *Gender trouble: Feminism and the subversion of identity*. New York: Routledge.

Caron, A. H. & Caronia, L. (2007). *Moving cultures: Mobile communication in everyday life*. Montreal: McGill-Queen's University Press.

Cashmore, E. , &. Rojek, C. (Eds.). (1999). *Dictionary of cultural theorists*. New York: Oxford University Press.

Caudwell, C (1971). *Studies and further studies in a dying culture*. New York: Monthly Review Press.

Christie A. (1940). *Murder on the Orient Express*. New York: Pocket Books.

CNBC. (2013). *Factbox: A look at the $ 66 billion video-games industry*. Retrieved from www. cnbc. com/id/100803611

Coser, L. A. (1971). *Masters of sociological thought: Ideas in historical and social context*. New York: Harcourt Brace Jovanovich.

Csikszentmihalyi, M. (1990). *Flow: The psychology of optimal experience*. New York: Harper & Row.

Culler, J. (1976). *Structuralist poetics: Structuralism, linguistics and the study of literature*. Ithaca, NY: Cornell University Press.

Culler, J. (1986). *Ferdinand de Saussure* (Rev. ed.). Ithaca, NY: Cornell University Press.

Danesi, M. (2002). *Understanding media semiotics*. London: Arnold.

Dichter, E. (1960). *The strategy of desire*. London: Boardman.

Dichter, E. (1964). *Handbook of consumer motivations: The psychology of the world of objects*. New York: McGraw-Hill.

Douglas, M. (1997). In defence of shopping. In P. Falk & C. Campbell(Eds.), *The shopping experience* (pp. 15-30). London: Sage.

Durham, M. G., & Kellner, D. M. (Eds.). (2001). *Media and cultural studies: Key works*. Malden, MA: Blackwell.

DurKheim, E. (1965). *The elementary forms of the religious life* (J. W. Swain, Trans.). New York: Free Press. (Original work published 1915)

Eco, U. (1972, Autumn). Towards a semiotic inquiry into the television message. *Working Papers in Cultural Studies*, 3, 103-121.

Eco, U. (1976). *A theory of semiotics*. Bloomington: Indiana University Press.

Eidelberg, L. (1968). *The encyclopedia of psychoanalysis*. New York: Macmillan.

Ekman, P., & Sejnowski, T. J. (1992). *Executive summary to final report to NSF of the planning workshop on facial expression understanding*. Retrieved from http://face-and-emotion. com/dataface/nsfrept/exec_summary. html

Eliade, M. (1961). *The sacred and the profane: The nature of religion* (W. R. Trask, Trans.). New York: Harper & Row. (Original work published 1957)

Engels, F. (1972). Socialism: Utopian and scientific. In R. C. Tucker (Ed.), *The Marx-Engels reader*. New York: W. W. Norton.

Entertainment Software Association. (2013). *Industry facts*. Retrieved from

Enzenberger, H. M. (1974). *The consciousness industry: On literature, politics and the media*. New York: Seabury.

Erikson, E. H. (1963). *Childhood and society* (2nd ed., Revised and enlarged). New York: W. W. Norton.

Erikson, E. H. (1968). *Identity, youth, and crisis*. New York: W. W. Norton.

European Graduate School. (n. d.). *Jean Baudrillard-Simulacra and simulations-I. The precession of simulacra*. Retrieved from www. egs. edu/faculty/ jean-baudrillard/articles/simulacra-and-simulations-i-the-precession-of-simulacra

Farb, P. (1974). *Wordplay: What happens when people talk*. New York: Vintage.

Freud, S. (1960). *Jokes and their relation to the unconscious*. New York: W. W. Norton.

Freud, S. (1962). *Civilization and its discontents*. New York: W. W. Norton.

Freud, S. (1963). *Character and culture* (P. Rieff, Ed.). New York: Collier.

Freud, S. (1965). *The interpretation of dreams* (J. Strachey, Trans.). New

York: Avon. (Original work published 1900)

Friedson, E. (1953). Communication research and the concept of the mass. *American Sociological Review*, 18(3), 313 -314.

Frith, S. (1981). *Sound effects: Youth, leisure, and the politics of rock'n'roll*. New York: Pantheon.

Fromm, E. (1957). *The forgotten language: An introduction to the understanding of dreams, fairy tales and myths*. New York: Grove.

Fromm, E. (1962). *Beyond the chains of illusion: My encounter with Marx and Freud*. New York: Simon & Schuster.

Gans, H. (1974). *Popular culture and high culture: An analysis and evaluation of taste*. New York: Basic Books.

Gitlin, T. (1989, July-August), Postmodernism defined, at last! *Utne Reader*, 52-58, 61.

Glasgow University Media Group. (1980). *More bad news*. London: Routledge Kegan Paul.

Grotjahn, M. (1966). *Beyond laughter: Humor and the subconscious*. New York: McGraw-Hill.

Grotjahn, M. (1971). *The voice of the symbol*. New York: Delta Books.

Hall, S. (1997). Introduction. In S. Hall (Ed.), *Representation: Cultural representations and signifying practices*. London: Sage.

Haug, W, F. (1986). *Critique of commodity aesthetics: Appearance, sexuality, and advertising in capitalist society*. Minneapolis: University of Minnesota Press.

Haug, W. F. (1987). *Commodity aesthetics, ideology, and culture*. New York: International General.

Henderson, J. L. (1964). Ancient myths and modern man. In C. G. Jung with M.-L. von Franz, J. L. Henderson, J. Jacobi, S. A. Jaffe, *Man and his symbols* (pp. 104-157). Garden City, NY: Doubleday.

Hinsie, L. E., & Campbell, R. J. (1970). *Psychiatric dictionary*. New York: Oxford University Press.

Hollitscher, W. (2002). *Sigmund Freud: An introduction*. New York: Routledge.

Hooks, B. (1992). *Black looks: Race and representation*. Boston: South End.

Jakobson, R. (1988). Linguistics and poetics. In D. Lodge (Gd.), *Modern criticism and theory: A reader* (pp. 32-57). New York: Longman.

Jameson, F. (1991). *Postmodernism; or, The cultural logic of late capitalism*. Durham, NC: Duke University Press.

Jones, E. (1949). *Hamlet and Oedipus*. New York: W. W. Norton.

Jung, C, G. (1964). Approaching the unconscious. In C. G, Jung with M.-L. von Franz, J. L. Henderson, J. Jacobi,

& A. Jaffe, *Man and his symbols* (pp. 18-103). Garden City, NY: Doubleday.

Kaiser Family Foundation. (2010, January). *Generation M2: Media m the lives of 8-to 18-year-olds*. Retrieved from www. kff. org. entmedia/upload/8010. e-pdf

Katz, E., Blumler, J. G., S. Gurevitch, M. (1979). Utilization of mass communication by the individual. In G. Gumpert &. R. Cathcart (Eds.), *Inter/media*. New York: Oxford University Press.

Kellner, Douglas. (1995). *Media culture: Cultural studies, identity, and politics between the modern and the postmodern*. London: Routledge.

Kline, S., Dyer-Witheford, N&. De Peuter, G. (2003). Digital play: *The interaction of technology, culture, and marketing*. Montreal: McGill-Queen's University Press.

Kubey, R. W. (1996). Television dependence, diagnosis, and prevention: With commentary on video games, pornography, and media education. In T. M. MacBeth (Ed.), *Tuning in to young viewers: Social science perspectives on television* (pp. 221-259). Thousand Oaks, CA: Sage.

Lacan, J. (1966). *Ecrits: A selection* (A. Sheridan, Trans.). New York: W. W. Norton.

Lakoff, G., &. Johnson, M. (1980). *Metaphors we live by*. Chicago: University of Chicago Press.

Lazere, D. (1977). Mass culture, political consciousness, and English studies. *College English*, 38, 751-767.

Lefebvre, H. (1984). *Everyday life in the modem world*. New Brunswick, NJ: Transaction. (Original work published 1968) Lesser, S. O. (1957). Fiction and the unconscious. Boston: Beacon.

Levi-Strauss, C. (1967). *Structural anthropology*. Garden City, NY: Doubleday.

Lotman, J. M. (1977). *The structure of the artistic text* (G. Lenhoff &. R. Vroon, Trans.). Ann Arbor: Michigan Slavic Contributions.

Lowenthal, L. (1944). Biographies in popular magazines. In P. F. Lazarsfeld &. F. Stanton (Eds.), *Radio research 1942- 43*. New York: Duell, Sloan &. Pearce,

Lutens, S. (n. d.). *Q&A with Serge Lutens: Around the launch of jeux de Peau*. Retrieved from www. mimifroufrou. com/scentedsalamander/perfume _q_a

Lyotard, J.-F. (1984). *The postmodern condition: A report on knowledge* (G. Bennington Si B. Massumi, Trans.). Minneapolis: University of Minnesota Press.

Mandell, A. J. (1974, October). A psychiatric study of professional football. *Saturday Review/World*, 12-16.

Mannheim, K. (1936). *Ideology and utopia: An introduction to the sociology of knowledge* (L. Wirth & E. Shils, Trans.) New York: Harcourt Brace.

Market Watch. (2013). 10 best selling video games in 2012. *Wall Street journal*. Retrieved from www.marketwatch.com/story/10-best-selling-videogames-ijn-2012-2013-01-10

Marx, K. (1964). *Selected writings in sociology and social philosophy* (T. B. Bottomore & M. Rubel, Eds.; T. B. Bottomore, Trans.). New York: McGraw-Hill.

McLuhan, M. (1967). *The mechanical bride: Folklore of industrial man.* Boston: Beacon. (Original work published 1951)

McQuail, D., & Windahl, S. (1993). *Communication models for the study of mass communication* (2nd ed.). New York: Longman.

Messaris, P. (1994). Visual literacy: Image, mind, and reality. Boulder, CO: Westview.

Miller, V. (2008). New media, networking, and phatic culture. *Convergence: The International Journal of Research Into New Media*, 14, 387,

Mitchell, S. A., & Black, M. J. (1996). *Freud and beyond: A history of modem psychoanalytic thought.* New York: Basic Books.

Monaco, J. (1977). *How to read a film.* New York: Oxford University Press.

Murray, J. (1997). *Hamlet on the holodeck: The future of narrative in cyberspace.* Cambridge: MIT Press.

Musil, R. (1965). *The man without qualities* (E. Wilkins & E. Kaiser, Trans.). New York: Capricorn Books.

Mysterynet. com. (n. d.). *The adventure of the blue carbuncle.* Retrieved from www.mysterynet.com/Christmas/classics/blue/blue02.shtml

NPR Books. (2012). *In constant digital contact, we feel "alone together."* Retrieved from www.npr.org/2012/10/18/163098594/in-constant-digital-contact-we-feel-alone-together

Official Nintendo Magazine. (2007, June 7). *Mortal Kombat: Ed Boon interview.* Retrieved from collider.com/ed-boon-interview-mortal-kombat

O'Sullivan, T., Hartley, J., Saunders, D., Montgomery, M., & Fiske, J. (1994). *Key concepts in communication and cultural studies* (2nd ed.). London: Routledge.

Patai, R. (1972). *Myth and modem man.* Englewood Cliffs, NJ: Prentice-Hall.

Pines, M. (1982, October 13). How they know what you really mean. *San Francisco Chronicle*.

Podcaster. (2010). *Impact of Internet on radio audiences-latest US research.* Retrieved from www.adrianjmoss com. /?

p=151

Propp，V.（1968）. *Morphology of the folktale*. Austin：University of Texas Press.（Original work published 1928）

Provenzo，E. F.，Jr.（1997）. Video games and the emergence of interactive media. In S. R. Steinberg &J. L. Kincheloe（Eds.），*Kinder-culture：The corporate construction of childhood*（pp. 103-113）. Boulder，CO：Westview.

Radway，J. A.（1991）. *Reading the romance：Women，patriarchy，and popular literature*. Chapel Hill：University of North Carolina Press.

Rapaille，C.（2006）. The culture code：*An ingenious way to understand why people around the world buy and live as they do*. New York：Broadway Books.

Real，M. R.（1977）. *Mass-mediated culture*. Englewood Cliffs，NJ：Prentice Hall.

Rheingold，H.（2002）. *Smart mobs：The next social revolution*. Cambridge，MA：Perseus.

Rieff，P.（Ed.）.（1963）. *Freud：Character and culture*. New York：Collier Books.

Rossi，W. A.（1976）. *The sex life of the foot and shoe*. New York：Saturday Review Press/E. P. Dutton &. Co.

Saussure，F. de.（1966）. *A course in general linguistics*（W. Baskin，Trans.）. New York：McGraw-Hill.（Original work published 1915）

Sebeok，T. A.（Ed.）.（1977）. *A perfusion of signs*. Bloomington：Indiana University Press.

Signorielli，N.，&. Gerbner，G.（1988）. Introduction. In N. Signorielli S. G. Gerbner（Comps.），*Violence and terror in the mass media：An annotated bibliography*. Westport，CT：Greenwood.

Thompson，M.，Ellis，R.，&. Wildavsky，A.（1990）. *Cultural theory*. Boulder，CO：Westview.

von Franz，M. -L.（1964）. The process of individuation. In C. G. Jung with M. -L. von Franz，J. L. Henderson，J. Jacobi，&. A. Jaffe，*Man and his symbols*（pp. 158-229）. Garden City，NY：Doubleday.

Walker，R.（2008）. *Buying in：What we buy and who we are*. New York：Random House.

Warner，W. L.（1953）. *American life：Dream and reality*. Chicago：University of Chicago Press.

Wawro，A.（2010，January 14）. *NPD reports poor 2009 software sales despite record-setting holiday*. Retrieved from www. gamepro. com/artide/news/213596/npd-reports-poor-2009-software-sales-despite-record-setting-holiday/

Weir，W.（2013，February 25）. Experts disagree on how violent video games affect children. *The Hartford Courant*.

媒介分析技巧（第五版）

Wildavsky, A. (1982). Conditions for a pluralist democracy, or cultural pluralism means more than one political culture in a country. Unpublished manuscript.

Wildavsky, A. (1989). Choosing preferences by constructing institutions: A cultural theory of preference formation. In A. A. Berger (Ed), *Political culture and public opinion* (pp. 21-46). New Brunswick, NJ: Transaction.

Williams, R. (1977). *Marxism and literature*. Oxford, UK: Oxford University Press.

Zeman, J. J. (1977). Peirce's theory of signs. In T. A. Sebeok (Ed.), *A perfusion of signs*. Bloomington: Indiana University Press.

人名对照表

Adorno, Theodor W　狄奥多·阿多诺
Allen, Woody　伍迪·艾伦

Bacall, Lauren　劳伦·巴考尔
Bakhtin, Mikhail　米哈伊尔·巴赫金
Barthelme, Donad　唐纳德·巴塞尔姆
Barthes, Roland　罗兰·巴特
Berger, Jason　贾森·伯格
Bergman, Ingrid　英格丽·褒曼
Bernstein, Basil　巴兹尔·伯恩斯坦
Bettelheim, Bruno　布鲁诺·贝特尔海姆
Blumer, Herbert　赫伯特·布鲁默
Blumler, J. G.　J. G. 布鲁勒
Botticelli, Alessandro　亚历山德罗·波提切利
Brenner, Charles　查尔斯·布伦纳
Burroughs, William　威廉·巴罗斯

Campbell, R. J.　R. J. 坎贝尔
Capp, Al　阿尔·卡普
Caudwell, Christopher　克里斯托弗·考德韦尔
Chaplin, Charlie　查理·卓别林
Christie, Agatha　阿加莎·克里斯蒂
Comte, Auguste　奥古斯丁·孔德
Cosimo, Piero de　皮耶罗·德·科西莫
Culler, Jonathan　乔纳森·卡勒

DeLillo, Don　唐·德利洛
Dichter, Ernest　厄内斯特·迪希特

Dresslcr,David　戴维·德雷斯勒

Dundes,Alan　阿兰·邓迪斯

Durkheim,Emile　埃米尔·涂尔干

Eco,Umberto　翁贝托·埃科

Eliot,T. S.　T. S.艾略特

Engels,Friedrich　弗里德里希·恩格斯

Enzenberger,Hans Magnus　汉斯·马格努斯·恩克斯贝格尔

Erikson,Erik　埃里克·埃里克森

Faulkner,William　威廉·福克纳

Fliess,Wilhelm　威廉·费利斯

Franz,M-L. von　M-L.弗朗茨

Freud,Sigmund　西格蒙德·弗洛伊德

Frith,Simon　西蒙·弗里思

Fromm,Erich　埃里克·弗罗姆

Gauguin,Paul　保罗·高更

Gitlin,Todd　托德·吉特林

Glass,Philip　菲利普·格拉斯

Graves,Michael　迈克尔·格雷夫斯

Gray,Spalding　斯波尔丁·格雷

Gurevitch,M.　M.古列维奇

Haug,Wolfgang Fritz　沃尔夫冈·弗瑞兹·豪格

Hemingway,Ernest　厄内斯特·海明威

Henderson,Joseph L.　约瑟夫·L.亨德森

Herzog,Herta　赫塔·赫尔佐格

Hinsie,L. E.　L. E.欣西

Hockney,David　戴维·霍克内

Horton,P.　P.霍敦

Hunt,C.　C.亨特

Hyde,Stuart　斯图尔特·海德

Ionesco,Eugene　欧仁·约内斯科

Jakobson,Roman　罗曼·雅格布森
Johnson,Mark　马克·约翰逊
Johnson,Philip　菲利普·约翰逊
Joyce,James　詹姆斯·乔伊斯
Jung,Car　卡尔·荣格

Kafka,Franz　弗兰茨·卡夫卡
Katz,Elihu　伊莱休·卡茨

Lacan,Jacques　雅克·拉康
Lakoff,George　乔治·拉科夫
Laroche,Guy　盖·拉罗什
Lawrence,T. E.　T. E. 劳伦斯
Lazere,Donald　唐纳德·拉泽尔
Lefebvre,Henri　亨利·列斐伏尔
Lesser,Simon　西蒙·莱塞

Lévi-Strauss,Claude　克劳德·列维-施特劳斯
Locke,John　约翰·洛克
Lotman,Yuri　尤里·洛特曼
Lowenthal,Leo　利奥·洛温塔尔

Mandell,Arnold J.　阿诺德·J.曼德尔
Marx,Karl　卡尔·马克思
Matisse,Henri　亨利·马蒂丝
McLuhan,Marshall　马歇尔·麦克卢汉
McQuail,D.　D. 麦奎尔
Messaris,Paul　保罗·梅萨里斯
Monaco,James　詹姆斯·莫纳科

Peirce,Charles Sanders　查尔斯·桑德斯·皮尔斯
Phillips,E. Barbara　E. 芭芭拉·菲利普斯

Picasso,Pablo　巴勃罗·毕加索

Pines,Maya　马娅·派因斯

Propp,Vladimir　弗拉基米尔·普罗普

Rauschenberg,Robert　罗伯特·劳申伯格

Real,Michael R.　迈克尔·R.里尔

Sapir,Edward　爱德华·萨皮尔

Saussure,Ferdinand de　费尔迪南·德·索绪尔

Shakespeare,William　威廉·莎士比亚

Sinatra,Frank　弗兰克·西纳特拉

Tharpe,Twyla　特怀拉·撒普

Vespucci,Simonetta　西莫内塔·韦斯普奇

Warhol,Andy　安迪·沃霍尔

Warner,W. Lloyd　W.劳埃德·沃纳

Whorf,Benjamin　本杰明·沃夫

Wildavsky,Aaron　阿伦·维尔达夫斯基

Williams,Raymond　雷蒙德·威廉斯

Windahl,S.　S.温达尔

Wolfe,Tom　汤姆·沃尔夫

关键词对照表

Alienation　异化

All in the Family　《全家福》

All-News Radio　全新闻电台

 commercials and anxiety　广告与焦虑

 news and alienation　新闻与异化

 news and conversation　新闻与访谈节目

 news from Internet and social media　互联网新闻与社交媒介新闻

 ruling class ideology and　新闻与统治阶级的思想

Anomie　失范

Beverly Hillbillies　《贝利弗山人》

Beyond Laughter：Humor and the Subconscious　《超越笑声：幽默与潜意识》

Biographies in Popular Magazines　《流行刊物中的人物传记》

Bonanza　《伯南扎的牛仔》

Bond and Beyond：The Political Career of a Popular Hero　《邦德的前世今生：一个大众英雄的政治生涯》

Bureaucracy　科层制

Buying In：What We Buy and Who We Are　《买单：我们到底消费的是什么》

Chanel No. 5　香奈儿 5 号

Character and Anal Eroticism　《肛门与肛门性欲》

Character and Culture　《性格与文化》

Charlie Rose Show　《查理·罗斯访谈录》

Childhood and Society　《儿童与社会》

Codes　符码

 defined　定义

 Eco on aberrant decoding　埃科论错误的解码

 elaborated and restricted　复杂符码与有限符码

semiotic elements in advertisement　广告中的符号学要素
Finnegan's Wake　《芬尼根的守灵夜》
Football　橄榄球
　　　as a game of signs　橄榄球是一种符号游戏
　　　as alternative to religion　橄榄是宗教的替代品
　　　functional alternative to religion　橄榄球是宗教的功能替代品
　　　instant replay and the modern sensibility　即时回放与现代敏感性
　　　Marxist perspective on　马克思主义的视角
　　　psyche and　橄榄球与心灵
　　　socialization by　橄榄球使社会化
　　　statistics on televised football　电视橄榄球统计数据
　　　why baseball is boring　棒球为什么乏味
Fresh Air interview of Sherry Turkle　美国公共广播公司的栏目采访雪莉·特克尔
Functionalism　功能主义

Gender Trouble：Feminism and the Subversion of Identity　《性别麻烦：女性主义与身份的颠覆》
Gold Rush　《淘金热》

Hamlet and Oedipus　《哈姆雷特与俄狄浦斯情结》
Hamlet on the Holodeck：The Future of Narrative in Cyberspace　《全息成像台上的哈姆雷特：网络空间叙事的未来作者》
Harper's　《哈泼斯杂志》
Herbert Gans on taste cultures　赫伯特·甘斯对品位文化的看法

Ideology and Utopia：An introduction to the sociology and knowledge　《意识形态与乌托邦：知识社会导论》
Interpretation of Dreams　《梦的解析》
Intertextuality　互文性
　　　defined　定义
　　　examples of　示例

Jungian theory　荣格理论
　　　anima and animus　阿尼玛与阿尼姆斯

archetypes　原始意向

collective unconscious　集体无意识

myth of the hero　英雄神话

shadow element in psyche　精神中的阴影因素

Key Concepts in Communication and Cultural Studies　《传播及文化研究主要概念》

Life　《生活》

Lifestyle　生活方式

Look　《展望周刊》

Man Without Qualities　《没有个性的人》

Man with the Golden Gun　《金枪人》

Marginalization　边缘化

Marxism　马克思主义

alienation　异化

advertising　广告

base and superstructure　基础与上层建筑

bourgeois heroes　资产阶级的英雄

class conflict　阶级冲突

consumer societies and　消费社会

danger of being doctrinaire　教条化的危险

false consciousness　虚假意识

Frankfurt school　法兰克福学派

grid-group analysis　格栅—群体分析

hegemony　霸权

ideology　意识形态

John Berger on advertising　约翰·伯格对广告的看法

Mary Douglas on shopping　玛丽·道格拉斯对购物的看法

materialism and　唯物主义

postmodernism and Marxist criticism　后现代社会中的马克思主义批评

problem of media consolidation　媒介兼并的问题

schools of　学派

Mary Tyler Moore Show　《玛丽·泰勒·摩尔秀》

Mass communication and mass media　大众传播与大众媒介

Reader's Digest 《读者文摘》

Reading the Romance 《阅读浪漫小说》

Romeo and Juliet 罗密欧与朱丽叶

Saturday Evening Post 《星期六晚间邮报》

Selected Writings in Sociology and Social Philosophy 《社会学和社会哲学选集》

Semiology(see Semiotics) 符号学(参见)符号学

Semiotics 符号学

    and kinds of camera shots 镜头类别的所指与能指

    brief history of 符号学简史

    concepts have meaning by relationships 源于关系的意义

    connotation and denotation 内涵与外延

    criticisms of 批评

    language and speaking 语言与言说

    media and popular art forms 媒介和大众艺术形态

    problem of meaning 意义问题

    Saussure on semiology 索绪尔对符号学的研究

    Sherlock Holmes as semiotician 夏洛克·福尔摩斯作为符号学家

    social aspects of 社会层面

    Star Trek 《星际迷航》

    synchronic and diachronic 共时的与历时的

    syntagmatic analysis 组合分析

    television medium 电视媒介

    Umberto Eco on lying with signs 翁贝托·埃科论符号的误导性

Sex(gender) 性别

Sex Life of the Foot and Shoe 《鞋与脚的性生活》

Signs(see also Semiotics) 符号(参见符号学)

    activities and performances 动作和表演

    advertising and 广告

    brands 品牌

    combination of signifer and signifed 能指和所指的结合

    facial expression 面部表情

    forms of 10-12 10-12 形式

    hyperreality 超真实

关于作者

阿瑟·A.伯格是美国旧金山州立大学广播与电视传播艺术系的荣誉退休教授,他从1965年至2003年一直在那里任教。1954年他毕业于曼彻斯特大学,专业是文学和哲学。1956年,他在艾奥瓦大学获得新闻与写作专业的硕士学位。从艾奥瓦大学毕业不久,他就应征入伍,在美国军队的华盛顿军区服役。他在军区的公共信息办公室担任专题作家和演讲稿撰写人。他还在周末晚上为《华盛顿邮报》报道高中体育。

退役之后,他从明尼苏达大学毕业之前,花了一年的时间周游了欧洲,1965年,他从该校获得了美国研究专业的博士学位。他的博士论文是关于连环漫画《小阿布纳》(Li'l Abner)的。1963年至1964年间,他作为富布赖特学者在意大利的米兰大学任教。1984年他还在洛杉矶的南卡大学传播学院做过一年的访问学者。

他在《传播学刊》《社会》《滚石杂志》《符号学杂志》《旧金山记事报》和《洛杉矶时报》等刊物上发表了100多篇文章和无数书评,并出版了60多本关于大众传媒、流行文化、幽默和日常生活的著作,比如:《媒介和传播学研究方法》(Media and Communication Research Methods)、《物品的含义》(What Objects Mean)、《布鲁姆的早晨》(Bloom's Morning)、《剖析幽默》(An Anatomy of Humor)、《广告、时尚和消费文化》(Ads, Fads, and Consumer Culture)、《疯狂购物》(Shop'Til You Drop)。他还写了很多学术荒诞小说,例如:《一个后现代主义的谋杀》(Postmortem for a Postmodernist)、《学术会议上的惨案:大众传播理论的另类读本》(The Mass Comm Murders: Five Media Theorists Self-destruct)、《涂尔干死了!——福尔摩斯走进社会学理论》(Durkheim Is Dead: Sherlock Holmes Is Introduced to Sociological Theory)和《身份错误:文化研究谋杀之谜》(Mistake in Identity: A Cultural Studies Murder Mystery)。他的书已经被译成8种语言,其中有13本书被译成汉语,他曾经就自己的专业课程在十几个国家做过演讲。

伯杰博士已婚,有两个孩子,两个孙辈。他住在加利福尼亚州的 Mill Valley,他喜欢旅行,喜欢到风味餐厅吃饭。